KB252581

존 파이퍼 〈베드로전서 강해〉

1 Peter: Grow in the Grace & Knowledge of Christ

존 파이퍼의 〈베드로전서 강해〉

지은이　존 파이퍼
옮긴이　조계광
펴낸이　김종진
초판 발행　2026. 02. 03
등록번호　제2018-000357호
등록된 곳　서울특별시 서초구 서초중앙로 24길 55, 401-2호
발행처　개혁된실천사
전화번호　02)6052-9696
이메일　　mail@dailylearning.co.kr
웹사이트　www.dailylearning.co.kr

책값은 뒤표지에 있습니다.
ISBN 979-11-89697-61-7 03230

존 파이퍼의

〈베드로전서 강해〉

존 파이퍼 지음

조계광 옮김

개혁된실천사

목차

나그네로서의 삶과 천국 시민의 정체성

베드로전서 1장 1-2절, 4장 7-10절

"예수 그리스도의 사도 베드로는 본도, 갈라디아, 갑바도기아, 아시아와 비두니아에 흩어진 나그네 곧 하나님 아버지의 미리 아심을 따라 성령이 거룩하게 하심으로 순종함과 예수 그리스도의 피 뿌림을 얻기 위하여 택하심을 받은 자들에게 편지하노니 은혜와 평강이 너희에게 더욱 많을지어다"(벧전 1:1-2).

"만물의 마지막이 가까이 왔으니 그러므로 너희는 정신을 차리고 근신하여 기도하라 무엇보다도 뜨겁게 서로 사랑할지니 사랑은 허다한 죄를 덮느니라 서로 대접하기를 원망 없이 하고 각각 은사를 받은 대로 하나님의 여러 가지 은혜를 맡은 선한 청지기 같이 서로 봉사하라"(벧전 4:7-10).

그리스도인은 세상에서 나그네다

지난주에 말한 대로, 그리스도인은 세상에서 나그네로 살아갑니다. 본문은 "예수 그리스도의 사도 베드로는…흩어진 나그네…택하심을 받은 자들에게 편지하노니"라고 말씀합니다. 우리의 일차적인 시민권은 지상의 나라가 아닌 천국에 있습니다. 우리의 최우선적인 헌법은 이 땅의 헌법이 아니라 성경이며, 우리의 진정한 통치자요 총사령관은 대통령이 아니라 예수 그리스도이십니다. 우리의 마음도 세상의 보화와 찬사가 아니라 하나님의 나라를 열망합니다.

우리는 나그네입니다. 이 세상의 언어, 가치관, 관습, 기대는 우리에게 낯섭니다. 우리에게는 참되고 혁신적인 변화가 일어났습니다. 베드로는 3절에서 하나님이 우리를 거듭나게 하사 산 소망을 갖게 하셨다고 합니다. 하나님은 우리에게 또 다른 세상, 곧 지극히 탁월한 생명의 현실을 갈망하는 소망을 허락하셨습니다. 바울은 "이는 너희가 죽었고 너희 생명이 그리스도와 함께 하나님 안에 감추어졌음이라 우리 생명이신 그리스도께서 나타나실 그 때에 너희도 그와 함께 영광 중에 나타나리라"(골 3:3-4)라는 말로 이 현실을 묘사했습니다.

예수님은 우리를 나그네로 살도록 부르셨습니다. 그분은 우리의 우선순위가 세상 사람들과는 근본적으로 달라야 한다고 가르치셨습니다. "그러므로 염려하여 이르기를 무엇을 먹을까 무엇을 마실까 무엇을 입을까 하지 말라 이는 다 이방인들이 구하는 것이라 너희 하늘 아버지께서 이 모든 것이 너희에게 있어야 할 줄을 아시느니라 그런즉 너희는 먼저 그의 나라와 그의 의를 구하라 그리하면 이 모든 것을 너희에게 더하시리라"(마 6:31-33).

하나님의 나라와 그분의 가치와 목적과 의를 추구하면 세상이라는 낯선 곳에서 살아가는 데 필요한 모든 것을 하나님이 허락하실 것입니다.

나그네로 사는 것이 천국에 가는 유일한 길이다

우리는 나그네이기 때문에 나그네로 살아야 합니다. 나그네가 세상을 사랑하는 것은 큰 비극입니다. 바울은 골로새서와 빌레몬서에서 데마를 누가, 그리고 마가와 어깨를 나란히 하는 동역자로 일컬었습니다. 그러나 참으로 두렵게도 디모데후서에서는 데마가 "이 세상을 사랑하여 나를 버리고 데살로니가로 갔다"(딤후 4:10)고 말했습니다. 믿음을 고백한 신자가 믿음과 내세의 소망과 천국의 시민권을 내버리고, "세상"을 사랑하는 것은 진정 크나큰 비극이 아닐 수 없습니다.

믿음을 고백한 신자가 세상에 동화되어 천국의 규칙을 따르지 않고, 천국의 열망을 추구하지 않고, 그 왕을 사랑하지 않는다면 결단코 천국을 기업으로 물려받을 수 없습니다. 요한은 "그들이 우리에게서 나갔으나 우리에게 속하지 아니하였나니 만일 우리에게 속하였더라면 우리와 함께 거하였으려니와"(요일 2:19)라고 말했습니다.

세상에서 나그네로 사는 것이 천국에 가는 유일한 길입니다. 세상에 안주하고, 세상의 것을 사랑하면 세상과 함께 멸망합니다. 요한은 "이 세상도, 그 정욕도 지나가되 오직 하나님의 뜻을 행하는 자는 영원히 거하느니라"(요일 2:17)라고 말했습니다.

나그네로서의 정체성을 유지하려면 어떻게 해야 하는가

나그네로서의 정체성을 어떻게 유지할 수 있느냐는 질문은 결코 가볍게 생각할 문제가 아닙니다. 이것은 우리의 영원한 운명이 걸린 매우 중대한 문제입니다.

세상은 우리를 자신의 틀에 맞추려고 끊임없이 압박을 가합니다. 그런 세상에서 나그네로서의 정체성을 유지하려면 하나님이 허락하신 수단을 활용해야 합니다. 이것이 오늘 아침 내가 전하려는 설교의 핵심입니다. 좀 더 구체적으로 말하면, 소그룹 활동을 하나님이 우리 나그네들에게 허락하신 유익한 수단으로 받아들여 앞으로 아홉 달 동안 열심히 참여할 것을 진지하게 고려하도록 독려하는 것이 나의 목표입니다. 나는 이를 위해 베드로전서 4장 7-10절에 초점을 맞출 생각입니다. 베드로는 그곳에서 나그네로서의 정체성을 유지하는 데 반드시 필요한 몇 가지 전략을 가르쳤습니다.

"만물의 마지막이 가까이 왔으니 그러므로 너희는 정신을 차리고 근신하여 기도하라 무엇보다도 뜨겁게 서로 사랑할지니 사랑은 허다한 죄를 덮느니라 서로 대접하기를 원망 없이 하고 각각 은사를 받은 대로 하나님의 여러 가지 은혜를 맡은 선한 청지기 같이 서로 봉사하라"(벧전 4:7-10).

이 본문에는 나그네로서의 정체성을 유지하기 위한 네 가지 방법이 언급되어 있습니다. 나는 베드로가 제시한 네 가지 방법이 다른 신자들과의 정기적인 모임, 곧 소그룹 모임을 통해 가장 큰 효력을 발휘할 수 있다고 믿습니다.

첫째, 깨어 기도하라

이 세상에 동화되지 않기 위한 첫 번째 방법은 "정신을 차리고 근신하여 기도"하는 것입니다. 우리의 본향인 천국에 계신 왕과 연락을 유지하는 것입니다.

정신을 차리고 근신하라는 말을 문자대로 이해하면 "올바른 정신으로," "맑은 정신으로"라는 뜻입니다. 이 세상에는 우리를 취하게 하여 의식을 잃게 만드는 힘이 있습니다. 나는 거의 매주 술 취한 사람들을 상대합니다. 한 가지 분명한 사실은 그들에게 현실을 일깨우기가 매우 힘들다는 것입니다. 세상에 취했을 때도 마찬가지입니다. 세상에 취하면 영적 현실을 의식하기 어렵습니다.

우리가 기도의 사람, 곧 현실을 옳게 의식하는 사람이 되려면 우리를 취하게 만들어 중독에 빠뜨리는 세상의 능력에 지배되지 않고, 깨어 정신을 차려야 합니다. 만일 세상에 취해 오직 세상의 쾌락만을 생각한다면 천국을 맛볼 수도 없고, 기도하고 싶은 마음을 유지할 수도 없습니다.

누군가가 영적인 생각에 근거해 올바르게 판단하지 않고 세속주의에 도취되어 정신이 혼미해질 위험에 빠지면 우리는 어떻게 해야 할까요? 그런 때는 신속한 개입이 필요합니다. 이 경우는 가정 파괴의 주범 가운데 하나인 알코올 중독자를 대하는 방법과 비슷합니다. 그런 사람에게는 "정신 차리세요. 당신은 당신 자신과 우리를 파괴하고 있습니다. 분명히 말하지만 당신이 거부할지라도 우리는 당신을 너무나 사랑하기 때문에 그렇게 되도록 방치할 수가 없습니다. 당신은 도움이 필요합니다."라고 말해 주어야 합니다.

그렇다면 그에게 필요한 도움은 무엇일까요? 알코올 중독자를 일 년 동안 홀로 광야에 내버려 두어야 할까요? 그렇지 않습니다. 그를 소그룹에 참여시켜야 합니다. 물론 소그룹을 "알코올 중독을 치료하기 위한 모임"으로 만들어야 한다는 뜻은 아닙니다. 나의 요점은 하나님의 일에 무관심한 세상에 도취되어 의식을 잃은 채 흥청거리지 않고, 올바른 정신으로 나그네처럼 살아가려면 상호 간의 도움이 필요하다는 것입니다.

이번 가을에 우리가 베드로전서 4장 7절의 가르침을 따라 살려면 어떻게 해야 할까요? 세상이 중요하다는 착각에 차츰 미혹되어 나그네로서의 정체성을 잃지 않고, 항상 올바른 정신과 마음 상태를 유지하려면 어떻게 해야 할까요? 이 가을에 우리가 세상의 쾌락에 취해 정신을 잃는 징후를 드러낼 때, 누가 그런 상태를 얼른 알아차릴 수 있을 만큼 가까이서 우리를 지켜볼 수 있을까요?

나는 이것이 베들레헴 교회에 (저자가 담임목사로 시무하던 교회—편집주) 소그룹이 존재하는 이유라고 생각합니다. 소그룹의 존재 이유는 하나님을 무시하는 세상이 우리의 생각을 조금씩 왜곡시켜 우리를 미혹하고, 취하게 만드는 것을 물리치는 데 있습니다. 소그룹은 현실을 강력하게 일깨우는 역할을 합니다. 소그룹은 정기적으로 현실을 일깨우는 시간입니다. 2주에 한 번씩 모이는 소그룹 모임에서 세상에 중독된 징후를 진단받고, 사랑의 견책과 하나님의 말씀과 성령의 능력을 통해 치료를 받을 수 있습니다. 베드로전서 4장 7절은 이를 나그네로서의 정체성을 유지하기 위한 첫 번째 방법으로 제시합니다.

둘째, 뜨겁게 사랑하라

8절은 우리 모두가 사랑을 필요로 한다는 것에 초점을 맞춥니다. 베드로는 "무엇보다도 뜨겁게 사랑할지니 사랑은 허다한 죄를 덮느니라"라고 말했습니다.

나그네는 완전하지 않습니다. 타국에서 사는 삶에 뒤따르는 스트레스 때문에 후회할 말이나 행동을 할 때가 많습니다. 그로 인해 나그네인 우리에게 절실히 필요한 귀한 관계가 해를 입고, 심지어는 파괴되는 결과가 발생합니다. 적대적인 세상에서 함께 살아가려면 그런 잘못을 덮어주고, 용서를 베풀어야 합니다.

이것이 베드로가 서로 사랑하라고 당부하는 이유입니다. 나그네의 공동체가 굳게 결속하려면 동지애를 훼손할 수 있는 잘못을 사랑으로 덮어주는 것이 필요합니다.

우리는 세상의 모든 사람, 심지어는 원수들까지도 사랑해야 하지만 같은 동료인 나그네들은 각별히 더 사랑해야 합니다. 베드로는 8절에서 "뜨겁게 서로 사랑하라"는 말로 매우 특별한 무엇인가를 요구했습니다. 그것은 다름 아닌 특별한 사랑입니다. 뜨겁고, 진지하고, 열렬하고, 강한 사랑이 필요합니다. 우리가 좋아하지 않는 사람들도 헌신적으로 사랑해야 하고, 우리가 소중히 여겨 신뢰하는 사람들도 진심으로 사랑해야 합니다.

이 가을을 보내면서 어떻게 이 명령을 실천에 옮길 생각인가요? 낯선 세상을 지나는 동료 순례자들을 어떻게 뜨겁게 사랑할 것인가요? 나는 "서로 함께 모이는 시간을 계획해 소그룹을 형성하고, 그것을 토대로 이루어지는 관계 속에서 보살핌과 관심을 서로 주고받음으로써 사랑의 불길을 활활 지피는 방법"을 제안하고 싶습니다. 서로를 소홀히 하고, 멀리하면 사랑이 뜨겁게 타오를 수 없습니다. 우정과 신뢰와 애정은 서로가 함께 시간을 보내는 동안 서서히 형성되기 마련입니다.

가족이 죽을 때는 슬피 울면서도 우리가 모르는 동료 신자가 죽을 때는 슬피 울지 않는 이유는 무엇일까요? 그것은 함께 보낸 시간이 없었기 때문입니다. 함께 시간을 보내면 서로의 삶이 한데 뒤엉켜 한 사람이 아픔을 느끼면 다른 사람도 똑같이 아픔을 느끼게 됩니다. 하나님은 이번 가을에 우리가 다른 사람들과 사랑의 관계를 맺기를 바라십니다. 베드로전서 4장 8절은 이것을 나그네로서의 정체성을 잃지 않기 위한 두 번째 방법으로 제시합니다.

셋째, 자신의 가정을 기쁨으로 개방하라

9절이 또한 가르치는 방법은 "서로 대접하기를 원망 없이 하라"는 것입니다.

타국에서 살아가는 나그네는 서로의 집에 함께 모여야 합니다. 베드로전서와 같이 엄숙한 영적 진리를 가르치는 성경 안에서 "서로에게 가정을 개방하고, 사소한 일로 불평하지 말라"는 단순하면서도 실천적인 명령이 발견됩니다. 참으로 놀랍지 않습니까?

세상에서 소외감을 더 많이 느낄수록 이 명령을 지키는 것이 더욱 중요해집니다. 동료 그리스도인의 가정에서 서로 동지애를 느끼지 못하면 다른 사람들로부터 소외된 느낌을 극복하기가 매우 어렵습니다.

우리의 가정을 나그네들이 세상에서 순례의 길을 가는 동안 안식과 용기를 발견할 수 있는 장소로 만들려면 어떻게 해야 할까요? 간단합니다. 우리의 가정을 소그룹이 모이는 장소로 제공하면 됩니다. 자신의 가정을 개방하십시오. 다른 사람의 집을 방문하면 새로운 변화가 일어나기 시작합니다. 가정들이 마치 서로의 마음을 이어주는 통로처럼 변합니다.

넷째, 각자의 은사를 남을 유익하게 하는 데 사용하라

마지막으로 나그네로서의 정체성을 유지하는 데 필요한 네 번째 방법은 각자의 은사를 사용해 하나님의 은혜를 다른 사람들에게 전하는 것입니다. 10절은 "각각 은사를 받은 대로 하나님의 여러 가지 은혜를 맡은 선한 청지기 같이 서로 봉사하라"고 가르칩니다.

베들레헴 교회의 사역은 대부분 나나 교역자나 장로들이 아닌 평신도에 의해 이루어집니다. 본문의 "각각"이라는 표현에 주목하십시오. 각 사람이 저마다 은사를 받았습니다. 은사의 목적은 매우 단순합니다. 은사는 섬김과 사역을 위해 주어졌습니다. 은사는 하나님의 은혜를 다른 사람들에게 전달하는 통로요 수단입니다.

이것이 소그룹이 그토록 중요한 이유입니다. 교회의 주된 사역은 하나님과 그분이 백성 사이에 은혜를 중재하는 것입니다. 이 점을 간과해서는 안 됩니다. 이 점은 참으로 중요하고, 본문은 이를 분명하게 명시합니다. 우리 모두는 은사를 받았습니다. 우리는 받은 은사로 다른 사람들을 섬겨야 합니다. 각자에게 주어진 독특한 은사를 통해 하나님의 은혜를 전해야 합니다. 이것이 소그룹의 가장 큰 도전이요 기쁨입니다. 오늘 밤, 우리가 함께 모인다면 하나님의 은혜는 과연 어떤 모습으로 나타날까요?

요약

나그네로서의 정체성을 유지하는 방법은 모두 네 가지입니다.

첫째, 깨어 기도하십시오.

둘째, 뜨겁게 사랑하십시오.

셋째, 자신의 가정을 기쁨으로 개방하십시오.

넷째, 각자의 은사를 통해 하나님의 은혜를 다른 이들에게 전달하십시오.

2장

하나님의 선택 : 성부와 성령의 역할

베드로전서 1장 1-2절

"예수 그리스도의 사도 베드로는 본도, 갈라디아, 갑바도기아, 아시아와 비두니아에 흩어진 나그네 곧 하나님 아버지의 미리 아심을 따라 성령이 거룩하게 하심으로 순종함과 예수 그리스도의 피 뿌림을 얻기 위하여 택하심을 받은 자들에게 편지하노니 은혜와 평강이 너희에게 더욱 많을지어다."

가장 중요한 것이 가장 먼저 언급됨 : "택하심을 받은 자들"

베드로가 편지의 수신자들에게 가장 먼저 언급한 말은 "택하심을 받은 자들," 즉 "선택된 자들"입니다. 이것은 〈NIV 성경〉의 번역입니다. 〈NASB 성경〉, 〈KJV 성경〉, 〈ESV 성경〉은 그렇게 번역하지 않았습니다. 그러나 베드로가 기록한 헬라어 원문을 살펴보면 "예수 그리스도의 사도 베드로는 택하심을 받은 자들에게"라고 되어 있는 것을 알 수 있습니다. 다수의 영어 성경이 원문의 어순을 바꿔 다섯 지역을 먼저 언급하고 나서 "택하심을 받은" 것을 차후에 언급한 이유는 2절이 하나님의 선택의 의미를 좀 더 분명하게 정의하고 있기 때문입니다.

2절은 세 가지 표현을 사용해 하나님의 선택을 정의합니다. 첫째, 그리스도인들은 "하나님의 미리 아심을 따라" 선택되었습니다. 둘째, "성령의 거룩하게 하심으로" 선택되었습니다. 셋째, "예수 그리스도의 피 뿌림을 얻기 위하여" 선택되었습니다.

이처럼 우리의 선택과 관련해 세 가지가 언급되었습니다. 선택의 기원과 근거는 **하나님의 미리 아심**에 있고, 선택이 우리의 삶 속에서 실제로 이루어지는 것은 **성령의 거룩하게 하시는 사역**을 통해서이며, 선택의 목적은 예수님께 복종함으로써 **그리스도의 깨끗하게 하는 보혈의 유익**을 계속해서 누리게 하기 위해서입니다.

이것은 매우 중요하기 때문에 다수의 영어 성경은 이 관계를 분명하게 나타낼 의도로 "택하심을 받은"이라는 용어를 뒤에 위치시켰습니다.

그러나 그런 번역은 득도 있지만 실도 있습니다. 즉 베드로가 그리스도인의 정체성을 단순히 나그네가 아닌 **선택받은 나그네**로 규정했다는 사실을 알기가 어려워집니다. "예수 그리스도의 사도 베드로는 택하심을 받은 나그네에게 편지하노니."

내가 이 점을 강조하는 이유는 누군가에게 편지를 쓸 때 가장 먼저 말한 것이 대부분 매우 중요한 의미를 지니기 때문입니다. 베드로가 그런 말을 가장 먼저 꺼낸 데는 나름의 이유가 있습니다. 만일 내가 아들에게 편지를 쓸 때 "사랑하는 카스텐아, 너는 하나님이 선택하신 사람이다. 너는 천국의 참된 시민권을 지닌 나그네로서 이 세상을 살아간다.”라고 말했다고 해보겠습니다. 그를 가장 먼저 선택받은 자로 일컬은 데는 그만한 이유가 있기 때문입니다. 거기에는 무엇인가 중요한 의미를 전달하려는 의도가 담겨 있습니다.

베드로의 의도에 관해 확실하게 말할 수 있는 한 가지는 그가 그 점을 숨기려고 하지 않았다는 것입니다. 어떤 것을 가장 먼저 언급하는 것은 그것을 숨길 의도가 조금도 없다는 뜻입니다. 이 점은 매우 중요합니다. 왜냐하면 요즘에는 가급적 선택의 교리를 감추는 것이 좋다고 생각하는 경우가 많기 때문입니다. 그러나 신약 성경은 그러지 않았습니다. 예수님은 그 사실을 감추지 않으셨습니다. 마태나 바울이나 베드로나 요한도 마찬가지였습니다. 예수님은 솔직담백하게 하나님의 선택을 언급하셨습니다. 우리도 그렇게 해야 합니다.

선택은 소외를 의미한다

우리가 알 수 있는 또 한 가지 사실은 베드로가 ‘선택’을 세상에서 나그네로 살아가는 우리의 처지와 직접 연결시켰다는 것입니다. 베드로가 선택을 맨 처음에 언급한 가장 중요한 이유가 여기에 있는 듯합니다. 우리가 나그네인 이유는 사람들이 우리를 배척하기 때문이 아니라 하나님이 우리를 선택하셨기 때문입니다.

나그네의 삶에는 그 나름의 고충이 뒤따르기 마련입니다. 사실 베드로전서는 세상에서 나그네로 살아가는 삶의 갖가지 어려움을 다룹니다.

“너희가 이제 여러 가지 시험으로 잠깐 근심하게 되지 않을 수 없으나"(6절). "이를 위하여(고난 받기 위하여) 너희가 부르심을 받았나니"(2:11). 그리스도인은 세상 사람들과 함께 방탕을 일삼지 않는 것으로 인해 비방을 받고(4:4), 그리스도의 이름으로 치욕을 당합니다(4:14).

우리는 나그네로 살아가는 동안에 사람들에게 배척을 당합니다. 우리는 우리의 고향이 아닌 타지에서 살아갑니다. 나그네의 삶은 피난민의 삶과 같습니다. 배척을 당한다는 것은 곧 유배자요 피난민으로서 소외당하며 살아가는 것을 의미합니다.

베드로는 이런 사실을 잘 알고 있었습니다. 그는 나그네의 삶과 이에 뒤따르는 소외와 배척을 분명하게 의식했습니다. 그러나 그는 세상에서 나그네요 이방인처럼 살아가는 이유가 거기에 있다고 생각하지 않았습니다. 그런 삶을 살게 된 이유는 **하나님이 세상으로부터 우리를 선택하셨기 때문**입니다. 인간의 배척이 아닌 하나님의 선택이 우리가 그런 삶을 살아야 하는 가장 큰 이유입니다.

나는 이것이 베드로가 선택을 가장 먼저 언급한 이유라고 생각합니다. 그는 세상에서 나그네로 사는 삶을 하나님 중심적인 관점에서 설명하기를 원했습니다. 우리의 삶은 하나님의 영원한 작정에 근거합니다. 우리의 고통은 하나님의 영원한 선택에 근거합니다. 사람들에게 배척당하는 것도 마찬가지입니다. 우리가 나그네로서 세상에서 온갖 시련을 당하는 이유가 하나님이 우리를 버리셨기 때문이라고 생각하지 마십시오. 반대로 하나님이 우리를 선택하셨기 때문입니다.

베드로는 선택을 숨기지 않았습니다. 오히려 그는 그리스도인의 정체성을 밝히면서 그것을 가장 먼저 언급했습니다. 그는 그것을 세상에 유배되어 나그네로 살아가는 우리의 삶과 연관시켰습니다. 다시 말해, 베드로는 우리의 삶이 하나님에 의해 선택받은 사실로 인해 독특한 의미를 지니게 되었다는 것을 수신자들이 분명하게 의식하기를 바랐습니다. 그는 우리가 단지 나그네로서 살아가는 것이 아니라 선택받은 나그네로서 살아간다는 것을 깨닫기를 원했습니다. 우리의 정체성은 세상의 배척이 아니라 하나님의 선택에 의해 결정됩니다.

교리는 마음대로 폐할 수 없다

이 문제를 좀 더 생각해 보겠습니다. 미국은 실용성을 추구하는 나라입니다. 복음주의 교회도 동일한 경향을 보입니다. 사람들은 교리가 아닌 노하우(방법)를 알려달라고 요구합니다. "우리는 교리와 신학을 가르치지 않습니다."라고 주장하며 교회 성장 방법을 알려주겠다고 선전하는 집회나 모임이 많습니다. 많은 교회가 그것을 옳다고 생각하는 것처럼 보입니다.

그러나 성경을 읽으면 읽을수록 그런 견해에 동의하고 싶은 생각이 없어집니다. 사도들은 교리의 실천적인 가치가 매우 크다고 생각했습니다. 베드로가 "택하심을 받은 자"라는 말로 편지의 서두를 시작한 이유는 나그네로 살아가는 신자들에게 실천적인 도움을 제공하기 위해서였습니다. 따라서 나는 모두에게 선택과 같은 교리를 무시하는 실용주의자가 되지 말라고 당부하고 싶습니다. 오히려 사도처럼 선택의 교리를 소중히 여겨 그것에 가장 먼저 관심을 기울여야 마땅합니다. 왜냐하면 이 교리는 낯선 세상에서 자유롭고, 즐겁게 살아가는 나그네들에게 꼭 필요한 실천적 가치를 지니기 때문입니다.

오늘날의 교회가 무기력한 이유 가운데 하나는 실용성을 능력과 성장의 지름길로 착각하기 때문이 아닐까요? 우리의 믿음과 사랑과 소망과 기쁨과 섬김은 '교리에도 불구하고'가 아니라 '교리 때문에' 더욱 강해져야 합니다.

이 점을 염두에 두고 2절을 읽어 보십시오. 베드로는 여기에서 하나님의 선택에 관해 세 가지를 언급했습니다. 이 모든 것이 첫 번째 문장 안에 다 들어 있습니다. 이 사실은 그것이 얼마나 중요한지를 잘 보여 줍니다.

선택은 우리를 하나님 안에 온전히 잠기게 만든다

2절에 보면, 우리의 선택과 관련된 세 가지 문구가 발견됩니다. 첫째, 우리는 "하나님의 미리 아심을 따라" 선택되었습니다. 둘째, 우리는 "성령이 거룩하게 하심으로" 선택되었습니다. 셋째, 우리는 "순종함과 예수 그리스도의 피 뿌림을 얻기 위하여" 선택받았습니다.

베드로는 세상에서의 삶을 하나님과의 관계 안에서 이해하기를 원했습니다. 그는 우리의 삶이 하나님과 특정한 방식으로 관련되어 있다는 것을 인식하기를 바랐습니다. 이것이 그의 의도였다고 짐작할 수 있는 근거는 두 가지입니다.

첫째, 그는 하나님의 선택이 모두 그분의 주도에 의해 이루어졌다는 것을 보여주었습니다. 그는 선택을 우리의 배후에 두었고, 또한 우리 안과 우리 앞에 두었습니다. 이것이 세 가지 문구에서 발견되는 사실입니다. 우리의 배후에는 하나님의 미리 아심에 근거한 선택이 놓여 있고, 우리 안에는 성령의 거룩하게 하시는 사역을 통한 선택의 경험이 이루어지고 있으며, 우리 앞에는 예수 그리스도께 순종하며 그분이 흘린 피 안에서 피난처를 찾아야 한다는 선택의 목적이 제시되었습니다. 베드로는 우리의 삶을 온통 선택으로 감쌌습니다. 그는 우리가 이 사실, 곧 선택으로부터 살고, 선택 안에서 살고, 선택을 위해 사는 것을 이해하기를 진정으로 바랐습니다.

둘째, 그는 이 선택의 세 가지 차원이 성삼위 하나님과 각각 관련됨을 보여주었습니다. 선택은 '성부 하나님의 미리 아심'에 근거합니다. 선택은 '성령의 거룩하게 하시는 사역'을 통해 경험됩니다. 선택은 '하나님의 아들 예수 그리스도께 순종'하는 데 그 목적이 있습니다.

이를 통해 분명하게 드러나는 것은 베드로가 말을 헛되이 낭비하지 않았다는 것입니다. 모든 것이 우리를 하나님 안에 온전히 잠기게 만들기 위해 주의 깊게 선택되었습니다. 우리를 하나님 안에 온전히 잠기게 할 수 있는 가장 좋은 방법은 과거의 기원과 현재의 경험과 미래의 목적을 밝혀 선택의 교리를 주지시키고, 성삼위 하나님이 처음부터 끝까지 우리의 삶에 개입하신다는 것을 보여주는 것입니다.

예수 그리스도의 사도가 시련과 환란 속에서 힘들어하는 신자들에게 인사말을 건네기도 전에 하나님의 선택에 관한 심오한 진리를 먼저 가르쳐야 했다는 것이 이상하게 느껴지지 않습니까? 오늘날 사도를 자처하며, 교회 성장과 치유를 외치는 사람들은 "우리는 신학을 가르치지 않습니다."라고 말하며 집회를 시작합니다. 나로서는 도무지 이해하기 어려운 일이 아닐 수 없습니다.

나는 하나님이 지금 무엇을 하라고 나를 부르셨는지를 너무나도 잘 알고 있습니다. 그것은 사도들이 했던 대로 사람들을 위한 하나님의 놀라운 사역과 그분 자신에 관한 진리, 곧 선택과 같은 중요하고, 확실한 바른 진리로 교회를 가르치고, 깨우치고, 견고하게 하는 것입니다.

"하나님의 미리 아심을 따라…택하심을 받은"

2절의 첫 번째 문구를 살펴보겠습니다. 우리는 "하나님 아버지의 미리 아심을 따라" 선택되었습니다. 선택의 근거는 무엇인가요? 왜 하나님은 나를 선택하셨나요? 이를 좀 더 개인적인 질문으로 바꾸어 보겠습니다. 하나님이 '다른 사람들은 그렇지 않은데 왜 너는 나를 믿어 구원받았느냐?'라고 물으신다면 당신은 어떻게 대답할 것인가요? 베드로는 "하나님이 나를 미리 아셨기 때문이다."라고 대답합니다.

하나님의 미리 아심에 따라 선택이 이루어졌습니다. 그렇다면 이것은 무슨 의미일까요? 내가 스스로 하나님을 선택했고, 하나님은 내가 그럴 줄 아시고 그것을 근거로 나를 선택하셨다는 뜻일까요? 그것이 "하나님의 미리 아심"의 의미일까요?

그렇지 않습니다. 예수님은 "너희가 나를 택한 것이 아니요 내가 너희를 택하여 세웠나니"(요 15:16)라고 말씀하셨습니다. 우리가 하나님을 선택한 것은 그분이 우리를 먼저 선택하셨기 때문입니다. 이 순서가 뒤바뀌어서는 곤란합니다. 자기 백성에 대한 하나님의 미리 아심은 그들이 무엇을 할지 먼저 알고 결정하셨다는 말이 아닙니다. 하나님이 자기 백성을 미리 아셨다는 것은 그들을 자기 소유로 인정하셨다는 뜻입니다. 하나님이 아셨다는 말의 용례 두 가지만 살펴보면 다음과 같습니다.

시편 1편 6절은 "무릇 의인들의 길은 여호와께서 인정하시나 악인들의 길은 망하리로다"라고 말씀합니다. 이 말씀은 하나님이 의인들의 길은 알고 있지만 악인들의 길은 모르신다는 의미가 아닙니다('인정하시나' 부분은 영어 성경의 다수 역본에 'knows'로 되어 있음―편집주). 이 말씀은 하나님이 의인들의 길을 **인정하신다**는 뜻입니다. 자기 백성에 대한 하나님의 지식은 인정하고, 승인한다는 의미를 지닙니다.

하나님은 아모스서 3장 2절에서 이스라엘 백성에게 "내가 땅의 모든 족속 가운데서 너희만을 알았나니"라고 말씀하셨습니다. 이것은 하나님이 이스라엘의 존재를 의식하고 계셨다는 의미에 그치지 않습니다. 그들을 자기 소유로 인정하셨다는 뜻입니다. 하나님은 이스라엘을 자기 백성으로 인정하셨습니다. 이것은 하나님이 이미 자기를 믿고 있는 백성을 찾아 그들을 자기 소유로 선택하셨다는 뜻이 아닙니다. 하나님은 아브라함이 이방신을 섬기고 있을 때 그를 이스라엘의 조상으로 주권적으로 선택하셨습니다(수 24:2, 3, 느 9:7). 창제기 18장 19절에서는 "안다"는 것이 "택한다"는 의미로 사용되었습니다(이 구절은 번역 성경에 따라 "택하였나니"로 번역하기도 했고, "알았나니"로 번역하기도 했다―역자주).

이것이 "하나님의 미리 아심을 따라 택하심을 받은"이라는 어구의 뜻을 이해하는 배경입니다. 하나님은 창세 전부터 누가 자신의 소유인지를 알고 계셨습니다. 그분은 우리를 아시고, 우리를 자신의 소유로 인정하셨습니다. 선택은 우리의 혈통이나 업적, 종교, 행위, 미덕, 믿음에 근거하지 않습니다. 하나님이 그 지혜로운 뜻 가운데서 누구를 선택할지 자유롭게 결정하십니다.

2절의 두 번째 문구는 선택과 관련된 하나님의 주권적인 사역이 우리 안에서 어떻게 이루어지는지를 보여줍니다. 우리는 "성령의 거룩하게 하심으로" 선택되었습니다. 바울은 데살로니가후서 2장 13절에서 이와 동일한 방식으로 선택에 관해 말했습니다.

> "하나님이 처음부터 너희를 택하사 성령의 거룩하게 하심과 진리를 믿음으로 구원을 받게 하심이니."

성령 하나님은 성부 하나님과 협력하십니다. 그분은 우리의 삶 속에서 강력하게 역사하심으로써 우리의 선택에 관한 성부 하나님의 영원한 작정이 거룩한 삶을 통해 드러나게 하십니다.

맺는 말

오늘 아침, 나는 신자들에게 진리로 마음을 굳세게 하라고 말했습니다. 우리가 이 세상에서 나그네로 살면서 겪는 시련 가운데 하나님을 놀라시게 할 만한 것은 아무것도 없습니다. 하나님은 오늘 우리가 그 사실을 알기를 바라십니다. 그분은 고난을 위해 우리를 선택하셨습니다. 고난은 우리를 정화하기 위한 징계의 일부입니다. 나그네로서의 어려움은 우리 자신의 근시안적인 선택이나 그릇된 결정에서 비롯한 부조리하고, 무의미한 결과물이 아닙니다. 그것은 모든 것을 아실 뿐 아니라 절대로 잘못된 결정을 내리지 않으시는 하나님의 지혜로운 계획과 사랑에서 비롯한 것입니다. 우리의 유배 생활은 하나님 안에 근거합니다. 우리는 우리를 선택하신 성부, 성자, 성령 하나님의 사랑 안에 깊이 감싸여 있습니다. 우리의 삶은 하나님에게서 나오고, 그분으로 말미암고, 그분에게로 돌아갑니다.

이 진리를 묵상하십시오. 우리의 마음 가장 깊은 곳에 이 진리를 새기십시오. 성부 하나님은 우리를 선택하셨고, 성령 하나님은 우리를 거룩하게 하십니다. 아울러 다음주에 살펴보겠지만, 예수님은 자신의 보혈로 우리를 덮어 주시고, 우리의 순종을 받아 주십니다.

3장

하나님의 큰 긍휼과 우리의 거듭남

베드로전서 1장 3-4절

"우리 주 예수 그리스도의 아버지 하나님을 찬송하리로다 7의 많으신 긍휼대로 예수 그리스도를 죽은 자 가운데서 부활하게 하심으로 말미암아 우리를 거듭나게 하사 산 소망이 있게 하시며 썩지 않고 더럽지 않고 쇠하지 아니하는 유업을 잇게 하시나니 곧 너희를 위하여 하늘에 간직하신 것이라."

설교의 목표 : 예배

이번 설교의 목표는 "우리 주 예수 그리스도의 아버지 하나님을 찬송하리로다"라는 3절의 첫 번째 문장 안에 있습니다. 베드로는 하나님이 자기 백성을 거듭나게 하시고, 자신의 아들을 죽은 자 가운데서 다시 살리시고, 우리에게 산 소망을 주시고, 천국에서 썩지 않는 기업을 누리게 하시는 것으로 인해 하나님을 찬송하라고 외칩니다. "하나님을 찬송하라!" 이것이 그의 반응이라면, 우리도 마땅히 그래야 합니다.

베드로는 이유를 설명하기도 전에 하나님을 찬양하라고 소리쳤습니다. 물론 그는 그렇게 말하지 않을 수도 있었습니다. 그는 하나님을 향한 뜨거운 감정을 드러내는 것에서부터 시작하지 않아도 되었습니다. 그는 감정을 폭발시키지 않고, 차분하고, 침착하게 말을 시작할 수도 있었습니다. 좀 더 구체적으로 말하면, 그는 "오늘 강론의 주제는 거듭남입니다. 나는 이와 관련된 여러 가지 교리를 논하고 싶습니다. 하나님, 중생, 소망, 예수님의 부활, 기업, 천국에 관한 교리를 다루겠습니다. 이 주제들을 하나씩 자세히 살펴보겠습니다."라고 말할 수도 있었습니다. 그러나 그는 그렇게 하지 않았습니다.

그의 태도는 설교자인 나에게도 "이 본문을 전할 때 그런 식으로 시작하지 말라. 이 진리들을 그렇게 다루지 말라."고 말하는 듯한 의미를 담고 있습니다. 베드로가 기쁨과 찬송과 경이로움으로 시작한 이유는 그 진리들이 그의 마음속에서 그런 감정을 유발시켰기 때문입니다. 그는 그 진리들을 생각하면서 냉랭한 어조로 "진리를 분명하게 가르쳤으니 내 임무는 끝났습니다. 이제 여러분이 원하는 대로 적용하십시오."라고 말하지 않았습니다. 그는 "하나님을 찬송하라!"라고 말했습니다. 그는 4장 11절에서도 "그에게 영광과 권능이 세세에 무궁하도록 있느니라 아멘"이라고 말했고, 5장 11절에서도 "권능이 세세무궁하도록 그에게 있을지어다 아멘"이라고 말했습니다. 베드로는 연거푸 소리 높여 찬양을 외쳤습니다. 그는 예배하는 마음으로 우주에서 가장 위대한 현실을 글로 옮겼습니다. 그는 기쁨과 경이로움과 경외심과 놀라움과 진정한 감사를 느끼며 편지를 기록했습니다.

이런 현실을 설교로 전한다는 것이 무슨 의미인지를 가만히 생각해 보니, 문득 설교란 예배의 정신으로 풀어내는 성경 해설이라는 생각이 떠오릅니다. 설교는 성경의 영광스러운 현실을 예배의 정신으로 풀어내는 것입니다. 목회자가 주일 아침에 절반은 예배이고, 절반은 설교라는 생각으로 예배를 인도하는 것은 잘못입니다, 예배는 예배의 정신으로 찬양하고, 또한 설교를 전하는 것을 의미합니다(예배의 다른 요소들도 모두 예배의 정신으로 이루어져야 한다). 우리는 실수를 저지를 수 있습니다. 예배 없는 찬양을 부를 수도 있고, 예배 없는 설교를 전할 수도 있습니다. 그런 것은 단순한 고백주의요 형식주의입니다. 그것은 우리의 목표가 아닙니다. 우리의 목표는 처음부터 끝까지 예배를 드리는 것입니다.

생각으로는 하나님에 관한 위대한 진리를 이해하고, 마음으로는 애통함이나 경이로움, 또는 기쁨과 찬양과 감사를 느끼고, 입으로는 "하나님을 찬양합니다. 오, 우리 주 예수 그리스도의 아버지 하나님이여, 찬양과 영광과 존귀를 받으소서"라고 외쳐야 합니다.

3절의 첫 문장이 오늘 아침 우리의 목표입니다. 우리의 목표는 하나님을 예배하는 것, 곧 생각으로 하나님의 위대한 현실을 보고, 마음으로 그분의 아름다우심과 경이로우심을 느끼고, 입으로 그분의 위대하심을 찬양하며 노래하는 것입니다. 베드로는 거듭남에 관해 말하면서 그렇게 했습니다. 그는 외쳤습니다. "우리 주 예수 그리스도의 아버지를 찬송하리로다."

어떤 진리, 곧 어떤 위대한 현실이 베드로를 움직여 그런 찬양을 외치게 만들었을까요? 3절과 4절에서 그 대답을 찾는다면, 하나님에 관한 다섯 가지 현실이 그의 마음과 생각을 사로잡았던 것을 알 수 있습니다.

1. 하나님의 많은 긍휼

"우리 주 예수 그리스도를 찬송하리로다 그의 많으신 긍휼대로"

첫 번째 현실은 하나님의 많은 긍휼입니다. "하나님이 긍휼이 있으신가?"라고 묻는다면, 그분은 긍휼이 많으시다고 대답할 수 있습니다. 베드로는 그 현실에 크게 감동했습니다.

2. 하나님의 거듭나게 하심

"그의 많으신 긍휼대로…우리를 거듭나게 하사 산 소망이 있게 하시며"

베드로를 감동하게 만든 하나님에 관한 두 번째 현실은 그분이 우리를 거듭나게 하셨다는 것입니다. 거듭남은 하나님의 사역입니다. 우리의 행위가 아닌 그분의 은혜가 이 세상의 나그네요 하나님의 자녀로 불리는 새로운 존재를 탄생시킵니다.

3. 예수 그리스도를 죽은 자 가운데서 살리신 하나님의 사역

"그리스도를 죽은 자 가운데서 부활하게 하심으로 말미암아…산 소망이 있게 하시며"

베드로를 사로잡은 하나님에 관한 세 번째 현실은 그분이 예수 그리스도를 죽은 자 가운데서 다시 살리신 것입니다. 21절은 이 점을 더욱 분명하게 언급합니다.

> "너희는 그를 죽은 자 가운데서 살리시고 영광을 주신 하나님을 그리스도로 말미암아 믿는 자니 너희 믿음과 소망이 하나님께 있게 하였느니라."

부활은 하나님의 역사입니다. 하나님이 그 일을 이루셨습니다. 따라서 우리는 하나님을 믿고, 그분 안에 소망을 둡니다. 이것이 베드로가 "하나님을 찬송하리로다"라고 외친 이유입니다.

4. 기업에 관한 하나님의 약속

"썩지 않고 더럽지 않고 쇠하지 아니하는 유업을 잇게 하시나니"

베드로를 사로잡은 하나님에 관한 네 번째 현실은 그분이 거듭난 자녀들에게 기업을 약속하신 것입니다. 하나님은 우리를 낳은 아버지이시며 우리 기업의 원천이십니다. 자녀에게 기업을 물려주는 쪽은 자녀가 아닌 아버지입니다. 하나님이 주는 분이십니다. 그분은 샘의 원천과 같으십니다. 그분에게서 모든 것이 흘러넘쳐 나옵니다. 우리는 거듭남, 부활, 기업 등, 모든 것을 하나님에게서 받습니다.

5. 우리의 기업을 간직하심

"곧 너희를 위하여 하늘에 간직하신 것이라."

우리의 기업은 천국에 간직되어 있습니다.

누가 기업을 간직하고 있을까요? 당연히 하나님입니다.

본문을 토대로 "베드로가 그런 식으로 예배를 드리게 만든 위대한 현실은 무엇인가? 무엇이 그의 생각을 사로잡고, 그의 마음을 감동시켜 '하나님을 찬송하리로다'라고 외치게 만들었는가?"라는 질문에 다섯 가지로 대답한다면, 그 대답은 다음과 같습니다.

1. 하나님은 긍휼이 많으시다.

2. 하나님은 우리를 거듭나게 하사 산 소망을 갖게 하신다

3. 하나님은 예수 그리스도를 죽은 자 가운데서 다시 살리셨다.

4. 하나님은 자신의 자녀들에게 기업을 약속하신다

5. 하나님은 썩지 않고, 더럽지 않고, 쇠하지 않는 기업을 하늘에 간직하신다.

하나님은 거듭남을 허락하신다

하나님이 하시는 가장 주된 사역은 우리의 중생입니다. 그분의 많은 긍휼은 거듭남의 원천입니다. 예수님을 죽은 자 가운데서 다시 살리신 것은 사망에 대한 역사적 승리입니다. 그로 인해 거듭남이 가능해졌습니다. 위대한 기업에 대한 우리의 산 소망은 거듭남으로부터 자연스레 비롯합니다. 여기에서의 초점은 거듭남이라는 하나님의 주된 사역에 있습니다. 이 사역에 초점을 맞춰 생각해 보겠습니다. 하나님은 우리를 거듭나게 하십니다

우리가 베드로처럼 크게 감격하지 못하는 이유는, 하나님이 우리

를 거듭나게 하신다는 사실을 이해하지 못하거나 믿지 못하기 때문입니다.

하나님은 우리를 자신의 자녀로 낳으셨습니다. 우리는 처음에는 그분의 자녀가 아니었습니다. 예수님은 요한복음 3장 6절에서 "육으로 난 것은 육이요 영으로 난 것은 영이니"라고 말씀하셨습니다. 우리는 영적으로 살아 있는 상태가 아니었습니다. 우리는 일반 은혜가 허락하는 범위 안에서 세상의 부모를 통해 태어났습니다. 그러나 하나님이 우리를 찾아오셔서 거듭나게 하셨습니다. 그분은 새로운 생명을 허락하셨습니다. 그것은 하나님께 대한 믿음과 소망으로 이루어진 생명이요 성령의 생명입니다.

그러나 우리는 결정적인 사역을 행한 주체가 하나님이 아닌 우리라는 식으로 배워 왔습니다. 따라서 우리는 베드로와 달리 "하나님을 찬송하리로다. 많은 긍휼로 이 일을 행하신 하나님을 찬송하리로다"라고 외치지 못하는 것도 무리가 아닙니다.

우리가 육체적으로 태어났다는 것을 어떻게 아는가

자극적인 질문을 하나 던져 보겠습니다. "우리 자신이 어머니에게서 태어났다는 것을 어떻게 아는가?"

이 질문에 어떻게 대답하겠습니까? 아마도 "나는 살아 있습니다. 나는 지금 어머니의 몸 밖, 곧 여기에 이렇게 존재합니다."라고 대답할 것입니다. 맞습니다. 그렇게 대답하면 됩니다.

"집에 출생증명서가 있기 때문에 내가 태어난 것을 알 수 있습니다.”라고 대답하거나 “테네시 주 채터누가의 한 병원에서 있었던 일에 대해 역사적 사실을 탐구한 결과, 내 발바닥에 새겨진 꼬불꼬불한 선들과 정확히 일치하는 작은 발자국이 찍힌 문서를 발견했기 때문에 내가 태어난 것을 압니다.”라고 대답하거나 “나의 어머니가 임신한 모습을 보고 그 후에 내가 그녀의 품 안에 안겨 있는 것을 목격한 서너 명의 증인이 서명한 증명서를 확보했기 때문에 압니다”라고 대답할 사람은 아무도 없을 것입니다.

모두들 “내가 살아 있기 때문에 내가 태어난 것을 안다.”라고 대답할 것이 틀림없습니다.

우리가 영적으로 태어났다는 것을 어떻게 아는가

이번에는 오늘날의 복음주의 신자들에게 “당신은 자신이 거듭났다는 것을 어떻게 압니까?”라고 물었다고 가정해 보겠습니다.

“내가 하나님에 대해 살아났기 때문이지요. 내게는 산 소망과 살아 있는 믿음이 있습니다. 전에는 영적 생명이 없었지만 지금은 영적으로 살아나 영적인 욕구와 영적인 성향을 지니게 되었습니다. 전에는 죽었지만 이제는 하나님 안에서 살았습니다. 그분을 알고, 사랑하고, 믿습니다. 그분 안에 소망이 있습니다. 그분을 따릅니다. 지금의 삶이 곧 내가 거듭났다는 증거입니다.”라고 대답할 사람이 과연 얼마나 될까요?

오히려 “내가 거듭났다는 것을 아는 이유는 다른 사람이 하라고 시킨 일을 했기 때문입니다. 나는 시키는 대로 예수님이 내 마음속에 들어오시기를 간구했습니다. 나는 그리스도를 영접하기 위해 기도했습니다. 예배당 통로를 따라 앞으로 걸어 나가 예수님을 영접했습니다. 내가 1952년 6월 6일에 서명한 결신 카드가 지갑 속에 있습니다. 나는 거기에 예수님은 나의 주님이시라고 적었습니다.”라고 대답하는 사람이 많을 것입니다.

대답이 서로 다른 이유는 무엇인가?

“우리가 육체적으로 태어난 것을 어떻게 아느냐?”라는 질문과 “우리가 영적으로 태어난 것을 어떻게 아느냐?”라는 질문에 대한 대답이 그런 식으로 차이가 나는 이유는 무엇일까요?

한 가지 이유는 우리가 우리 자신의 물리적인 탄생에 관여한 것이 아무것도 없다는 사실에 대해 분명하게 알고 있기 때문입니다. 물리적인 탄생은 그냥 우리에게 주어졌습니다. 우리가 그것을 일으키지도 않았고, 선택하지도 않았습니다. 그것은 우리에게 그저 주어진 현실입니다. 우리가 할 수 있는 일은, 자신이 태어난 것을 감사해 하거나 못마땅해 하는 것뿐입니다. 따라서 태어나기 위해 자신이 한 일을 근거로 우리의 탄생을 입증할 수 있는 방법은 아무것도 없습니다. 우리는 우리의 탄생에 아무런 영향을 미치지 못했습니다. 우리는 단지 탄생의 결과물일 뿐입니다.

그러나 영적 탄생, 곧 두 번째 탄생에 관해서는 그렇게 생각하지 않는 그리스도인들이 너무나도 많습니다. 우리는 두 번째 탄생이 우리에게 주어졌고, 우리가 그것을 일으키거나 선택하지 않았다는 것을 믿지 못합니다. 오히려 우리 자신이 거듭남을 일으킨 원인자라고 다양한 방식으로 배워 왔습니다. 우리는 우리 스스로가 그것을 선택하고, 또한 일으켰다고 생각합니다.

따라서 "영적 탄생이 일어났다는 것을 어떻게 아느냐?"라고 물으면, 우리는 "내가 해야 한다고 배운 것을 했기 때문에 거듭나게 되었습니다."라는 식으로 대답하는 경향이 있습니다. 우리는 "내가 하나님께 대해 살아났기 때문입니다."라고 분명하고, 확실하게 말하지 않습니다. 우리는 거듭남이 우리 안에서 일어난 일을 통해서가 아니라 그것을 일으키기 위해 우리가 행한 일을 통해 이루어졌다고 믿습니다.

따라서 자기 이해를 중심으로 형성된 기독교, 곧 우리 스스로가 만든 기독교적 존재 양식을 지향하는 사람이 베드로처럼 외치지 않는 것은 너무나도 당연합니다. 그는 "하나님을 찬양합니다. 많은 긍휼로 나를 거듭나게 하신 하나님, 오직 하나님께만 찬양과 감사와 사랑과 영광을 돌립니다."라고 외치지 않습니다.

신약 성경이 가르치는 거듭남

하나님이 거듭남을 이루셨습니다. 따라서 하나님이 모든 영광을 받으셔야 합니다. 신약 성경은 그것이 우리와 상관없이 우리에게 일어난 일이라고 일관되게 가르칩니다.

• 나는 죄와 허물 가운데 죽었습니다. 그런데 하나님이 나를 사랑하신 그 큰 사랑으로 그리스도와 함께 나를 살리셨습니다(엡 2:5). 내가 나를 죽은 자 가운데서 다시 살리지 않았습니다. 하나님이 나를 살리셨

습니다.

• 나는 영적으로 존재하지 않았습니다. 나는 "무(無)"였습니다. 심지어 창조되지도 않았습니다. 그러나 하나님이 나를 새 사람으로 창조하셨습니다. 나는 그리스도 안에서 새로운 피조물이 되었습니다(엡 4:24, 갈 6:15, 고후 5:17). 나는 나를 창조하지 않았습니다. 하나님이 나를 창조하셨습니다.

• 나는 영적인 일에 눈이 먼 상태였습니다. 혈과 육은 나를 도울 수 없었습니다. 그러나 하늘에 계신 아버지께서 은혜로우시게도 주권적으로 내 눈을 열어 예수님이 살아 계신 하나님의 아들이요 그리스도이시라는 사실을 알게 하셨습니다(마 16:17, 11:27, 행 16:14). 하나님이 내가 진리를 보고, 알 수 있게 해주셨습니다.

• 나는 하나님이 빛을 창조하시기 전에 깊음 위에 존재했던 흑암과 같은 영적 흑암에 감싸여 있었습니다. 그런데 어두운 데에 빛이 비치라고 말씀하셨던 그 하나님께서 예수 그리스도의 얼굴에 있는 하나님의 영광을 아는 빛을 내 마음에 비추셨습니다(고후 4:6).

• 나의 부모와 진 로렌스 목사가 내게 하나님의 말씀을 심고, 물을 주었습니다. 그러나 그것을 싹 틔워 자라게 만든 기적을 행하신 분은 오직 하나님뿐입니다(고전 3:6).

• 나는 완고하고, 반항적이고, 교만하고, 제멋대로 살았습니다. 내 스스로의 힘으로는 수백 년이 흘러도 예수님 앞에 나오지 못했을 것입니다. 그러나 하나님이 나를 이끄셨습니다. "나를 보내신 아버지께서 이끌지 아니하시면 아무도 내게 올 수 없으니"(요 6:44).

• 나는 회개하는 마음이나 죄를 슬퍼하는 마음이 없었고, 또 변화하

려는 열정도 없었습니다. 그러나 하나님은 은혜로우시게도 내게 회개함을 주사 진리를 알게 하셨습니다(딤후 2:25).

• 나는 믿음이 없었을 뿐 아니라 연약한 모습으로 다른 사람을 의지하고 싶은 마음도 없었습니다. 그러나 하나님은 큰 긍휼을 베풀어 믿음을 갖게 하셨고(빌 1:29), 그 믿음으로 구원받게 하셨습니다. 이것은 내가 한 일이 아니라 하나님의 선물입니다(엡 2:8, 9). 나는 믿었습니다. 믿는 것은 나의 선택이었습니다. 그러나 나의 선택마저도 하나님의 선물이었습니다. 그것은 거듭남의 원인이 아닌 결과였습니다. 요한복음 1장 13절 말씀대로 나는 혈통으로나 육정으로나 사람의 뜻으로 나지 아니하고 오직 하나님께로부터 났습니다.

베드로는 하나님이 "많으신 긍휼대로…우리를 거듭나게 하셨다"라고 말했습니다. 하나님이 이루셨습니다. 이는 우리 스스로 자랑하지 못하게 하고, 우리 주 예수님의 아버지 하나님을 찬송하게 하실 뿐 아니라 "어두운 데서 불러내 그의 기이한 빛에 들어가게 하신 이의 아름다운 덕을 선포하게 하시기" 위해서입니다(벧전 2:9, 고전 1:24, 딤후 1:9).

온 마음으로 하나님을 찬양하자

우리를 거듭나게 하사 자녀로 받아주시고, 산 소망을 허락하신 하나님을 온 마음으로 찬양합시다. 이 숭에는 오늘 이 시간에 성령의 감동하심과 깨우치심을 받은 사람들도 있을 것입니다. 거부하지 마십시오. 23절은 "너희가 거듭난 것은…살아 있고 항상 있는 하나님의 말씀으로 되었느니라"라고 말씀합니다. 하나님이 오늘의 설교 말씀이 모두의 삶 속에 생명을 주는 능력으로 살아 있게 해주시기를 기도합니다. 모두 와서 믿으십시오. 그리고 거듭남이라는 위대한 구원의 사역을 이루시는 하나님을 다 함께 찬양합시다.

4장

선택받은 자들은 하나님의 능력으로 보호하심을 받는다

베드로전서 1장 5절

"너희는 말세에 나타내기로 예비하신 구원을 얻기 위하여 믿음으로 말미암아 하나님의 능력으로 보호하심을 받았느니라."

베드로전서의 처음 열두 구절에는 아무런 명령도 나타나지 않습니다. 요구나 명령이나 지시의 말이 전혀 없습니다. 베드로는 우리가 해야 할 일이 아니라 누리고 즐겨야 할 일을 가르쳤습니다. 그는 권고하지 않고, 기뻐했습니다.

지난주 설교를 4절에서 중단한 이유

이런 사실은 지난주에 살펴본 대로 3절에서 분명하게 확인됩니다. 베드로는 편지의 두 번째 단락을 명령이나 지시가 아닌 예배로 시작했습니다. 그는 "우리 주 예수 그리스도의 아버지 하나님을 찬송하리로다"

라고 말했습니다. 그의 목적은 하나님을 찬양하게 하고, 그분이 세상에서 가장 귀하신 존재라는 사실을 일깨워 주는 것이었습니다.

베드로는 하나님께 찬양과 영광을 돌리는 것에서부터 출발했습니다. 그가 3, 4절에서 언급한 내용은 모두 하나님께 초점을 맞춥니다.

1. 하나님은 긍휼이 많으시다.

2. 하나님은 우리를 거듭나게 하신다.

3. 하나님은 우리에게 산 소망을 주신다.

4. 하나님은 예수 그리스도를 죽은 자 가운데서 다시 살리셨다.

5. 하나님은 자신의 자녀들에게 기업을 약속하신다.

6. 하나님은 썩지 않고, 더럽지 않고, 쇠하지 않는 기업을 물려주신다.

지난주에는 그렇게 4절까지만 살펴보았습니다. 그 이유는 5절이 설교 한 편을 모두 할애하기에 충분한 가치를 지니기 때문입니다. 3-4절에 나타난 하나님에 관한 위대한 진리를 모두 믿는다고 해도 우리를 불안하게 하는 한 가지 심각한 위험이 존재할 수 있습니다. 이 점은 3-4절에서는 분명하게 언급되지 않았습니다.

믿음으로 말미암아 하나님의 능력으로 보호하심을 받는다

하나님은 자비로우십니다. 하나님은 우리를 거듭나게 하셨습니다. 하나님은 예수님을 죽은 자 가운데서 다시 살리셨습니다. 하나님은 천국에서 쇠하지 않는 기업을 허락하겠다고 약속하셨습니다. 우리는 하나님이 우리에게 생명을 주기 위해 과거에 어떤 일을 행하셨는지를 알고, 또 미래에 우리에게 기업을 허락하기 위해 어떤 일을 행하실 것인지를 압니다.

그렇다면 현재는 어떤가요? 거듭남과 마지막 구원 사이의 시간은 어떤가요? 우리가 지금 직면하는 유혹, 압박감, 긴장감, 피로, 박해, 좌절, 고난, 혼란, 당혹, 두려움, 올무는 어떤가요? 하나님은 어떤 일을 하고 계실까요? 아들을 보내 우리의 죄를 위해 죽게 하시고, 우리에게 영원한 생명을 주기 위해 그분을 죽은 자 가운데서 다시 살리시고, 성령의 거듭남을 허락하시고는 뒤로 물러나 우리가 천국에 잘 갈 수 있을지 지켜보고만 계실까요? 베드로는 이 문제에 대해 침묵하거나 단지 암시적인 대답을 제시하는 것으로 만족하지 않았습니다. 그는 강력하면서도 분명하고, 확실하게 대답합니다. 그는 5절에서 거듭난 자들은 "말세에 나타내기로 예비하신 구원을 얻기 위하여 믿음으로 말미암아 하나님의 능력으로 보호하심을 받는다"고 말합니다. 베드로의 대답은 "아니다. 하나님은 우리를 거듭나게 하고 나서 수수방관하지 않으신다. 그분은 신적 권능으로 구원이 온전히 이루어질 때까지 우리를 보호하신다."는 것입니다.

베드로가 말한 대로, 하나님은 자기 백성이 하나님 안에서 안전하게 살아가게 하십니다. 하나님은 우리의 영원하고, 궁극적인 구원을 이루는 데 필요한 일을 하고 계십니다.

사슬의 비유

잠시 상상력을 동원해 보겠습니다. 우리의 구원은 영원한 과거와 영원한 미래를 연결하는 사슬과도 같습니다. 그 사슬은 절대 끊어지지 않습니다. 이 사슬은 하나님이 친히 만드신 쇠줄로 연결되어 있습니다.

영원한 과거를 향해 거슬러 올라가면 선택("나그네…택하심을 받은 자들")이 발견됩니다. 바울은 데살로니가후서 2장 13절에서 "하나님이 처음부터 너희를 택하사…구원을 받게 하심이니"라고 말했습니다.

이번에는 이 구원의 사슬을 따라 영원한 미래를 내다보면 하나님이 우리를 위해 예비하신 썩지 않고, 더럽지 않고, 쇠하지 않는 기업이 발견됩니다. 하나님은 우리가 존재하기 전부터 우리의 구원을 관장하셨고, 우리가 미래에 구원을 온전히 이루기 전까지 이 큰 목적을 안전하게 유지하고 계십니다.

이 사슬을 따라 2,000년을 거슬러 올라가면 하나님이 자기 아들 예수 그리스도를 보내 우리 죄를 위해 피 흘리게 하신 사실이 발견됩니다(2절의 "피 뿌림"). 또한 하나님은 죽음을 정복하고, 우리에게 소망을 주기 위해 예수님을 죽은 자 가운데서 다시 살리셨습니다(3절).

또한 이 사슬을 따라 신자 개인의 삶을 1년이나 2년, 또는 20년이나 70년을 거슬러 올라가면 거듭남이라고 불리는 연결 고리가 발견됩니다. 3절은 이 연결 고리를 우리가 아닌 하나님이 만드셨다고 분명하게 밝힙니다. "하나님을 찬송하리로다…우리를 거듭나게 하사 산 소망이 있게 하시며."

그러면 우리 모두 각자의 삶 속에서 바로 오늘 만들어지고 있는 구원의 사슬을 한 번 바라보겠습니다. 무엇이 발견되나요? 과거의 새로운 탄생과 미래의 기업을 연결하는 사슬을 바라보면 무엇이 보이나요?

보고 싶지 않은 두 가지 모습

먼저 보고 싶지 않은 두 가지 모습부터 살펴보도록 합시다.

불안해하는 신자의 모습

하나는 큰 구렁의 가장자리를 걷고 있는 신자의 모습입니다. 천국에 가려면 그 구렁을 건너야 합니다. 그는 과거로 인도하는 사슬의 한쪽 끝을 붙잡고 있습니다. 그는 날마다 성령의 도우심을 바라며 최선을 다해 신실함의 연결 고리를 만들어 다른 쪽 벼랑 위에 늘어져 있는 천국의 사슬에 연결시키려고 애씁니다. 그러나 그는 연결 고리를 충분히 잘 만들 수 있을 것인지, 또 사슬을 연결하는 작업을 끝마칠 능력이 있을지 확신하지 못합니다.

구원의 사슬을 생각할 때 불안해하는 신자의 모습, 곧 믿음을 잃고 멸망의 나락으로 떨어질 듯 위태로운 모습이 떠오른다면 참으로 곤란합니다. 잠시 뒤에 그 이유를 설명하겠습니다.

그릇된 방법으로 안전한 상태에 이르기를 원하는 신자의 모습

보고 싶지 않은 두 번째 모습은 정반대되는 극단에 치우친 모습입니다. 상황은 앞의 상황과 크게 다르지 않습니다. 과거에 이르는 구원의 사슬을 붙잡은 그리스도인이 구렁을 따라 걸으면서 성령께 약간의 도움을 구하며 신실함의 연결 고리를 만들어 건너편에 있는 천국의 사슬에 연결하려고 시도합니다. 그러나 그는 결국 과거에 이르는 사슬을 놓아버리거나 신실함의 연결 고리를 굳이 만들지 않아도 죽음의 나락으로 떨어지지 않기를 바라면서 자신의 허리에 두른 안전벨트를 천국의 사슬에 연결시키려고, 곧 사슬이 아닌 다른 방법으로 천국으로 들어가려고 애씁니다.

첫 번째 신자는 천국에 들어갈 자신감이나 안전함이 없고, 두 번째 신자는 다른 방법으로 안전함을 얻으려고 합니다. 후자는 성경에 계시된 하나님의 구원과 보호라는 사슬 외에 다른 방법으로 천국에 들어가게 해줄 자동 안전장치를 찾으려고 힘씁니다.

5절에 나타나는 모습

5절은 그와는 매우 상이한 모습을 보여줍니다. 잊지 마십시오. 우리는 지금 "우리 각자의 삶 속에서 바로 오늘 만들어지고 있는 구원의 사슬을 바라보면 무엇이 발견되는가?"라는 질문을 생각하는 중입니다.

5절은 "너희는 말세에 나타내기로 예비하신 구원을 얻기 위하여 믿음으로 말미암아 하나님의 능력으로 보호하심을 받았느니라"라고 말씀합니다. 이 구절을 통해 구원의 사슬을 바라보면 과연 무엇이 발견될까요? 내가 발견한 것은 다음과 같습니다.

너무나도 깊어 그 깊이를 알 수 없는 구렁의 한복판에 전능하신 하나님이 서 계십니다. 그분은 오른팔로는 과거로 이어지는 사슬, 곧 선택과 예수님의 죽음과 부활과 나의 거듭남을 하나로 연결한 사슬을 붙잡아 자신의 가슴 쪽으로 당기고 계시고. 왼팔로는 천국의 사슬을 당겨 잡고 계십니다. 천국의 사슬의 끝이 그분의 왼쪽 팔뚝 위로 늘어진 채 나중에 나의 삶과 연결되기를 기다리고 있습니다. 그분은 손으로 과거로 이어지는 사슬의 끝을 붙잡은 채로 신실함의 연결 고리를 충분히 늘려 천국의 사슬과 연결시키려고 하십니다

두 가지 중요한 차이

이 모습과 전술한 두 모습 사이에는 중요한 두 가지 차이가 있습니다. 앞에서 말한 모습은 신자의 안전을 불확실하게 만드는 것처럼 보이는 반면, 5절에 나타난 모습은 신자의 안전을 확실하게 보이게 만든다는 것입니다. 전술한 모습이 우리의 안전을 불확실하게 만드는 것처럼 보이게 만드는 이유는 안전벨트도 없고, 사슬의 연결고리도 아직 연결되지 않은 상태이기 때문입니다. 그러나 우리의 삶 속에서 신실함의 연결고리를 만들지 않으면 천국의 사슬에 연결할 수 없습니다. 성경은 예수님께 신실하지 않고서는 그 어떤 안전도 보장받을 수 없다고 가르칩니다. 그러나 많은 사람이 이런 성경의 가르침이 우리의 안전을 불확실하게 만든다고 생각합니다.

또 한 가지 차이는 하나님이 친히 사슬을 붙잡아 절대 실패하지 않는 능력으로 연결고리를 만들고 계신다는 것입니다. 신실함의 행위를 하는 당사자는 우리 자신입니다. 지금 우리의 삶 속에서는 구원의 사슬이 완성되어 가고 있는 중입니다. 그러나 하나님이 자기의 기쁘신 뜻대로 우리 인에서 행하시는 중입니다(빌 2:13).

이번에는 5절을 잠시 살펴보기로 합시다.

"너희는 말세에 나타내기로 예비하신 구원을 얻기 위하여 믿음으로 말미암아 하나님의 능력으로 보호하심을 얻었나니.'

구원은 나타내기로 예비된 상태입니다. 지금 우리는 구원받았지만 우리의 구원은 완전하지 않습니다. 우리는 아직 썩지 않고, 더럽지 않고, 쇠하지 않는 기업을 얻지 못했습니다. 앞으로 경험하게 될 은혜와 영광이 훨씬 더 많습니다(벧전 1:13, 4:13, 5:10). 우리는 아직 구렁을 건너지 못한 상태입니다.

천국에서 구원을 온전히 이루기까지는 아직도 많은 위험이 남아 있습니다. 회심한 이후에도 지속적인 보호가 필요합니다. 우리가 안전하다고 해도 아직 본향에 이르러 온전한 자유를 누리는 상태는 아닙니다. 아직도 싸워야 할 싸움이 남아 있습니다. 싸움을 하는 동안, 우리 자신의 능력을 뛰어넘는 보호와 도움이 필요합니다.

우리의 보호는 하나님으로부터 비롯합니다. 좀 더 구체적으로 말하면, 하나님의 능력으로부터 나옵니다. "하나님의 능력으로 보호하심을 받았느니라." 하나님은 거듭남을 허락하셨고(3절), 자신의 자녀들이 천국을 향해 가는 동안 그들을 보호하십니다(5절). 우리가 안전하다고 해서 싸움으로부터 온전히 자유로운 것은 아닙니다. 또 우리가 싸움에서 항상 이기리라는 보장도 없습니다. 그러나 하나님은 절대 오류가 없는 전략과 전능한 능력으로 우리를 위해 싸우십니다.

하나님이 우리를 보호하는 데 사용하시는 수단은 믿음입니다. "믿음으로 말미암아 하나님의 능력으로 보호하심을 얻었나니."

우리의 구원을 방해하는 유일한 것은 무엇인가

이 문제를 잠시 주의 깊게 생각해 보겠습니다. 하나님은 우리를 무엇으로부터 보호하실까요? 말세에 나타내기로 예비된 구원을 방해하는 유일한 것은 무엇일까요?

죽음은 우리의 구원을 방해하지 않습니다. 죽음은 우리를 곧장 천국으로 인도합니다. 따라서 죽음으로부터 보호받을 필요는 없습니다. 고난도 우리의 구원을 방해하지 않습니다. 6, 7절이 말씀하는 대로, 고난은 오히려 우리의 믿음을 정화시킵니다. 우리는 고난으로부터 보호받을 필요가 없습니다.

우리는 "사자 같이 두루 다니며 삼킬 자를 찾는"(벧전 5:8) 사탄으로부터 보호받아야 할 필요가 있습니다. 우리는 막강한 유혹과 "영혼을 거슬러 싸우는 육체의 정욕"(2:11)으로부터 보호받아야 합니다. 따라서 "우리를 시험에 들게 하지 마시옵고 다만 악에서 구하옵소서"(마 6:13, 고전 10:13 참조)라고 기도해야 합니다.

그렇다면 그런 보호가 필요한 이유는 무엇일까요? 이 원수들은 우리에게 어느 정도까지 해를 입힐 수 있을까요? 천국에 가지 못하게 방해하는 유일한 원수는 무엇일까요? 그것은 바로 불신앙, 곧 하나님을 신뢰하지 않는 것입니다. 좀 더 구체적으로 말하면 "나를 위하여 자기 자신을 버리신 하나님의 아들을 믿는 믿음 안에서 살지" 않는 것입니다.

그렇다면 "하나님의 능력으로 (구원을 잃지 않도록) 보호하심을 받았느니라"라는 5절의 의미는 무엇일까요? 그것은 하나님의 능력이 우리의 믿음을 유지시켜 우리의 구원을 보호한다는 의미를 지닙니다. 천국에 가지 못하게 방해하는 유일한 요인은 그리스도를 믿는 믿음을 저버리고, 다른 희망을 품거나 다른 것을 소중히 여기는 것입니다. 하나님은 우리를 보호하기 위해 그렇게 되지 않도록 도와주십니다. 그분은 우리의 믿음을 자라게 하고, 더욱 강하게 하며, 고무하고, 굳건하게 하십니다. 그분은 우리를 파괴할 수 있는 유일한 요인, 곧 불신앙으로부터 우리를 보호하십니다

이것은 안전벨트의 안전함과는 사뭇 다릅니다. 어떤 사람들은 특정한 과거의 경험을 토대로 스스로가 안전벨트를 잘 매고 있다고 믿고, 믿음을 성장시키는 일을 등한시한 채 죄와 불신앙의 구렁으로 뛰어내려 절벽 낮은 곳을 지나 약속의 땅에 무사히 당도할 수 있을 것으로 생각합니다. 그러나 그런 안전벨트는 존재하지 않습니다. 천국에 가는 길은 오직 하나, 인내하는 믿음뿐입니다. 이것이 5절이 그토록 중요한 이유입니다.

우리가 안전한 이유는 천국에 아무 조건 없이 들어갈 수 있기 때문이 아닙니다. 우리가 안전한 이유는 하나님이 천국의 조건을 친히 충족시켜 주시기 때문입니다.

베드로의 부인과 회복

베드로는 이 교훈을 경험을 통해 깊이 깨달았습니다. 그가 예수님을 배신하던 날 밤에 그분은 "시몬아, 시몬아, 보라 사탄이 너희를 밀 까부르듯 하려고 요구하였으나"(눅 22:31-32)라고 말씀하셨습니다.

예수님은 베드로가 믿음을 완전히 잃지 않도록 기도하셨습니다. 그 덕분에 그는 크게 슬퍼하며 죄에서 돌이킬 수 있었습니다. 예수님은 누구에게 기도하셨을까요? 성부 하나님께 기도했습니다. 그분은 무엇을 구하셨을까요? 베드로가 믿음을 잃지 않게 해달라고 기도하셨습니다. 누가 그 끔찍했던 밤에 베드로를 위해 신실함의 연결 고리를 만들었을까요? 하나님입니다. 누가 그를 불신앙의 벼랑에서 건져 회개의 눈물을 흘리게 만들었을까요? 하나님입니다.

베드로는 자신이 전하는 말을 직접 경험했습니다. 하나님에게서 난 사람들은 "믿음으로 말미암아 하나님의 능력으로 보호하심을 받습니다." 하나님이 말세에 나타내기로 예비된 구원을 위해 그들의 믿음을 유지시켜 주십니다. 그분은 우리가 천국에 가는 동안 우리의 믿음을 보존해 우리를 보호하십니다

구원의 사슬은 하나님이 직접 만드십니다. 따라서 지극히 영광스러울 뿐 아니라 절대적으로 안전합니다. 위대하신 하나님과 위대한 구원이 우리의 소유입니다.

신자의 삶 속에서 믿음을 유지시켜 주시는 하나님의 능력에 관해 좀 더 알고 싶으면, 베드로전서 4장 19절, 5장 10절, 요한복음 6장 37-39절과 10장 27-30절, 고린도전서 1장 8-9절, 빌립보서 1장 6절,

데살로니가전서 5장 23-25절, 데살로니가후서 3장 13절, 디모데후서 1장 12절, 히브리서 13장 20-21절, 요한일서 2장 19절을 읽어보십시오.

5장

믿음의 불 시련을 통한 기쁨

베드로전서 1장 6-7절

"그러므로 너희가 이제 여러 가지 시험으로 말미암아 잠깐 근심하게 되지 않을 수 없으나 오히려 크게 기뻐하는도다 너희 믿음의 확실함은 불로 연단하여도 없어질 금보다 더 귀하여 예수 그리스도께서 나타나실 때에 칭찬과 영광과 존귀를 얻게 할 것이니라."

기독교는 고통이 뒤따르는 기쁨의 삶이다

구약 성경은 하나님을 기뻐하고(시 37:4), 기쁨으로 그분을 섬기며(시 100:2), 무슨 일을 하든지 그분 앞에서 즐거워하라고(신 12:18) 가르칩니나.

예수님은 "기뻐하고 뛰놀라 하늘에서 너희 상이 큼이라"(눅 6:23)라고 말씀하셨습니다. 또한 그분은 "내가 이것을 너희에게 이름은 내 기쁨이 너희 안에 있어 너희 기쁨을 충만하게 하려 함이라"(요 15:11)라고 말씀하셨습니다.

바울 사도는 "주 안에서 항상 기뻐하라 내가 다시 말하노니 기뻐하라"(빌 4:4)라고 당부했습니다. 그는 기쁨이 성령의 열매 가운데 하나라고 말했습니다(갈 5:22). 그는 자신이 우리의 기쁨을 돕는 일꾼이라고 말했고(고후 1:24), 우리 믿음의 진보와 기쁨을 위해 산다고 말했으며(빌 1:25), 하나님이 즐거이 바치는 사람을 사랑하신다고 말했습니다. 이런 예를 들자면 끝이 없습니다. 다른 성경 저자들도 마찬가지입니다. 그들은 기독교가 크고, 지속적인 기쁨의 삶을 의미한다고 강조했습니다.

그리스도인이 기뻐해야 할 두 가지 이유

위대한 미래에 대한 약속

첫 번째 이유를 설명하면 다음과 같습니다. 베드로는 6절에서 "크게 기뻐하는도다"라고 말했습니다. 크게 기뻐해야 할 첫 번째 이유가 3-5절에 명시되어 있습니다.

3절 : 하나님은 예수 그리스도를 죽은 자 가운데서 부활하게 하심으로 우리를 거듭나게 하사 산 소망이 있게 하신다.

4절 : 하나님은 우리를 위해 썩지 않고, 더럽지 않고, 쇠하지 않는 기업을 천국에 간직하고 계신다.

5절 : 하나님은 그 기업을 위해 우리를 보호하신다.

기업이 있고, 상속인이 있습니다. 기쁨의 첫 번째 근거는 하나님이 이 둘을 모두 지켜주신다는 것입니다. 하나님은 우리를 위해 기업을 온전히 지키시고, 또한 우리의 믿음을 온전히 보존해 믿음의 파산으로

인해 기업을 잃는 일이 없도록 하십니다

베드로는 6절에서 "오히려 크게 기뻐하는도다"라고 말했습니다. 우리가 기뻐해야 할 첫 번째 이유는 하나님이 위대한 미래를 약속하셨을 뿐 아니라 우리를 위해 그 미래를 보존하고, 또 그 미래를 위해 우리를 보호하는 사역을 결코 중단하지 않으실 것이기 때문입니다. 우리의 기쁨은 미래에 하나님과 더불어 누리게 될 행복과 그 일이 온전히 이루어질 것이라는 확신에 근거합니다. 그리스도인의 기쁨은 그리스도인의 소망과 밀접하게 관련됩니다. 이것이 베드로가 3절에서 우리가 거듭나 산 소망을 갖게 되었다고 말하고 나서, 4절과 5절에서 그 소망의 내용을 상세히 언급한 이유입니다. 우리는 삶을 변화시키는 살아 있는 소망을 지닙니다. 우리는 그 안에서 기뻐합니다. 우리의 소망이 곧 우리의 기쁨입니다.

우리에게 주어지는 시험의 목적

두 번째 이유는 하나님이 세상에서 우리에게 시험을 허락하시는 목적이 분명하기 때문입니다. 6, 7절은 하나님이 우리에게 허락하시는 시험의 목적을 언급합니다.

내 말을 혼동하지 말기 바랍니다. 기쁨의 두 번째 이유는 첫 번째 이유인 소망과 본질적으로 동일합니다. 다만 약간의 차이가 있는데 이를 설명하면 다음과 같습니다.

3, 4절의 요점은 썩지 않고, 쇠하지 않는 기업이 우리를 위해 예비되었고, 우리가 그것을 위해 보호하심을 받고 있다는 것입니다. 따라서 어떤 시험이 닥치더라도 그 너머에 있는 확실한 미래를 바라보며 용기

를 내야 합니다. 그 미래는 어떤 시험이든 기꺼이 감당할 만한 가치를 지닙니다.

6, 7절의 요점은 그와는 조금 다릅니다. 그것은 시험 자체가 기업을 최대한 충분히 누릴 준비를 갖추는 데 도움을 준다는 것입니다. 시험을 허락하신 하나님의 목적을 기억하면 그분이 시험을 통해 우리를 유익하게 하신다는 것을 알 수 있습니다.

기독교가 큰 기쁨의 삶인 첫 번째 이유는 우리의 모든 시험을 뛰어넘어 위대하고, 확실한 미래를 바라보기 때문이고, 두 번째 이유는 하나님이 시험을 수단으로 사용해 미래에 있을 우리의 기쁨을 더욱 크게 하실 목적을 지니고 계시기 때문입니다.

이제 6, 7절이 말하는 시험의 목적을 좀 더 자세히 살펴보겠습니다.

하나님이 우리에게 시험을 허락하시는 목적

하나님이 우리를 유익하게 하기 위해 시험을 계획하셨다는 개념은 본문 어디에 나타날까요?

"필요하다면"

6절의 "필요하다면"이라는 문구와 7절의 결과절로 구성된 구문의 구조에 주목하십시오(영어 성경에는 해당 문구가 기록되어 있음—역자주). 6절은 "너희가 이제 (필요하다면) 여러 가지 시험으로 말미암아 잠깐 근심하게 되지 않을 수 없으나 오히려 크게 기뻐하는도다"라고 말씀합니다. 이것은 어떤 종류의 필요성일까요? 누가, 또는 무엇이 그런 시험을 "필요한" 것으로 만드는 것일까요?

바로 하나님이십니다. 베드로는 하나님이 뜻하실 때만 그리스도인에게 시험이 주어진다고 말했습니다. 예를 들어, 그는 베드로전서 3장 17절에서 "선을 행함으로 고난 받는 것이 하나님의 뜻일진대 악을 행함으로 고난 받는 것보다 나으니라"라고 말했습니다. 선을 행하는 것 때문에 고난을 당할 수도 있고, 그렇지 않을 수도 있습니다. 궁극적인 결정은 하나님께 달려 있습니다. "하나님의 뜻이라면," 우리는 고난을 당할 수도 있고, 그렇지 않을 수도 있습니다. 베드로는 4장 19절에서도 "그러므로 하나님의 뜻대로 고난을 받는 자들은 또한 선을 행하는 가운데에 그 영혼을 미쁘신 창조주께 의탁할지어다"라고 말했습니다.

베드로는 하나님의 주권적인 뜻이 우리에게 닥치는 모든 시련을 다스리기 때문에 시련의 목적은 악한 사람들이나 사탄에 의해서가 아니라 하나님에 의해 결정된다고 가르칩니다.

"(필요하다면) 여러 가지 시험으로 말미암아"라는 베드로의 말은 "하나님이 필요하다고 생각하시면"이라는 의미를 지닙니다.

결과절의 의미

그렇다면 하나님은 왜 그런 일을 하시는 것일까요? 이 질문은 7절을 이끄는 결과절과 밀접하게 관련됩니다. 하나님이 우리가 "여러 가지 시험으로 말미암아 잠시 근심하게 되는" 것이 필요하다고 생각하시는 이유는 "너희 믿음의 확실함은 불로 연단하여도 없어질 금보다 더 귀하여 예수 그리스도께서 나타나실 때에 칭찬과 영광과 존귀를 얻게 하기" 위해서입니다. 이 구절은 고난의 목적을 분명하게 밝힙니다.

고난의 목적은 불이 금을 정련하는 것처럼 우리의 믿음을 확실하게 만들어 그리스도께서 다시 오실 때 그 순수한 믿음으로 칭찬과 영광과 존귀를 받게 하기 위해서입니다.

이것이 그리스도인이 당하는 고난의 목적입니다. 하나님이 원하시면 우리를 유익하게 하기 위해 고난을 허락하십니다.

우리의 고난과 시련은 하나님의 뜻인가

참으로 고통스럽고, 당혹스러운 질문이 아닐 수 없습니다. 이것은 공허한 말장난이 아닙니다. 우리는 우리가 지금 겪고 있는 현실에 대해 말하고 있습니다. 하나님은 우리의 결혼생활이 깨지기를 원하시나요? 암이나 동성애 성적 지향이나 반항적인 자녀나 실직과 같은 문제를 비롯해 러시아, 콩고, 소말리아, 기니에서 발생하는 위험한 사태가 모두 하나님의 뜻에서 비롯하나요? 나는 베드로전서 3장 17절과 4장 19절과 같은 본문에 근거해 내가 성경의 가르침으로 생각하는 대답을 제시하고 싶습니다.

그 대답은 "아니오"와 "예" 둘 다 가능합니다. 그런 일은 하나님의 뜻이 아니기도 하고, 뜻이기도 합니다. 하나님의 뜻이 아닌 이유는 그분이 고통 자체를 기뻐하거나 죄의 행위를 명령하시거나 죄 짓는 것을 인정하지 않으시기 때문입니다. 아울러 하나님의 뜻인 이유는 그분이 그런 일을 얼마든지 방지하실 수 있지만 때로는 그렇게 하지 않으시고, 섭리를 통해 허용하시기 때문입니다. 그런 경우에는 죄의 파괴성이나 사탄의 속임수나 고난의 고통을 뛰어넘는 더 큰 목적이 존재합니다.

그리스도인들이 선을 행한다는 이유로 고난을 당하는 것은 곧 그들을 상대로 죄가 자행되고 있다는 의미를 지닙니다. 베드로전서 3장 17절은 때로 하나님이 그런 일이 일어나도록 허용하신다고 가르칩니다. 하나님은 죄의 행위를 인정하거나 승인하지 않으시지만, 자신의 거룩한 목적을 위해 죄의 행위가 일어나도록 뜻하시거나 허용하실 수 있습니다. 그리스도께서 십자가에서 살해되신 것은 죄에 해당합니다. 그러나 하나님은 그런 일이 일어나도록 의도하셨습니다. "여호와께서 그에게 상함을 받게 하시기를 원하사"(사 53:10). 하나님이 그렇게 하심으로써 우리가 구원받는 길이 열렸습니다.

시험의 목적을 구성하는 다섯 가지 요소

우리에게 주어지는 시험에 하나님의 목적이 있다면, 우리는 그것이 무엇인지 알아야 합니다. 그래야만 시련 속에서도 큰 기쁨을 느낄 수 있기 때문입니다.

베드로는 시험의 목적을 구성하는 요소를 최소한 다섯 가지로 나눠 언급했습니다.

1. 다양한 시험

우리의 시련은 하나님의 뜻에 따라 다양한 시험으로 이루어집니다.

6절은 "(필요하다면) 너희가 이제 여러 가지 시험으로 말미암아"라고 말씀합니다. NIV 영어성경은 이를 "온갖 종류의 시험으로"라고 번역했습니다. 우리는 다양한 형태의 시련을 경험합니다. 베드로는 하나님의 뜻에 따라 다양한 형태의 시련이 주어지는 것이 "필요하다"고 말했습니다. 한 가지 종류의 시련만 언급되지 않았습니다. 비유하자면 하나님은 다양한 색채를 사용하십니다. 어두운 것도 많고, 밝은 것도 많습니다. 그러나 충실하신 창조주께 우리의 영혼을 의탁한다면 결국 인생이라는 캔버스는 영광스럽게 변할 것입니다(4:19).

2. 잠깐의 시련

하나님의 뜻 가운데서 주어지는 시련은 잠깐입니다.

6절은 "너희가 이제 여러 가지 시험으로 말미암아 잠깐 근심하게 되지 않을 수 없으나 오히려 크게 기뻐하는도다"라고 말씀합니다. "잠깐"은 상대적인 용어입니다. 만일 "그는 호흡을 멈추고 오랫동안 참을 수 있습니다."라고 말한다면, 2분이나 3분 정도를 의미할 것입니다. 호흡을 멈추는 것은 그 정도의 시간만으로도 충분히 깁니다. 그러나 "그는 오랫동안 목회자로서 교회에서 일했습니다."라고 말한다면, 아마도 15년 내지 20년 정도를 의미할 것입니다.

이 구절의 "잠깐"이라는 용어도 마찬가지입니다. 세상에서의 한평생과 비교하면, 우리의 시련은 잠깐이 아니라 오래일 수 있습니다. 그러나 영원과 비교하면, 곧 하늘에 간직되어 있는 영원한 기업과 비교하면 잠깐에 지나지 않을 것입니다. 베드로는 야고보와 똑같은 관점으로 이 세상을 바라봅니다. 야고보는 "너희는 잠깐 보이다가 없어지는 안개니라"(약 4:14)라고 말했습니다. 하나님이 우리를 위해 계획하신 미래의 길이와 위대함에 비교하면, 이 세상의 모든 시련은 한순간일 뿐입니다(벧전 5:10).

3. 근심스러운 시련

하나님의 뜻 가운데서 주어지는 시험은 우리를 근심스럽게 만듭니다.

시험은 근심스럽습니다. "너희가 여러 가지 시험으로 말미암아…근심하게 되지 않을 수 없으나"(6절). 이것은 슬프고, 괴롭다는 뜻입니다. 주목하십시오. "이제 여러 가지 시험으로 말미암아 잠깐 근심하게 되지 않을 수 없으나 오히려 크게 기뻐하는도다"라는 베드로의 말은 허튼소리가 아닙니다. 우리는 비록 괴로울지라도 기뻐할 수 있습니다. 이것은 거짓이 아닙니다. 바울이 직접 그런 경험을 해보았습니다. 그는 고린도후서 6장 10절에서 "근심하는 자 같으나 항상 기뻐하고"라고 말했습니다.

하나님의 뜻 안에서 우리에게 주어진 시련은 실제로 매우 고통스럽고, 슬프고, 괴롭습니다. 그러나 이 경험은 세상이 경험하는 것과는 근본적으로 다릅니다. 우리는 모든 시련이 목적을 지닌다는 것을 압니다. 가지가 바람에 심하게 요동쳐도 우리의 뿌리는 굳게 내려 있습니다. 잎이 푸르고, 열매가 자라는 이유는 우리의 뿌리가 하나님의 주권적인 은혜라는 시냇물 곁에 깊이 뿌리를 내리고 있기 때문입니다. 우리는 하나님의 선한 목적이 있다고 믿습니다.

4. 금을 연단하는 불과 같은 시험

하나님의 뜻 가운데서 주어지는 시험은 금을 정련해 불순물을 제거하는 불과 같습니다.

"너희 믿음의 확실함은 불로 연단하여도 없어질 금보다 더 귀하여 예수 그리스도께서 나타나실 때에 칭찬과 영광과 존귀를 얻게 할 것이니라"(7절).

금이 불 속에서 녹으면 불순물이 위로 떠올라 쉽게 제거할 수 있습니다. 불로 불순물을 제거한 금은 이전보다 훨씬 더 큰 가치를 지닙니다. 하나님을 믿는 믿음도 마찬가지입니다. 우리는 믿음을 지니고 있습니다. 우리는 하나님의 약속을 신뢰합니다. 그러나 그 안에는 불순물이 섞여 있습니다. 나의 고통스러운 경험으로 미루어 볼 때, 불평과 비판적인 요소가 포함되어 있습니다. 재물이나 지위나 인기를 하나님과 똑같이 신뢰하려는 경향도 섞여 있습니다. 그런 불순한 요소가 믿음이라는 금과 혼합되어 있습니다.

불순한 요소들이 하나님의 위대하심과 선하심을 온전히 경험하지 못하게끔 방해합니다. 따라서 하나님은 시련과 고난의 불로 우리의 믿음을 정화하기를 원하십니다. 그분의 목적은 우리의 믿음을 더욱 순수하고, 참되게 만드는 것입니다. 하나님은 우리가 다른 것이나 다른 사람을 의지해 기쁨을 얻으려 하지 않고, 온전히 하나님만을 의지하기를 원하십니다.

이를 보여주는 가장 좋은 사례 가운데 하나가 바울의 경험에서 발견됩니다. 그는 고린도후서 1장 8-9절에서 믿음을 정화하기 위한 하나님의 목적이 고난을 통해 이루어진다고 강조했습니다. 그는 "형제들아 우리가 아시아에서 당한 환난을 너희가 모르기를 원하지 아니하노니 힘에 겹도록 심한 고난을 당하여 살 소망까지 끊어지고"라고 말했습니다.

하나님은 바울의 안전을 지켜줄 일상적인 수단을 모두 제거하시고, 버림받은 듯한 느낌을 받도록 허용하셨습니다. 이것이 베드로전서 1장 7절이 말하는 불 시련입니다. 그것은 하나님이 바울을 사랑하지 않으셨기 때문이 아니라 바울의 믿음을 금처럼 정화해야 할 필요성이 있다고 생각하셨기 때문입니다.

5. 칭찬과 영광과 존귀를 받게 할 믿음

하나님의 뜻 가운데서 주어지는 시험을 통해 믿음이 정화되면 칭찬과 영광과 존귀를 얻습니다.

7절은 "너희 믿음의 확실함은…예수 그리스도께서 나타나실 때에 칭찬과 영광과 존귀를 얻게 할 것이니라"라고 말씀합니다.

예수님이 영광 중에 나타나시면 그분의 영광이 우리의 믿음을 통해 장엄하게 빛날 것입니다. 우리가 믿고, 바라고, 기뻐했던 분이 곧 그리스도라는 사실이 명백하게 드러날 것입니다. 그분의 영광이 우리의 믿음과 소망과 기쁨을 통해 찬란히 빛날 것입니다. 우리의 믿음이 정화되어 더욱 순수해질수록 그리스도의 아름다우심과 가치가 더욱 명료하게 드러날 것입니다.

하나님은 자기를 높이는 모든 사람을 높이실 것입니다. 그분은 우리의 믿음 위에 칭찬과 영광과 존귀를 허락할 것입니다. 그분은 "잘 하였도다 착하고 충성된 종아"라고 칭찬하며 "시들지 아니하는 영광의 관"(벧전 5:4)을 씌워주실 것입니다(고전 4:5 참조). 마침내 우리는 하나님이

우리에게 고난을 허락하신 이유가 그분의 영광과 칭찬과 존귀에 참여
하는 지극한 복락을 누리게 하기 위한 것이었음을 분명히 알게 될 것
입니다.

6장

진정한 기독교 :
그리스도 안에서 누리는 말로 다할 수 없는 기쁨

베드로전서 1장 8-9절

"예수를 너희가 보지 못하였으나 사랑하는도다 이제도 보지 못하나 믿고 말할 수 없는 영광스러운 즐거움으로 기뻐하니 믿음의 결국 곧 영혼의 구원을 받음이라."

기독교적 경험에 관한 베드로의 설명

오늘은 베드로전서 1장 8-9절을 잠시 상고해 보겠습니다. 베드로가 그리스도인들의 경험을 언급한 이유는 무엇일까요? 그는 "예수를 너희가 보지 못하였으나 사랑하는도다 이제도 보지 못하나 믿고 말할 수 없는 영광스러운 즐거움으로 기뻐하니"라고 말했습니다.

베드로는 신자들의 경험을 언급했습니다. "너희는 지금 그리스도를 보지 못하지만 그분을 사랑하고, 믿고, 말할 수 없는 영광스러운 즐거움으로 기뻐한다." 베드로가 신자들의 경험을 언급한 이유는 무엇일까요?

나는 베드로가 그들에게 진정한 기독교가 무엇인지를 깨우쳐 주기 원했다고 생각합니다. 베드로는 그들이 확고한 기준을 갖길 원했습니다. 그리고 그 기준에서 이탈했을 때, 다시금 정신차려 잃었던 것을 되찾을 수 있기를 원했습니다.

한 가지 예 : 물살을 거슬러 헤엄치기

나는 이 점을 이렇게 설명하고 싶습니다. 이것은 완전한 설명은 아니지만 베드로가 신자들의 경험에 관해 말한 이유를 파악하는 데 도움이 될 것으로 생각합니다. 진정한 기독교는 불신앙의 강을 거슬러 헤엄치는 것과 같습니다. 우리에게 불신앙의 강이란 경건하지 않은 미국의 세속주의를 의미합니다. 우리는 그리스도를 향한 사랑과 그분을 믿는 믿음과 그분 안에서 누리는 기쁨으로 힘차게 팔다리를 움직여 그리스도를 향해 헤엄쳐 나아갑니다. 우리는 물살을 거슬러 헤엄치기 때문에 불신자들과 함께 심판이라는 무서운 폭포 아래로 떠밀려 내려가지 않습니다.

5절에서 살펴본 대로, 하나님이 우리의 믿음을 지켜주십니다. 그분은 믿음과 사랑과 기쁨으로 계속 팔다리를 움직여 강물을 거슬러 헤엄칠 수 있는 힘을 허락하십니다. 그 덕분에 우리는 그리스도 없는 세상의 시류에 휩쓸리지 않습니다.

우리의 수영 교사인 베드로 사도는 해안에서 우리를 지켜보며 따라옵니다. 그는 우리가 헤엄을 잘 치고 있을 때, "아주 좋아요. 잘하고 있어요. 여러분이 있어야 할 위치를 알려주기 위해 깃발을 꽂아 둘 테니 그것을 바라보세요. 그것이 여러분이 있어야 할 위치입니다."라고 소리칩니다. 이것이 8, 9절에 담겨 있는 의미입니다.

베드로가 8, 9절에서 그렇게 말한 이유는 예수님을 향한 사랑과 그분을 믿는 믿음과 그분 안에서 누리는 기쁨으로 팔다리를 움직여 헤엄치는 것을 중단하면, 불신앙의 강물 아래로 떠내려갈 테니, 정신차려 강가에 꽂혀 있는 깃발을 보고 물살을 거슬러 올라와야 한다는 것을 일깨워 주기 위해서였습니다. 우리에게는 진정한 기독교가 무엇인지를 상기시켜 주는 확고한 목표가 있습니다.

이것이 오늘 아침에 내가 강조하려는 것입니다. 베드로는 그리스도인들에게 그 점을 일깨워 주었습니다. 나도 그의 말을 근거로 이 자리에 있는 성도들에게 그렇게 하고 싶습니다. 다시 말해, 미국이라는 세속 사회의 강물 옆에 깃발을 꽂아 두고 신앙생활을 하는 동안 그것을 바라보며 위치를 확인하라고 말해주고 싶습니다.

그리스도인에 관한 다섯 가지 사실

베드로는 8, 9절에서 그리스도인에 관한 다섯 가지 사실을 언급했습니다.

1. 그들은 그리스도를 사랑합니다.
2. 그들은 그리스도를 믿습니다.
3. 그들은 그리스도 안에서 기뻐합니다.
4. 그들은 영혼의 구원을 받습니다.

5. 그들은 우리와 마찬가지로 그리스도를 직접 보지는 못하지만 그 모든 것을 경험합니다.

이것이 진정한 기독교입니다. 하나님은 우리 사회의 세속주의와 불신앙과 불경건함이라는 시류를 거스를 수 있는 사랑과 믿음과 기쁨이 우리의 마음속에서 역사하게 하심으로써 우리의 영혼을 구원하고 계십니다.

진정한 기독교는 그리스도를 사랑하고, 신뢰하고, 즐거워합니다. 기독교는 무엇보다도 외적인 행위가 아닌 마음(사랑과 믿음과 기쁨)의 문제입니다. 베드로는 9절에서 그 모든 것을 통해 (점진적으로) 영혼의 구원이라는 목적을 이루어간다고 덧붙였습니다. 우리는 지금 그리스도를 사랑하고, 믿고, 기뻐하는 삶을 통해 말세에 나타내기로 예비된 구원, 곧 완전하고, 최종적인 구원을 경험하고 있습니다.

세 가지 정의

우리는 우리의 내면을 살펴봄으로써 이 세 가지 경험이 서로 어떤 관계가 있는지, 또 우리가 실제로 그런 경험을 하고 있는지를 확인해야 할 필요가 있습니다. 우리는 과연 어떤 의미로 그리스도를 사랑하고, 신뢰하고, 즐거워한다고 말하나요? 먼저 그리스도에 대한 사랑과 믿음과 기쁨을 간단하게 정의하는 데서부터 시작해 보겠습니다.

1. 그리스도에 대한 사랑

그리스도를 사랑한다는 것은 그분의 성품과 가치를 귀하게 여기는 것을 의미합니다(벧전 2:7 참조).

2. 그리스도에 대한 믿음

그리스도를 믿는다는 것은 그분의 모든 약속과 뜻을 의지한다는 것을 의미합니다.

간단히 말해, 사랑은 그리스도의 인격 때문에 그분에게 매료되는 것을 의미하고, 믿음은 그분이 행하실 일 때문에 그분을 신뢰하는 것을 의미합니다.

3. 그리스도에 대한 기쁨

그렇다면 기쁨은 무엇인가요? 베드로는 "말할 수 없는 영광스러운 즐거움으로 기뻐하니"(8절)라고 말했습니다. 이 말씀과 빌립보서 1장 25절, 로마서 15장 13절, 고린도후서 1장 24절과 같은 성경 본문을 더 깊이 생각하면 할수록, 기쁨을 사랑과 믿음으로부터 분리해서는 안 된다는 확신이 강해집니다.

그리스도 안에서의 기쁨은 그분을 사랑하고, 신뢰하는 데서 비롯하는, 깊고 즐거운 감정을 의미합니다. 그리스도를 귀하게 여기고, 그분을 신뢰하면 우리의 마음에서 기쁨의 감정이 솟아나기 마련입니다. 그리스도의 인격에 매료되고, 그분이 행하실 일로 인해 그분을 신뢰하면 깊고, 즐거운 감정이 솟아납니다.

이처럼 기쁨은 사랑과 믿음의 일부입니다. 왜냐하면 "그리스도의 보배로우심에 매료되었지만 즐거운 감정을 조금도 느낄 수가 없어."라고 말하는 것은 모순이기 때문입니다. 즐거운 감정을 느끼지 못한 채 어떤 것에 매료된다는 것이 과연 가능할까요? '아슬란'이라는 사자와 같은 존재에게 매료되는 경우에는 두려운 마음이 생길 수도 있습니다. 그러나 깊고, 즐거운 감정을 전혀 느끼지 못한다면 매료되기보다는 강한 거부감을 느낄 것이 틀림없습니다.

믿음의 경우도 마찬가지입니다. "나는 그리스도께서 나를 위해 행하실 일을 온전히 신뢰하지만 즐거운 감정을 조금도 느낄 수가 없어."라고 말하는 것은 모순입니다. 우리가 신뢰하는 존재에 대한 희망과 확신의 감정이 없다면 어떻게 신뢰가 가능할까요? 신뢰의 과정에 고통과 고난이 뒤따를 수는 있겠지만, 앞으로 이루어질 일에 대한 깊고, 즐거운 감정이 느껴지지 않는다면 그것은 믿음이나 신뢰와는 아무 상관이 없을 것입니다.

따라서 그리스도의 보배로우심에 매료되고(사랑), 그리스도의 진실성을 확신하면(믿음), 기쁨이라고 불리는 싶고, 즐거운 감정이 느껴질 수밖에 없습니다. 물론 그 깊고, 즐거운 기쁨의 감정 안에는 다른 두 가지 요소가 더 많은 비중을 차지할 테지만, 그렇다고 해서 기쁨이 줄어드는 것은 결코 아닙니다. 베드로가 8절에서 언급한 기쁨은 사랑과 믿음의 일부입니다. 이 세 가지는 모두 진정한 기독교에 해당합니다.

그러면 베드로가 이 기쁨을 "말할 수 없는 영광스러운 즐거움"이라고 일컬은 이유를 좀 더 자세히 살펴보겠습니다.

기쁨 : 우리는 우리가 갈망하는 대로 된다

무엇이 기쁨의 질을 결정할까요? 단지 기쁨의 강도만이 아니라 그 도덕적 성격이 중요합니다. 무엇이 기쁨을 추하게, 또는 아름답게 만들까요? 무엇이 기쁨을 천박하거나 고귀하게, 더럽거나 깨끗하게 만들까요? 그 대답은 기쁨의 대상이 그 성격을 결정한다는 데 있습니다. 더러운 농담과 음담패설과 음란한 사진을 즐거워하면 마음이 불결해지고, 기쁨이 더러워집니다. 잔인함과 교만과 복수를 즐거워하면, 마음과 기쁨도 그런 특성을 띠게 됩니다. 물질적인 것에서 기쁨을 느끼면 마음과 기쁨도 한갓 물질인 것처럼 왜곡됩니다. 우리는 우리가 갈망하는 대로 됩니다.

베드로는 기독교적 기쁨이 말로 다 할 수 없이 영광스럽다고 말했습니다. 그런 기쁨을 누리려면 예수님의 보배로우심과 진실하심을 갈망해야 합니다. 우리는 우리가 갈망하는 대로 됩니다. 그리스도인은 그리스도를 갈망합니다. 따라서 그들은 그리스도처럼 됩니다. 그리스도의 보배로우심과 진실하심은 말로 다 할 수 없이 위대합니다. 따라서 우리의 기쁨도 말로 다 할 수 없는 기쁨이 됩니다. 그리스도께서는 우주와 하나님의 모든 영광을 지니고 계십니다. 따라서 우리가 그분 안에서 누리는 기쁨도 지극히 영광스럽습니다. 그리스도의 보배로우심에 매료되고, 그분의 진실하심을 신뢰할 때 우리의 기쁨은 차츰 그분의 영광에 의해 조금씩 변화됩니다. 우리는 우리가 갈망하는 대로 됩니다. 그리스도인이 가장 갈망하는 것은 그리스도의 영광입니다. 우리의 기쁨은 "말할 수 없이 영광스럽습니다." 그 이유는 말할 수 없이 영광스러우신 그리스도를 사랑하고 신뢰하는 데서 비롯하는 기쁨이기 때문입니다.

볼 수 없는 것을 보는 것

그렇다면 우리가 그리스도를 볼 수 없는데 어떻게 그분의 보배로우심을 갈망하고, 그분의 진실하심을 믿을 수 있을까요? 그분을 볼 수 없는데 어떻게 그분을 사랑하고 그분을 믿을 수 있을까요?

우리는 비록 눈으로 직접 그리스도를 보지는 못하더라도 또 다른 방식으로, 곧 그보다 훨씬 더 중요한 방식으로 그분을 봅니다. 예를 들어 바울은 로마서 15장 20, 21절에서 이방인들(그리스도를 눈으로 볼 수 없는 사람들)을 위한 자신의 선교 사역을 이렇게 묘사했습니다. "또 내가 그리스도의 이름을 부르는 곳에는 복음을 전하지 않기로 힘썼노니…주의 소식을 받지 못한 자들이 볼 것이요." 그리스도께서는 복음의 설교를 통해 눈으로 직접 보는 것보다 더 중요한 방식으로 자신을 드러내십니다.

예수님 생전에 그분을 눈으로 직접 본 사람들 가운데 많은 사람이 그분의 진정한 실체를 알아보지 못했습니다. 예수님은 "보아도 보지 못한다"(마 13:13)고 말씀하셨습니다. 눈으로 보는 것보다 훨씬 더 중요한 방식으로 보는 것이 가능합니다. 바울은 고린도후서 4장 6절에서 "어두운 데에 빛이 비치라 말씀하셨던 그 하나님께서 예수 그리스도의 얼굴에 있는 하나님의 영광을 아는 빛을 우리 마음에 비추셨느니라"라고 말했습니다. 이것은 예수 그리스도의 얼굴에 있는 하나님의 영광을 영적으로 보는 것을 말합니다. 이것이 없이는 그 누구도 구원받을 수 없습니다. 마이클 카드는 자신의 노래를 통해 "보지 못하면서도 본다"는 역설을 이렇게 표현했습니다.

우리는 하나님의 말씀을 통해 그리스도를 본다

어떻게 그런 일이 가능할까요? 어떻게 그렇게 볼 수 있을까요? 우리는 하나님의 말씀을 통해 볼 수 있습니다. 그리스도의 복음이 선포되면, 생전에 그리스도를 볼 수 있었던 많은 사람들보다 더 명확하게 그분의 진정한 모습을 볼 수 있습니다. 그리스도께 마음을 열어 놓고 사복음서, 곧 마태복음, 마가복음, 누가복음, 요한복음을 읽으면, 니고데모, 수로보니게 여인, 백부장, 나인성의 과부, 삭개오, 십자가의 강도, 군중들과 같이 세상에서 그분을 알았던 사람들이 그분을 볼 수 있는 것보다 훨씬 더 분명하게 그분의 영광을 볼 수 있습니다. 그들은 여기저기에서 조금씩 그분을 보았을 뿐입니다. 그러나 하나님의 영감으로 기록된 사복음서는 상호보완적으로 그리스도를 묘사하며, 그분의 가르침과 사역을 전체적으로 다루고 있습니다.

사복음서를 읽는 것이 현장에서 직접 목격한 것보다 더 낫습니다. 사복음서는 가장 가까이에서 그리스도를 따랐던 사도들의 틈 속으로, 곧 우리가 결코 가볼 수 없었던 곳으로 우리를 인도합니다. 우리는 그리스도와 함께 겟세마네와 재판정과 십자가와 부활은 물론, 부활 후에 이루어진 만남의 자리에까지 갈 수 있습니다. 또한 그리스도의 설교와 긴 강화를 산기슭에서 조금씩 엿듣는 것이 아니라 하나님의 영감이 풍성하게 주어진 상황 속에서 온전히 듣고 배울 수 있기 때문에, 무엇인지 몰라 어리둥절해 했던 갈릴리의 시골 사람들보다 훨씬 더 깊은 이해에 도달할 수 있습니다. 우리는 사복음서를 통해 예수님 당시에 세상에 살았던 그 어떤 사람보다도 더 온전하게 그분의 성품과 인격을 알 수 있습니다. 미리 둘 곳도 없으면서도 아무것도 염려하지 않고 자유롭게 사셨던 예수님, 사람들의 온갖 반대에 직면하면서도 용기 있게 행동하신 예수님, 누구도 반박할 수 없었던 예수님의 지혜, 여인들을 존중하고, 어린아이들을 자애롭게 대하시고, 나병환자들을 긍휼히 여기신 예수님, 고난을 받으면서도 온유함을 잃지 않으신 예수님, 베드로를 인내로 대하신 예수님, 예루살렘을 보고 눈물을 흘리신 예수님, 자기를 저주하는 자들을 축복하신 예수님, 세상의 민족들을 안타깝게 여기신 예수님, 하나님의 영광을 추구하셨던 예수님, 단순하고, 헌신적인 태도를 유지하신 예수님, 폭풍우를 잠잠하게 하고, 병자들을 치유하고, 오병이어의 기적을 베풀고, 귀신들을 축출하신 예수님, 이 모든 것을 사복음서를 통해 볼 수 있습니다.

진정한 기독교

우리는 지금 그리스도를 직접 볼 수 없지만, 그분을 직접 목격한 수많은 사람들보다 그분을 훨씬 더 잘 볼 수 있습니다. 우리는 사복음서의 곳곳에서 예수님의 얼굴을 통해 빛나는 하나님의 영광을 볼 수 있습니다. 우리는 마음의 눈으로 그분을 보기 때문에 그분을 사랑하고, 신뢰하며, 말로 다할 수 없는 영광스러운 즐거움으로 기뻐할 수 있습니다. 이것이 진정한 기독교입니다.

이것이 강물 곁에서 나부끼는 깃발입니다. 나는 강물이 흐르는 대로 편안하게 멸망을 향해 떠내려가는 사람들이 이 깃발을 바라볼 수 있기를 간절히 기도합니다. 그러면 하나님이 정신을 차리게 만들어 마음의 눈을 열어 보게 하시고, 힘차게 팔다리를 움직이게 해주실 것입니다. 율법의 행위로 공로를 세워 무엇을 얻고자 하는 마음이 아니라 사랑과 믿음과 기쁨으로 힘차게 나아가게 해주실 것입니다. 이것이 진정한 기독교입니다.

7장

선지자들이 살피고, 천사들이 바랐던 것

베드로전서 1장 10-12절

"이 구원에 대해서는 너희에게 임힐 은혜를 예언하던 선지자들이 연구하고 부지런히 살펴서 자기 속에 계신 그리스도의 영이 그 받으실 고난과 후에 받으실 영광을 미리 증언하여 누구를 또는 어떠한 때를 지시하시는지 상고하니라 이 섬긴 바가 자기를 위한 것이 아니요 너희를 위한 것임이 계시로 알게 되었으니 이것은 하늘로부터 보내신 성령을 힘입어 복음을 전하는 자들로 이제 너희에게 알린 것이요 천사들도 살펴 보기를 원하는 것이니라."

예수님은 제자들에게 "그러나 너희 눈은 봄으로, 너희 귀는 들음으로 복이 있도다"(마 13:16-17)라고 말씀하셨습니다. 위대하고, 지혜롭고, 거룩한 사람들이 경험하기를 갈망했지만 그렇게 할 수 없었던 것을 경험한다면 큰 축복을 받았다고 믿고 감사해야 마땅합니다.

오늘 아침의 설교 본문도 그와 동일한 논리에 근거합니다. 베드로는 우리의 구원을 경이롭게 여겨 감사하는 마음을 지녀야 마땅하다고 강조합니다. 왜냐하면 선지자들과 천사들도 우리가 복음을 통해 지금 경험하고 있는 것을 간절히 보고 싶어 했기 때문입니다.

우리에게 임할 은혜를 예언했던 선지자들은 구원에 관해 주의 깊게 살피고, 연구함으로써 자기 안에 계신 그리스도의 영이 그리스도의 고난과 영광을 알리셨을 때 그것이 누구를, 또 어느 때를 가리키는 것인지를 알려고 애썼습니다. 다시 말해, 그들은 스스로 성령의 감동을 받아 예언한 것을 보기 원했고, 그것이 무엇인지 알려고 노력했습니다.

"이 섬긴 바가 자기를 위한 것이 아니요 너희를 위한 것임이 계시로 알게 되었으니 이것은 하늘로부터 보내신 성령을 힘입어 복음을 전하는 자들로 이제 너희에게 알린 것이요 천사들도 살펴보기를 원하는 것이니라."

선지자들만이 아니라 천사들도 이 구원을 알기를 갈망했습니다. 이처럼 우리가 받은 구원의 위대함을 선지자들과 하늘의 천사들도 살펴보기를 원했다는 사실을 통해, 우리가 구원을 놀랍게 여겨야 마땅함이 분명하게 드러난다는 것이 본문의 요지입니다.

나는 먼저 구원의 개념을 설명하고 나서 구원의 위대함(가치)을 드러내는 다섯 가지 사실과 구원에 감사해야 할 이유를 간단하게 살펴보고 싶습니다.

우리는 여기에서 "우리가 구원받아야 한다고 생각하는가?"가 아니라 "우리가 구원받아야 하는가?"라고 물어야 합니다. 구원받아야 하는데도 그것을 알지 못하는 경우가 얼마든지 있을 수 있습니다. 예를 들어 공항을 이륙한 항공기가 고도를 잃고, 이 예배당을 향해 곧장 추락하고 있다면 구조가 필요한 상황인 것이 틀림없습니다. 그러나 누군가가 이곳으로 달려와서 일어나고 있는 상황을 소리쳐 알려주지 않으면 그 사실을 알 길이 없습니다.

따라서 안전하다는 느낌이 곧 실제로 안전하다는 증거는 아닙니다. 구원이 절실히 필요한 상태인데도 위험을 조금도 의식하지 못할 수도 있습니다. 이것이 우리가 "내가 구원받아야 할 필요가 있는가? 실제로 느끼지는 못하지만, 혹시 내가 구원받아야 할 위험한 상황에 처해 있는 것을 아닐까? 내가 미래의 삶과 기쁨을 도외시하고 있는 것은 아닐까? 그런 삶과 기쁨을 누리기 위해 구원 받아야 할 필요가 있는 것은 아닐까?"라고 물어야 하는 이유입니다.

베드로가 그의 서신을 통혜 전하는 말을 귀 기울여 듣고, 우리에게 무엇이 필요한지 판단해 보겠습니다. 성령께서 우리에게 정직한 마음을 허락해 주시기를 기도합니다.

우리는 무엇으로부터 구원받을 필요가 있는가

베드로는 베드로전서 2장 24절에서 "친히 나무에 달려 그 몸으로 우리 죄를 담당하셨으니 이는 우리로 죄에 대하여 죽고 의에 대하여 살게 하려 하심이라 그가 채찍에 맞음으로 너희는 나음을 얻었나니"라고 말했습니다. 그리스도께서 우리의 죄를 담당하신 이유는 우리가 죄로부터 구원받을 필요가 있기 때문입니다. 죄는 우리를 영원히 죽게 만드는 치명적인 질병입니다. 그리스도의 상처가 그 질병을 치유할 수 있습니다.

베드로는 3장 18절에서는 "그리스도께서 단번에 죄를 위하여 죽으사 의인으로서 불의한 자를 대신하셨으니 이는 우리를 하나님 앞으로 인도하려 하심이라"라고 말했습니다. 그리스도께서 우리의 죄를 위해 죽으신 이유는 우리가 우리의 죄로부터 구원받을 필요가 있기 때문입니다. 죄는 하나님과 우리의 관계를 단절시킵니다. 따라서 그리스도께서는 우리를 하나님께로 인도하기 위해 우리의 죄를 위해 죽으셨습니다.

이번에는 4장 17절을 살펴보겠습니다. "하나님의 집에서 심판을 시작할 때가 되었나니 만일 우리에게 먼저 하면 하나님의 복음을 순종하지 아니하는 자들의 그 마지막은 어떠하며." 우리는 하나님의 심판으로부터 구원받을 필요가 있습니다. 죄는 치유가 필요한 치명적인 질병일 뿐 아니라 심판을 받아야 마땅한 중대한 죄책에 해당합니다. 복음은 그리스도께서 자기를 믿는 자들의 심판을 대신 감당하셨다는 좋은 소식을 전합니다.

이밖에도 베드로는 5장 8절에서 "근신하라 깨어라 너희 대적 마귀가 우는 사자 같이 두루 다니며 삼킬 자를 찾나니"라고 말했습니다. 우리는 거짓말쟁이요 살인자인 마귀, 곧 혼자 지옥에 있지 않으려고 가능한 한 많은 인간들을 멸망으로 길로 이끌려고 애쓰는 마귀로부터 구원받을 필요가 있습니다. 그는 우리보다 훨씬 더 강한 힘을 지닌 사자의 같은 존재입니다. 우리는 그에게서 구원받을 필요가 있습니다. 성경은 하나님의 아들이 마귀의 일을 멸하기 위해 세상에 오셨다고 말씀합니다(요일 3:8). 베드로는 믿음으로 그에게 대항하라고 당부했습니다.

이것이 "우리가 무엇으로부터 구원받을 필요가 있는가?"라는 질문에 대한 베드로의 대답입니다. 우리는 죄의 질병과 죄책으로부터 구원받고, 하나님의 심판으로부터 구원받고, 우리를 멸망하게 하려는 마귀로부터 구원받을 필요가 있습니다. 따라서 "내가 지금 위험에 처한 상태인가? 베드로가 말하는 것이 진실인가? 나는 구원받을 필요가 있는가?"라고 묻고, 거기에 옳게 대답해야 합니다.

무엇을 위해 구원받아야 하는가

여러분은 혹시나 귀중한 것을 잃어버릴 위험에 처한 상태는 아닌가요? 미래의 삶과 기쁨을 도외시하고 있지는 않나요? 그런 삶과 기쁨을 위해 구원받아야 할 필요가 있는 것은 아닌가요?

베드로는 베드로전서 2장 25절에서 "너희가 전에는 양과 같이 길을 잃었더니 이제는 너희 영혼의 목자와 감독 되신 이에게 돌아왔느니라"라고 말했습니다. 구원은 우리를 푸른 초장과 잔잔한 물가로 인도하는 사랑 많으신 목자에게로 돌아가는 것을 의미합니다.

또한 베드로는 5장 4절에서 "그리하면 목자장이 나타나실 때에 시들지 아니하는 영광의 관을 얻으리라"라고 말했습니다. 이것은 1장 4절의 "쇠하지 아니하는 유업"을 가리킵니다. 우리는 영광스러운 기업을 위해 구원받았습니다. 더 이상 수치는 없고, 영광만 있습니다. 더 이상 욕됨과 모욕은 없고, 하나님의 자녀들의 영광만 있습니다.

베드로전서 5장 10절은 "모든 은혜의 하나님 곧 그리스도 안에서 너희를 부르사 자기의 영원한 영광에 들어가게 하신 이"라고 말씀합니다. 우리는 그리스도의 영광에 참여하기 위해 구원받았습니다. 그 결과는 영원한 기쁨입니다. "오히려 너희가 그리스도의 고난에 참여하는 것으로 즐거워하라 이는 그의 영광을 나타내실 때에 너희로 즐거워하고 기뻐하게 하려 함이라"(벧전 4:13).

이렇듯 우리는 우리 영혼의 목자이신 그리스도와 인격적인 관계를 맺고, 하나님의 영원한 영광에 참여하며, 영원한 기쁨과 즐거움을 누리기 위해 구원받았습니다.

오늘 아침의 성경 말씀은 신문에 실린 사설도 아니고, 텔레비전에서 전하는 말도 아니며, 학교에서 가르치는 말도 아니고, 대학에서 강의하는 말도 아닙니다. 이 말씀은 베드로 사도가 하나님의 생각을 있는 그대로 전하시는 그분의 아들 예수 그리스도를 대신해 우리에게 전하는 말입니다. 우리는 구원받아야 할 필요가 있습니다. 우리는 죄와 사탄과 심판으로부터 구원받아야 합니다. 우리는 우리 영혼의 목자와 더불어 하나님의 영광의 빛 가운데서 말로 다 할 수 없는 기쁨을 영원히 누리기 위해 구원받았습니다.

이런 점을 고려하면 베드로가 10절에서 "이 구원에 대하여는…부지런히 살펴서"라고 말했던 의도를 어느 정도 짐작할 수 있습니다. 그는 10-12절에서 감사하는 마음을 독려하고, 이 위대한 구원의 무한한 가치를 상기시켜 예배와 기쁨을 독려하려는 의도를 지녔습니다.

구원의 가시

베드로는 구원의 가치를 보여주는 다섯 가지 놀라운 사실을 언급했습니다. 이 사실들은 우리가 전에는 결코 생각하지 못했던 것일 수 있습니다. 지금부터 이 사실들을 간단히 설명하겠습니다. 아무쪼록 이를 마음에 깊이 새겨 믿음과 감사의 열매가 풍성해지기를 기도합니다.

그리스도께서 친히 예언하셨다

베드로는 "그리스도의 영," 곧 그리스도 자신이 세상에 와서 죽음과 부활을 직접 경험하기 수백 년 전에 자신의 죽음과 부활을 예언하셨다는 놀라운 사실을 언급했습니다. "자기 속에 계신 그리스도의 영이 그 받으실 고난과 후에 받으실 영광을 미리 증언하여"(11절)라는 말씀대로 그리스도께서 그리스도의 고난을 예언하셨습니다.

이것은 하나님의 아들이신 그리스도께서 참으로 오래전부터 우리를 위한 고난과 죽음을 생각하고 계셨다는 것을 보여줍니다. 하나님이 구원의 계획을 처음 세우실 때부터 그리스도께서는 우리의 죄를 위해 자기를 기꺼이 내줄 준비가 되어 있으셨습니다. 우리는 그리스도께서 역사 속에 등장해 피를 흘리신 순간에만 사랑을 받은 것이 아닙니다. 우리는 성부와 성자께서 자기를 믿는 죄인들을 구원하기 위해 영원 전에 계획을 세우실 때부터 줄곧 사랑을 받아 왔습니다.

선지자들이 살펴보기를 원했다

베드로는 선지자들이 구원을 살펴보기를 갈망했다고 말함으로써 구원의 가치를 강조했습니다. 10-11절은 "너희에게 임할 은혜를 예언하던 선지자들이 연구하고 부지런히 살펴서…누구를, 또 어떠한 때를 지시하시는지(곧 그리스도가 누구를 가리키는지) 상고하니라"라고 말씀합니다.

그리스도께서는 육신을 입으시기 7백 년 전에 이사야에게 영감을 주어 이렇게 기록하게 하셨습니다.

그리스도의 영이 이사야에게 이 말씀을 기록할 것을 명령하셨을 때, 그는 "오, 주님. 누구를, 또 언제를 말씀하시는 것입니까? 주님, 얼마나 오랫동안 기다려야 합니까?"라고 궁금해했습니다.

구약 시대의 경건한 선지자들이 그런 탐구와 갈망을 마다하지 않을 정도로 우리의 구원은 막대한 가치를 지닙니다.

선지자들은 우리를 섬겼다

선지자들의 간절한 부르짖음에 대한 하나님의 대답이 12절에서 발견됩니다. "이 섬긴 바가 자기를 위한 것이 아니요 너희를 위한 것임이 계시로 알게 되었으니."

그리스도의 영은 이사야에게 이렇게 말씀하셨습니다. "이사야야, 조급해하지 마라. 너는 네 자신이나 동시대 사람들만을 섬기지 않는다. 너는 지금부터 수백 년 뒤에 나타날 성도들을 섬긴다. 그들은 나에 대한 네 예언을 통해 내가 예언된 구원자라는 사실을 알게 될 것이다. 그 진리가 그들의 삶 속에서 결코 사라지지 않을 무한한 가치를 만들어낼 것이다. 네 노력은 헛되지 않을 것이다."

천사들이 살펴보기를 원했다

베드로는 또한 천사들이 살펴보기를 원한다는 말로 구원의 가치를 강조했습니다. 12절 마지막에 보면, "천사들도 살펴보기를 원하는 것이니라"라고 기록되어 있습니다.

이 말씀은 천사들이 원하지만 할 수 없었다는 뜻이 아닙니다. 그들이 살펴보기를 원한 이유는 그들 자신이 죄와 구원의 역사와 무관할 뿐 아니라(선한 천사들은 죄를 지은 적이 없다) 하나님이 역사와 신자들의 삶 속에서 행하시는 위대한 구원의 사역을 알고 싶어 했기 때문입니다.

베드로가 말하려는 요점은 "천사들도 우리의 구원에 그토록 관심이 많은데 우리는 더욱더 그래야 하지 않겠는가?"라는 것입니다. 천사들이 우리와 같은 죄인들을 구원하시는 하나님의 사역을 알고 싶어 했다면, 구원의 수혜자인 우리는 그것을 더욱 열심히 살피고, 베드로처럼 감격스러운 마음으로 "우리 주 예수 그리스도의 아버지 하나님을 찬송하리로다"라고 외쳐야 마땅하지 않겠습니까?

성령께서 알게 하셨다

마지막으로 베드로는 12절에서 하늘로부터 보내심을 받은 성령께서 복음을 통해 우리에게 구원의 소식을 알리셨다고 말함으로써 구원의 가치를 강조했습니다. "이것은 하늘로부터 보내신 성령을 힘입어 복음을 전하는 자들로 이제 너희에게 알린 것이요."

이것이 마지막 단계입니다. 이것이 지금 일어나고 있는 일입니다. 나는 그리스도께서 죄인들을 구원하기 위해 세상에 오셨다는 복음과 우리가 소유하고 있거나 알고 있는 그 어떤 것보다도 무한히 더 큰 가치를 지니는 구원을 사람들에게 전하고 있습니다.

물론 지금 그리스도와 구원의 가치에 관심을 기울이라고 촉구하는 사람은 단지 나뿐만이 아닙니다. 나는 하늘로부터 보내심을 받은 성령께서 나를 통해 말씀하고 계신다고 믿습니다. 모두 이 말씀을 거부하지 않기를 기도합니다. 모두 마음의 문을 활짝 열고 이 위대한 구원을 믿고, 더욱 감사하기를 바랍니다.

8장

소망을 위해 마음의 허리를 동이라

베드로전서 1장 13절

"그러므로 너희 마음의 허리를 동이고 근신하여 예수 그리스도께서 나타나실 때에 너희에게 가져다 주실 은혜를 온전히 바랄지어다."

베드로의 첫 번째 명령 : 하나님의 은혜를 바라라

온 다양한 성경 번역본을 종합해 오늘의 본문의 문자적인 의미를 설명하면 어구들의 관계를 좀 더 명확하게 알 수 있습니다. 베드로는 "너희 마음의 허리를 동이고"라고 말했습니다. 이 표현은 아래로 흘러내리는 겉옷을 허리띠로 추슬러 묶어 옷자락이 밟혀 넘어지는 일이 없이 자유롭고 신속하게 움직이는 사람의 모습을 묘사합니다. "마음의 허리를 동이고" 라는 문구는 마음을 동여매 자유롭게 만들어야 한다는 의미를 담고 있습니다.

그리고 나서 베드로는 "근신하여"라고 말했습니다. 이는 영적으로 술 취한 듯 흐리멍덩하지 말라는 의미입니다. 정신을 흐리게 만드는 요인들로 인해 마음이 마비되지 않으면 현실을 분명하게 볼 수 있고 맑은 정신으로 상황을 정확하게 평가할 수 있습니다.

그러고 나서 주절의 동사가 나타납니다. 베드로전서에서 명령법이 사용된 것은 이곳이 처음입니다. 그것은 "온전히 바랄지어다"라는 명령입니다. 이 명령은 마음과 정신으로 행하는 행위를 가리킵니다. 곧 소망을 가지라는 명령입니다. 소망은 육체의 행위가 아닌 영혼의 경험입니다. 베드로는 소망하라고 명령합니다.

이것이 이 구절에 사용된 주절의 주된 동사입니다. "첫 번째 두 개의 동사, 곧 "동이고"와 "근신하여"는 모두 분사로서 종속절을 이루고 있습니다. 종속절에 이어 "온전히 바라라"는 주절의 동사가 이어집니다. 이것은 "마음의 허리를 동이고 근신하는" 행위의 목적이 주절의 행위(곧 온전히 바라는 것)를 위한 것임을 나타냅니다.

마지막으로 베드로는 소망의 대상, 곧 우리가 바라야 하는 대상을 밝혔습니다. 그것은 하나님의 은혜입니다. "**예수 그리스도께서 나타나실 때에 너희에게 가져다주실 은혜를** 온전히 바랄지어다." 예수님이 다시 오시면, 하나님의 백성에게 은혜를 베푸실 것입니다. 은혜가 다가오고 있습니다. 은혜를 바라십시오. 온전히 바라십시오. 하나님의 은혜를 온전히 바라십시오.

하나님의 명령과 기쁨 : 하나님을 바라라

우리 교회의 서쪽 벽에는 "하나님을 바라라"라고 적힌 커다란 게시판이 걸려 있습니다. 또 동쪽을 향하는 지붕 위에는 "하나님을 바라라"라고 적힌 배너가 걸려 있습니다. 이것은 우연한 일이 아닙니다. 우리는 "하나님을 바라라"는 명령이 하나님이 명하시고, 기뻐하시는 것의 핵심이라고 확신합니다.

시편 147편 10-11절은 "여호와는 말의 힘이 세다 하여 기뻐하지 아니하시며 사람의 다리가 억세다 하여 기뻐하지 아니하시고"라고 말씀합니다. 하나님이 기뻐하시는 것은 우리의 힘으로 그분을 위해 행하는 것이 아닙니다. 그분이 명령하시고, 또 기뻐하시는 것은 하나님께서 그분의 힘으로 우리를 위해 행하시는 것을 바라는 것입니다. 하나님의 은혜에 대한 인간의 첫 번째 반응은 소망입니다. 은혜가 우리에게 임할 것입니다. 우리는 그것을 바라야 합니다.

바울은 로마서 11장 6절에서 "만일 은혜로 된 것이면 행위로 말미암지 않음이니 그렇지 않으면 은혜가 은혜 되지 못하느니라"라고 말했습니다. 은혜에 대한 올바른 반응은 소망입니다. 은혜는 아무것도 명령하지 않는다는 말이나 은혜는 아무런 조건이 없다는 말은 잘못입니다. 은혜는 "바라라," "온전히 바라라"고 명령합니다. 온 마음으로 바라야 합니다. 의심하면서 부분적으로 바라서는 안 됩니다. 온전히 바라야 합니다. 소망의 경험에 온 마음을 집중해야 합니다. 소망에 온전히 이끌려야 합니다. 우리는 은혜를 온전히 영광스럽게 해야 합니다. 어떻게 해야 그럴 수 있을까요? 은혜를 온전히 바라면 됩니다. 은혜를 바라지 않으면, 은혜를 영광스럽게 할 수 없습니다. 소망을 굳게 붙잡아야 합니다. 은혜가 지극히 만족스러운 것임을 온 세상 앞에 보여주어야 합니다. 은혜는 모든 필요를 만족시킵니다.

기독교 : 첫째는 은혜, 둘째는 소망

은혜가 첫째이고, 소망이 둘째라는 순서는 13절의 서두에 사용된 "그러므로"라는 말에 의해 분명하게 확증됩니다. "그러므로…온전히 바랄지어다." 이 말은 베드로의 첫 번째 명령이 그가 12절에서 기뻐하며 증언한 은혜에 근거한다는 것을 보여줍니다. 지금까지의 내용을 간단하게 요약하면 다음과 같습니다.

- 1절 : 하나님이 우리를 선택하셨기 때문에,

- 3절 : 하나님이 우리를 거듭나게 하사 산 소망을 주셨기 때문에,

- 4절 : 하나님이 우리를 위해 썩지 않고, 더럽지 않고, 쇠하지 않는 기업을 예비하고 계시기 때문에.

- 5절 : 하나님이 기업을 잃지 않도록 믿음을 통해 우리를 보호하시기 때문에,

- 6-7절 : 하나님이 불로 우리의 믿음을 연단해 칭찬과 영광과 존귀를 받게 하시기 때문에,

- 8절 : 우리가 그리스도 안에서 사랑과 믿음과 기쁨으로 물살을 거스르고 있기 때문에,

- 10-13절 : 선지자들과 천사들이 하나님의 은혜가 우리의 삶 속에서 이룰 모든 것을 알고 싶어 하기 때문에,

이 은혜를 온전히 바라야 합니다. 기독교는 윤리가 우선이 아닙니다. 믿음이나 감정이나 신학도 우선이 아닙니다. 가장 우선적인 것은 하나님이 주권적으로 시작하신 행위입니다. 그런 행위가 모두 언급되고 난 뒤에 명령이 주어졌습니다. 베드로는 우리를 택하심, 예수님의 부활,

거듭남, 예비된 기업, 믿음을 통한 성도의 견인, 우리를 연단하기 위한 섭리적인 고난, 선지자들의 예언을 차례로 언급하고 나서 비로소 명령을 합니다. 그 명령은 "은혜를 바라라"는 것입니다. "예수 그리스도께서 나타나실 때에 너희에게 가져다주실 은혜를 온전히 바랄지어다."

기독교는 자기 백성을 구원하기 위한 하나님의 자유롭고 은혜로운 행위를 첫 번째로 제시하고, 은혜를 바라는 인간의 행위를 두 번째로 제시합니다. 이것이 기독교의 본질입니다.

그러나 베드로는 아무런 도움을 제공하지 않은 채 그저 "바라라"는 명령만 한 것이 않습니다. 그는 두 가지를 언급해 우리의 소망을 독려했습니다. 하나는 마음의 허리를 동이는 것이고, 다른 하나는 근신하는 것입니다. 종속절에 사용된 이 두 개의 분사는 소망을 가질 수 있는 방법을 일러줍니다. 이것은 일차적인 명령이 아닌 이차적인 명령입니다. 이들 동사가 명령의 의미를 지니는 이유는 "은혜를 온전히 바라라"는 주동사에 연결되어 있기 때문입니다.

그렇다면 이런 이차적인 명령은 우리에게 무엇을 요구할까요?

마음의 허리를 동이라

첫째는 "마음의 허리를 동이라"는 것입니다. 마음의 옷자락을 허리춤으로 끌어 올려라. 다리 위로 걷어 올려 허리띠로 고정하라는 것입니다. 그렇다면 이 표현은 실생활에서 어떤 의미를 지닐까요? 생각을 동여매는 것은 은혜를 온전히 바라는 방법입니다. "마음의 허리를 동이고…은혜를 온전히 바랄지어다." 그것이 마음이 지향해야 할 목표입니다. 그러려면 무엇으로 마음을 단속해야 할까요? 무엇을 깊이 생각해야 할까요? 무엇을 생각해야 소망을 가질 수 있을까요?

바로 진리입니다. **진리로 마음을 붙들고, 마음으로 진리를 힘써 생각해야만 소망이 생겨납니다.** 그 이유 중 하나가 (다음 주에 살펴볼 예정인) 14절에서 발견됩니다. "너희가 순종하는 자식처럼 전에 **알지 못할 때에 따르던** 너희 사욕을 본받지 말고." 우리가 한때 은혜를 바라는 소망 대신에 온갖 종류의 사욕에 이끌렸던 이유는 마음이 무지했기 때문입니다. 따라서 소망이 가득 흘러넘치는 마음이 되려면 무지가 아닌 진리로 마음을 동여매야 합니다.

마음을 진리로 붙들어 매고, 마음으로 진리를 힘써 생각해야 할 또 하나의 이유는 바울의 말에서 발견됩니다. 바울은 에베소서 6장 14절에서 베드로서 본문과 똑같은 비유를 사용해 "그런즉 서서 **진리로** 너희 허리띠를 띠고"라고 말했습니다. 만일 우리가 "진리로 마음의 허리를 동임으로써 소망 안에 굳게 서라."고 말한다면, 바울이 말한 것을 정확하게 이해한 것입니다. 마음을 진리로 동여매고, 마음으로 진리를 힘써 생각한다면, 하나님의 은혜를 온전히 바랄 수 있습니다.

이처럼 "마음의 허리를 동이고"라는 베드로의 이차적인 명령은 소망을 갖기 위해 마음으로 진리를 굳게 붙잡아야 한다는 의미를 담고 있습니다. 성경에서 발견되는 진리를 붙잡아야 합니다. 성경의 진리를 추구해야 합니다. 성경의 진리를 의지해야 합니다. 성경의 진리를 실천해야 합니다. "무엇이든지 전에 기록된 바는 우리의 교훈을 위하여 기록된 것이니 우리로 하여금 인내로 또는 성경의 위로로 소망을 가지게 함이니라"(롬 15:4).

근신하여 온전히 바라라

베드로전서 1장 13절에서 발견되는 또 하나의 이차적인 명령은 "근신하라"는 것입니다. 이 말은 문자적으로 "정신을 차려 온전히 바라라"는 의미를 지닙니다. 정신적으로, 또 영적으로 깨어 있어야만 은혜를 온전히 바랄 수 있습니다. 이 말씀은 실생활에서 어떤 의미를 지닐까요?

이 말씀은 하나님의 은혜를 온전히 바라라는 명령에 복종하려면 생각과 마음을 마비시키는 것에 도취되어 은혜의 가치를 망각하는 일이 없도록 해야 한다는 뜻입니다. 생각이 무엇인가에 도취되면 참되고, 귀하고, 진실한 것에 무감각하게 되어 현실을 왜곡하는 결과가 나타날 수밖에 없습니다.

휴가 장소로 아내는 대개 바다를, 나는 산을 선호하는 편입니다. 내가 가급적 바다를 피하려는 이유 가운데 하나가 본문에서 발견됩니다. 잘 알다시피 바다에는 해변이 있고, 사람들은 해변에서 수영복을 입고 활동합니다. 그리고 여성 수영복을 제작하는 사람들은 항상 남성들의 성적 욕구를 자극할 방법을 찾는 데 골몰합니다.

내가 이런 말을 하는 이유는 단지 내가 그런 여성들에게 유혹을 느껴 부도덕한 행위를 저지를 수 있기 때문만은 아닙니다. 나의 관심은 그보다는 좀 더 깊은 차원을 지닙니다. 나는 하나님의 은혜를 바라는 마음을 극대화하기를 원합니다. 나는 본문이 가르치는 것, 곧. "은혜를 온전히 바라라"는 명령에 관심이 있습니다. 물론 나는 지난 34년의 경험과 성경의 경고 덕분에 성적 욕망을 부추기는 것들이 우리를 영적으로 취하게 만든다는 것을 너무나도 잘 압니다. 영적으로 취하지 않는 것, 그것이 곧 나의 가장 큰 관심사입니다. 나의 눈이 오랫동안, 또는 자주 그런 것을 바라보도록 방치하면 진리에 대한 열정과 하나님의 영광스러운 은혜를 바라는 열정이 줄어들 수밖에 없습니다. 그렇게 되지 않도록 하는 것이 나의 할 일입니다.

다른 사람들에게도 똑같이 말하고 싶습니다. 어떤 요인이 마음에 오랫동안 영향을 미쳐 영적인 일에 무감각해지는 일이 없게 하는 것을 가장 큰 관심사로 여겨 하나님의 은혜를 온전히 바란다면, 애써 고민하지 않아도 간음이나 음행을 부추기는 유혹을 자연스레 물리칠 수 있을 것입니다.

우리의 마음을 취하게 하고, 마비시켜 영적 현실을 의식하지 못하게 만드는 요인은 단지 성적인 유혹만이 아닙니다. 돈, 경력, 권력, 연애 소설, 드라마, TV 광고, 낚시, 동전 수집, 컴퓨터, 정원 가꾸기 등도 얼마든지 그런 영향력을 발휘할 수 있습니다. 요점은 마음을 마비시켜 하나님을 의식하지 못하게 만드는 것이 무엇인지 파악해 멀리하는 데 있습니다. 하나님의 은혜를 온전히, 열정적으로 바라려면 항상 깨어 있어야 합니다.

본문에서 발견되는 하나님의 큰 관심

하나님은 우리가 은혜를 적당히 바라는 것을 원하지 않으십니다. 하나님은 우리가 은혜를 적당히 바라는 것에 만족하기 않기를 원하십니다. 하나님은 우리가 소망을 불러일으키는 성경의 진리에 온 마음을 기울

이고, 소망을 줄어들게 만드는 세상의 온갖 요인으로부터 마음을 굳게 지키기를 원하십니다

우리 모두 이 일을 위해 전심전력합시다. 마음을 동여 맵시다. 늘 깨어 근신하여 예수 그리스도께서 나타나실 때에 우리에게 가져다주실 하나님의 은혜를 온전히 바랍시다.

9장

무지에서 비롯하는 정욕과 거룩한 삶

베드로전서 1장 14-16절

"너희가 순종하는 자식처럼 전에 알지 못할 때에 따르던 너희 사욕을 본받지 말고 오직 너희를 부르신 거룩한 이처럼 너희도 모든 행실에 거룩한 자가 되라 기록되었으되 내가 거룩하니 너희도 거룩할지어다 하셨느니라."

베드로는 앞선 열두 구절에서 명령이나 권고나 당부의 말을 한 번도 하지 않았습니다. 그는 단지 우리를 선택하고, 거듭나게 하고, 연단하고, 보존하시는 하나님을 찬양했습니다. 그러고 나서 지난주에 살펴본 대로, 13절에 와서야 비로소 "하나님의 은혜를 온전히 바라라"라는 첫 번째 명령을 제시했습니다. 항상 도덕적으로 건전하고, 맑은 정신을 유지해 소망을 위한 싸움을 힘써 싸우라는 의미입니다. '소망을 가지라'는 것이 첫 번째 명령입니다. 오늘은 '거룩하라'는 두 번째 명령을 살펴볼 생각입니다. 모두 두 가지 명령이 주어졌습니다. 하나는 하나님의 은혜를 바라라는 것이고, 다른 하나는 하나님처럼 거룩하라는 것입니다.

- 소망이 충만한 사람이 되라. 하나님을 바라는 소망으로 충만하라.
- 거룩한 사람이 되라. 하나님처럼 거룩하라.

소망도 하나님 중심적이고, 거룩함도 하나님 중심적입니다. 하나님의 은혜가 소망의 원천이고, 하나님의 거룩하심이 거룩함의 기준입니다.

그리스도인의 삶은 하나님으로 충만해야 한다

거룩함과 소망 같은 것을 생각하다 보면, 때로 나무만 보고 숲을 보지 못하는 잘못을 저지를 수 있습니다. "그리스도인의 삶은 하나님으로 충만해야 한다."는 것이 곧 숲에 해당합니다.

- 아침에도 하나님
- 정오에도 하나님
- 저녁에도 하나님
- 동기도 하나님
- 길잡이도 하나님
- 도덕적인 기준도 하나님
- 위로도 하나님
- 능력도 하나님

- 진리도 하나님

- 기쁨도 하나님

베드로전서와 신약 성경 전체를 통해 발견되는 것은 그리스도인의 삶은 곧 하나님 안에서 사는 삶을 의미한다는 것입니다.

- 항상 하나님을 의식하라

- 항상 하나님께 순종하라

- 항상 하나님을 신뢰하라

- 항상 하나님의 인도를 따르라

- 항상 하나님을 바라라

요즘 나는 나의 삶과 사역의 성격에 영향을 미치는 두 가지 상반된 현실로 인해 자주 놀라곤 합니다. 구체적으로 말해, 오늘날의 미국 문화에서는 하나님을 철저히 무시하는 참으로 놀랍고도 두려운 현실을 의식하게 되고, 신약 성경에서는 하나님이 전부이시라는 참으로 경이롭고도 보배로운 현실을 의식하게 됩니다(고전 3:7).

이스라엘에게 그들의 창조수를 기억하라고 말하라

때로 영적으로 침체된 상태에서는 하나님을 무시하는 오늘날의 사회 풍조에 마음이 무디어져, 악의 세력이 창궐하고 있고, 또 내가 위험에 처해 있다는 사실을 얼른 의식하지 못합니다. 그럴 때는 하나님이 지난 목요일처럼 나를 새롭게 깨우쳐 주십니다.

나는 지난 목요일에 휴식을 취했습니다. 따라서 침대에서 아무런 제한 없이 성경을 읽을 수 있었습니다. 나는 마침내 호세아서를 읽었고, 그곳에서 "이스라엘은 자기를 지으신 이를 잊어버리고 왕궁들을 세웠으며"(호 8:14)라는 말씀을 발견했습니다. 평소 같았으면 그냥 읽고 지나쳤을 말씀입니다. 그러나 목요일에는 그렇지가 않았습니다. 그 날, 하나님은 내게 강력하게 말씀하셨습니다. 나는 성경을 내려놓고, 가만히 눈을 감았습니다. 마음속에서 늘 들려오는 음성이 다시 느껴졌습니다. "이스라엘에게 그들의 창조주를 기억하라고 말하라. 그들의 궁궐에 대해 경고하라. 주일에 그렇게 전하고, 수요일에 그렇게 가르치라. 그것을 시로 읊고, 책으로 쓰고, 컨퍼런스에서 말하고, 가족들과 교회 직원과 장로들 앞에서 실천하라." 우리의 생각과 감정과 행위는 우선적으로 하나님께 집중되어야 합니다. **다른 것을 하나님보다 더 생각하는 것은 우상 숭배**입니다.

그것이 그 구절을 읽을 때 내 마음속에서 떠오른 생각입니다. 그러고 보니 벌써 설교 시간의 3분의 1이 훌쩍 지났습니다. 다시 본문으로 돌아갑시다. 16절은 "내가 거룩하니 너희도 거룩할지어다"라고 말씀하고, 15절은 "오직 너희를 부르신 거룩한 이처럼 너희도 모든 행실에서 거룩한 자가 되라"고 말씀합니다.

하나님은 거룩함의 기준이시다

첫째는 하나님을 바라야 합니다. 그다음에는 그분처럼 거룩해야 합니다. 하나님은 소망의 원천이시고, 거룩함의 기준이십니다.

이것이 무슨 의미일까요?

거룩함이란

거룩함은 (본문에 인용된) 구약 성경의 가르침에 근거합니다. 거룩함은 부정하고, 온전하지 못한 것으로부터 구별되어 하나님을 위해 바쳐졌다는 의미를 지닙니다. 안식일이 하나님께 거룩한 이유는 다른 날들과 구별되어 하나님을 위해 바쳐진 날이기 때문입니다(출 31:15). 또한 제사장들이 하나님께 거룩한 이유는 일반인들로부터 구별되어 하나님을 위해 특별하게 바쳐졌기 때문입니다(대하 23:6). 일상적인 용도에서 구별되어 하나님께 바쳐진 물건들도 거룩하기는 마찬가지입니다.

하나님은 어떻게 거룩하신가

거룩함의 정의를 하나님께 적용하면 흥미로운 사실이 발견됩니다. 먼저 하나님이 거룩하신 이유는 악하고, 불결하고, 온전하지 못한 모든 것으로부터 구별되시기 때문입니다. 이것은 거룩함을 정의한 개념의 절반에 해당합니다. 하나님은 악이나 결함이 있는 모든 것으로부터 절대적으로 자유로우십니다.

거룩함을 정의한 개념의 나머지 절반은 하나님의 거룩하심이 신성의 본질적 속성에 해당한다는 것입니다. 아울러 우리는 성경이 가르치는 하나님의 거룩하심과 그분의 영광과 의의 차이점을 간과하지 않도록 주의해야 합니다. 성경을 읽을 때 우리가 구별해야 할 이 세 가지 속성의 관계를 간단하게 설명하면 다음과 같습니다.

하나님의 거룩하심, 영광, 의

하나님의 거룩하심은 이 세 가지 중에서 가장 근본적인 속성에 해당합니다. 하나님은 온전히 독특하시고, 지극히 탁월하십니다. 그분은 홀로 구별되십니다. 그분과 비교될 수 있는 존재는 아무것도 없습니다. 다른 창조자나 유지자나 선과 악의 궁극적인 척도는 어디에도 없습니다.

"여호와와 같이 거룩하신 이가 없으시니 이는 주 밖에 다른 이가 없고 우리 하나님 같은 반석도 없으심이니이다"(삼상 2:2).

하나님은 홀로 온전히 구별되십니다. 그분과 경쟁하거나 필적할 만한 존재는 없습니다. 하나님은 다른 무엇으로부터 파생되지 않으셨고, 존재나 완전함에 있어 절대적이십니다. 그분은 시작도, 끝도 없으시며, 더 이상의 발전도 필요하지 않으십니다. 한 마디로, 그분의 거룩하심은 존재하는 모든 것 가운데서 가장 탁월하고, 무한한 가치를 지닙니다.

하나님의 영광은 그런 완전함과 가치가 빛이 되어 밖으로 밝게 나타니는 것을 의미합니다. 이는 빛을 태양의 영광이요 불을 그 거룩함이라고 말하는 것과 비슷합니다. "거룩하다 거룩하다 거룩하다 만군의 여호와여 그의 영광이 온 땅에 충만하도다"(사 6:3).

마지막으로 하나님의 의는 그분이 자신의 영광과 거룩하심의 아름다움과 가치에 따라 충실히 행동하시는 것을 의미합니다. 하나님의 의는 그분의 거룩하심과 영광을 충실하게 반영하고, 한층 더 크게 드러냅니다(시 143:11 참조). 하나님이 자신의 영광이 우주에서 가장 뛰어난 가치를 지닌 것처럼 행동하지 않으신다면, 그분은 의롭지도 않으시고, 또 그분의 행위도 진실하지 못할 것입니다.

하나님의 거룩하심이 우리의 삶 속에서 어떻게 드러나는가

베드로는 본문에서 하나님의 거룩하심에 초점을 맞추었습니다. "하나님의 거룩하심은 우리의 삶 속에서 어떻게 드러나는가?"라는 질문을 생각해 봐야 합니다.

베드로는 16절에서 "내가 거룩하니 너희도 거룩할지어다"라는 하나님의 말씀을 인용했습니다. 이 말씀은 나 스스로 우주에서 가장 독특한 방식으로 살아가라는 의미일까요? 그런 의미는 아닐 것입니다. 그렇다면 어떤 의미일까요?

14절과 15절을 비교하면 그 대답의 열쇠를 발견할 수 있습니다. 14절은 15절의 거룩하라는 명령과는 대조적으로 거룩함과 정반대되는 것을 언급합니다. 다시 말해 14절은 "너희가 순종하는 자식처럼 전에 알지 못할 때에 따르던 너희 사욕을 본받지 말고"라고 말씀하고, 15절은 "오직 너희를 부르신 거룩한 이처럼 너희도 모든 행실에 거룩한 자가 되라"고 말씀합니다.

하나님이 신자의 삶 속에서 자신의 거룩하심을 드러내시는 방법은 다섯 가지 단계로 구성됩니다.

1. 하나님의 부르심

하나님은 우리를 부르십니다. "오직 너희를 부르신 거룩한 이처럼'(15절). 이 부르심은 하나님의 거듭나게 하시는 사역과 일맥상통합니다. "우리를 거듭나게 하사 산 소망이 있게 하시며"(3절). 바울은 "하나님이 미리 아신 자들을…또 미리 정하신 그들을 또한 부르시고 부르신 그들을 또한 의롭다 하시고"(롬 8:29, 30)라고 말했습니다. 이 부르심은 생명을 주는 하나님의 말씀, 곧 믿음으로 순종하게 만드는 말씀을 통해 나타나는 결과입니다.

2. 우리는 하나님의 자녀가 됩니다.

이 부르심, 곧 거듭남을 통해 우리는 하나님의 자녀가 됩니다. "순종하는 자식처럼"(14절). 이것이 중요한 이유는 하나님이 우리를 부르실 때, 곧 그분의 성령이 우리에게 임하셨을 때 우리의 내면에서 실제로 변화된 것이 겉으로 드러나기 때문입니다. 바울은 "무릇 하나님의 영으로 인도함을 받는 사람은 곧 하나님의 아들이라"(롬 8:14)라고 말했습니다. 이처럼 성령께서 우리 안에 들어와 우리의 삶 속에서 하나님의 거룩하심을 이루기 시작하십니다. 그렇다면 그런 일은 구체적으로 어떻게 드러날까요?

3. 우리의 시각이 달라집니다.

부르심을 받아 하나님의 자녀가 된 우리는 더 이상 이전처럼 무지한 눈으로 삶을 바라보지 않습니다. 우리는 달라진 눈으로 삶을 바라봅니다. "전에 알지 못할 때에 따르던 너희 사욕을 본받지 말고"(14절). 우리는 부르심을 받아 하나님의 자녀로 거듭났기 때문에 바울이 "유혹의 욕심"(엡 4:22)으로 일컬은 것에 현혹되지 않습니다. 그것은 더 이상 우리를 속이지 못합니다. 우리는 그것을 꿰뚫어 봅니다. 우리는 이제 크기가 더 크다는 이유로 10센트 동전 대신 5센트 동전을 받아들고 좋아하는 어린아이처럼 어리석게 행동하지 않습니다.

이제 우리는 더 잘 압니다. 주로 하나님에 관한 것을 더 잘 압니다. 우리는 하나님의 거룩하심을 압니다. 우리는 인간적인 현실이 하나님보다 더 뛰어난 가치를 지닌다고 생각하지 않습니다. 우리는 하나님의 무한하신 가치를 인식합니다(살전 4:5). 전에는 하나님의 가치를 알지 못했습니다. 생명의 근원을 멀리하고, 물을 담지 못할 터진 웅덩이를 스스로 팠었습니다(렘 2:13). 그러나 지금은 하나님의 성령에 의해 그런 무지와 어리석음이 사라지고, 모든 것의 참된 본질을 옳게 평가하기 시작합니다. 우리는 이제 하나님의 거룩하심이 온 우주 안에서 가장 뛰어난 가치를 지닌다는 것을 깨달았습니다.

4. 이전의 욕망을 버리고, 새로운 욕망을 경험합니다.

과거의 무지가 하나님의 진리로 대체됨으로써 이전의 욕망이 사라지고, 새로운 욕망이 생겨납니다. 14절은 "전에 알지 못할 때에 따르던 너희 사욕을 본받지 말고"라고 말씀합니다. 하나님을 잘못 이해하면, 유혹의 욕심에 미혹됩니다. 그러나 베드로는 그것을 "전에 따르던…사욕"으로 일컫습니다. 그런 욕망은 과거 속으로 사라졌습니다. 우리는 진리로 그 욕망을 물리쳤기 때문에 그것은 더 이상 우리의 삶에 영향을 미치지 못합니다. 그것은 우리와 상관없는 과거의 욕망입니다.

5. 우리는 하나님께 순종합니다.

옛 욕망이 사라지고, 새로운 욕망이 생겨나면서 새롭게 이니리 하나님께 복종하는 결과가 나타납니다. 14절은 "너희가 순종하는 자식처럼 전에 알지 못할 때에 따르던…사욕을 본받지 말고"라고 말씀합니다.

이 다섯 가지 단계를 거치면, 15절의 말씀대로 모든 행실이 거룩해지기 시작합니다. "하나님의 거룩하심이 우리의 삶 속에서 어떻게 드러나는가?"라는 질문에 대한 대답을 간단히 정리하면 다음과 같습니다.

1. 거룩하신 하나님이 우리를 자기에게로 강력하게 이끄십니다.

2. 하나님이 우리에게 성령을 주어 우리가 자신의 자녀임을 증언하게 하십니다.

3. 하나님은 우리의 눈을 열어 주셔서 우리가 무지 가운데 "영혼을 거슬러 싸우는 육체의 사욕"(벧전 2:11)을 본받지 않게 하시고, 하나님의 지극히 뛰어난 가치와 거룩하심을 옳게 이해하게 하십니다.

4. 진리와 가치를 옳게 이해함으로써 새로운 욕망을 갖게 됩니다. 어리석고, 치명적인 이전의 욕망은 죽어 사라지기 시작하고, 하나님의 거룩하심의 가치를 차츰 더 깊이 의식하게 되면서 새로운 욕망이 생겨납니다.

5. 우리의 모든 행실에 하나님의 거룩하심이 삶의 현실을 지배하는 원리로 자리잡기에 이릅니다.

나도 모두에게 베드로처럼 "너희가 순종하는 자식처럼 전에 알지 못할 때에 따르던 너희 사욕을 본받지 말고"(14, 15절)라고 권고하는 바입니다.

10장

두려움으로 지내라

베드로전서 1장 17-19절

"외모로 보시지 않고 각 사람의 행위대로 심판하시는 이를 너희가 아버지라 부른즉 너희가 나그네로 있을 때를 두려움으로 지내라 너희가 알거니와 너희 조상이 물려 준 헛된 행실에서 대속함을 받은 것은 은이나 금 같이 없어질 것으로 된 것이 아니요 오직 흠 없고 점 없는 어린 양 같은 그리스도의 보배로운 피로 된 것이니라."

세 번째 명령-두려움으로 지내라

오늘 아침에는 베드로전서에 언급된 세 번째 명령을 살펴볼 생각입니다. 1-12절은 하나님이 우리를 영원히 자신의 소유로 삼기 위해 행하신 일을 높이 찬양합니다. 그리고 13절에는 "예수 그리스도께서 나타나실 때에 너희에게 가져다주실 은혜를 온전히 바랄지어다"라는 첫 번째 명령을 전합니다. 하나님의 은혜를 온전히 바라라는 것이 첫 번째 명령입니다.

두 번째 명령은 지난주에 살펴본 대로 15절에 기록되어 있습니다. "너희도 모든 행실에 거룩한 자가 되라." 하나님은 "내가 거룩하니 너희도 거룩할지어다"(16절)라고 말씀하십니다. 첫 번째 명령은 하나님의 은혜를 온전히 바라는 것이고, 두 번째 명령은 하나님의 거룩하심을 본받으라는 것입니다. 오늘은 **"두려움으로 지내라"**는 세 번째 명령을 살펴볼 차례입니다. 17절은 "외모로 보시지 않고 각 사람의 행위대로 심판하시는 이를 너희가 아버지라 부른즉 너희가 나그네로 있을 때를 두려움으로 지내라"고 말씀합니다.

거부감이 증대될 가능성

이 세 가지 명령은 우리를 현대 사회의 풍조로부터 점점 더 멀어지게 만듭니다. 나는 한 주, 한 주가 지날 때마다 내가 전하는 말씀에 대한 사람들의 거부감이 차츰 커질 것을 알고 있습니다.

사람들은 "소망을 가지라"는 첫 번째 명령에 대해 "그럴 수 없어. 지금 저 설교자가 소망이 성경적으로 사는 방법이라고 나를 설득하려고 해."라고 생각하며 방어막을 펼칩니다.

"거룩하게 살라"라는 두 번째 명령에 대해서는 하나님이 거룩하시다고 생각하기 때문에 비교적 수용적인 태도를 보일 테지만, 그렇더라도 그것이 우리에게 무엇을 기대하고, 무엇을 의미하는지 확실하게 알지 못할 가능성이 높습니다. 따라서 거룩함을 강조하는 설교에 약간의 주의를 기울이는 데 그칠 것이 분명합니다.

"두려움으로 지내라"라는 세 번째 명령에 대해서는 "저 설교자가 지금 무슨 말을 하는 거지?"라고 잔뜩 의구심을 품을 것이 분명합니다. 물론 그 이유는 나를 신뢰하지 않기 때문이라기보다 하나님에 대한 두려움이 우리에게 익숙한 문화적 분위기와 어울리지 않기 때문입니다. 이 개념은 건강하고, 만족스러운 종교 생활과는 무관한 것처럼 느껴집니다.

그뿐만이 아닙니다. 두려움은 소망과 양립할 수 없는 개념인 것처럼 보입니다. 그것은 믿음과 평화와 기쁨과도 상충되는 것처럼 보입니다. 요한일서 4장 18절은 "온전한 사랑이 두려움을 내쫓나니"라고 말씀하지 않나요? 그렇습니다. 그 구절은 "두려움에는 형벌이 있음이라 두려워하는 자는 사랑 안에서 온전히 이루지 못하였느니라"라고 말씀합니다. 따라서 사랑으로 온전해진다면 형벌을 두려워할 필요가 없습니다.

이런 문화적인 이유나 성경적인 이유를 고려하면, 하나님에 대한 두려움을 강조하는 설교에 거부감을 느끼는 것은 어쩌면 당연한 일일 수도 있습니다.

오늘 아침에 내가 전하고자 하는 것

그러나 부담스럽지 않고, 쉽게 이해할 수 있는 성경의 가르침만을 받아들이려고 하면 믿음이 더 깊이 성장할 수 없습니다. 더 이상 영적으로 자랄 수 없습니다. 하나님이 성경에 거짓이나 해로운 가르침을 허락하실 리가 없다는 확신을 가지고서 다소 이해하기 힘들고, 부담스러운 말씀도 힘써 받아들이려고 노력해야만 믿음이 더욱 깊고, 강하게 성장할 수 있습니다.

여러분은 오늘의 본문을 진지하게 받아들여, 문화적 풍조에 순응하지 말고, 성경의 가르침을 삶의 원리로 삼아야 합니다.

하나님을 어떻게 두려워해야 하는가

베드로가 하나님에 대한 두려움을 심판과 구원과 연관시켜 말하는 방식에 주목하십시오. 두려워하라는 명령은 17절의 후반부에 나타납니다. "너희가 나그네로 있을 때를 두려움으로 지내라." 헬라어에는 '공경심'이나 '경건한 두려움'을 의미하는 특별한 단어가 없습니다. 그런 용어니 수식어를 덧붙인 깃은 그것을 이 말의 의미로 이해한 번역자의 해석에 따른 것입니다. 그것은 옳은 해석일 수도 있고, 또 너무 제한적인 해석일 수도 있습니다.

두려움으로 지내라는 명령이 주어진 구절을 살펴보면, **두려워해야 할 이유**가 명시되어 있는 것을 알 수 있습니다. 17절 전반부는 그 이유를 이렇게 밝힙니다. "외모로 보시지 않고 각 사람의 행위대로 심판하시는 이를 너희가 아버지라 부른즉."

나그네로 있을 때를 두려움으로 지내야 할 이유는 우리가 아버지로 부르는 하나님이 모두에게 똑같은 기준("우리의 삶, 곧 우리의 행위가 우리의 마음을 어떻게 드러내고 있는가?"라는 기준)을 적용해 심판을 베푸시기 때문입니다. 여러 사람에게 제각기 다른 규칙이 적용되지 않습니다. 구원의 길도 오직 하나, 믿음뿐이고, 심판의 기준도 오직 하나, 삶, 곧 행위뿐입니다.

마치 하나님을 믿지 않는 것처럼 사는 것을 두려워하라

베드로는 하나님을 믿지 않거나 바라지 않는 것처럼 사는 것을 두려워해야 한다고 말했습니다. 17절과 13절, 곧 두려움으로 지내는 것과 소망을 품고 사는 것이 서로 밀접하게 연관됩니다. 베드로의 말은 하나님을 바라지 않고 사는 것을 두려워해야 한다는 의미입니다(롬 11:20 참조). 하나님이 아닌 재물에 소망을 두고 살면 두려워해야 마땅합니다. 하나님이 아닌 음란물을 좋아하면 두려워해야 마땅합니다. 바울은 고린도전서 6장 18절에서 "음행을 피하라"고 말했습니다. 그의 말에는 "음행을 저지른다면 과연 무엇에 소망을 두고 있는지 두려워해야 마땅하다."라는 의미가 담겨 있습니다. 예수님도 같은 맥락에서 "만일 네 오른 눈이 너로 실족하게 하거든 빼어 내 버리라 네 백체 중 하나가 없어지고 온몸이 지옥에 던져지지 않는 것이 유익하며"(마 5:29)라고 말씀하셨습니다. 하나님 안에 만족을 두지 않는 삶을 산다면 두려워해야 마땅합니다.

현대 기독교는 이 중요한 사실을 간과하고 있습니다. 이것이 교회가 세상을 닮아가는 주된 이유 가운데 하나입니다. 우리는 은혜를 받았으면 우리의 행위를 두려워할 필요가 없다고 생각합니다. 우리는 우리의 삶에는 심판이 임하지 않을 것이라고 믿습니다. 우리는 베드로전서 1장 17절을 망각하고, 세상의 문화에 순응하며 살아갑니다. 그러나 하나님은 은혜로우시게도 멸망에 이르는 행위를 두려워하라고 촉구하십니다.

예수님의 피가 보배롭지 않은 것처럼 사는 것을 두려워하라

베드로는 17절에서 우리의 행위를 두려워해야 할 또 다른 이유를 제시합니다. 그는 "너희가 나그네로 있을 때를 두려워하라"(17-19절)고 말했습니다.

베드로의 추론

만일 내가 "하나님이 우리의 모든 필요를 채워주실 것이라고 믿고 돈 걱정을 하지 마십시오."라고 말한다면, 그것은 "걱정하지 마십시오. 왜냐하면 하나님이 우리의 모든 필요를 채워주실 것이기 때문입니다."라는 의미일 것입니다.

베드로의 말도 그와 똑같은 추론에 근거합니다. 그가 "너희가 나그네로 있을 때를 두려움으로 지내라"고 말한 이유는 "대속함을 받은 것은 은이나 금 같이 없어질 것으로 된 것이" 아니기 때문입니다. 바꾸어 말해, 그의 말은 "두려워하라. 왜냐하면 너희의 대속함은 무한히 값진 희생으로 이루어진 것이기 때문이다"라는 의미를 지닙니다.

이해하시겠습니까? 나는 처음에는 잘 이해하지 못했습니다. 그러나 우리는 더 성장할 수 있습니다. 우리의 뿌리를 더 깊이 내리고, 우리의 가지를 더 높이 뻗을 수 있습니다. 이 점을 무시해서는 안 됩니다. 시편 130편 4절은 "그러나 사유하심이 주께 있음은 주를 경외하게 하심이니이다"라고 말씀합니다. 용서가 경외, 곧 두려움을 불러일으킵니다. 베드로도 그와 똑같은 방식으로 "너희를 옛 행실에서 구원하기 위해 예수님의 피라는 무한히 값진 속전이 지불되었으니 두려움으로 지내라."고 말했습니다.

베드로가 18-19절에서 강조한 것은 하나님의 백성을 위해 지불된 속전의 뛰어난 가치와 영원한 지속성입니다. 그는 은과 금을 "없어질 것"이라고 말했습니다. 그것들은 영원히 지속되지 않습니다. 예수님의 피는 "보배롭다." 다시 말해 무한한 가치를 지닙니다. 베드로는 우리를 위해 치러진 속전이 영원하고, 보배롭다고 말했습니다.

우리는 그와 다르게 생각하기 쉽다

이것을 17절과 관련지어 생각하면, "속전의 보배로움과 영원성을 잊지 말고, 두려움으로 지내라."는 의미라는 것을 알 수 있습니다. 그러나 자칫 잘못하면 그와 다르게 "우리를 대신해 치러진 속전이 보배롭고, 영원할수록 두려워할 필요가 없다."라고 생각하기 쉽습니다.

물론 그런 생각도 전혀 틀린 것은 아닙니다. 바울은 "누가 능히 하나님께서 택하신 자들을 고발하리요 의롭다 하신 이는 하나님이시니"(롬 8:33-34)라고 말했습니다.

행실의 변화를 위해 속전이 지불되었다

베드로의 말은 "속전이 보배롭지 않은 것처럼 사는 것을 두려워하라."라는 뜻입니다. 그는 18절에서 속전(대속함)의 목적이 헛된 행실에서 구원하기 위한 것이라고 말했습니다. 이해하시겠습니까? 그는 "너희가…헛된 행실에서 대속함으로 받은 것은 은이나 금 같이 없어질 것으로 된 것이 아니요…그리스도의 보배로운 피로 된 것이니라"라고 말했습니다.

이 구절에 언급된 속전의 목적은 용서가 아닌 변화입니다. 죄를 용서받는 것이 아니라 일상생활 속에서 죄의 권세를 물리치는 것이 대속함의 목적입니다. 예수님이 무한히 보배로운 피를 흘리신 이유는 우리의 행실을 변화시키기 위해서입니다(딛 2:14 참조).

따라서 "너희가 예수님의 피로 그릇된 행실에서 대속함을 받았으니 두려움으로 지내라"는 그의 말은 '예수님의 피가 보배롭지 않은 것처럼 생각하고 사는 것을 두려워하라'는 의미로 이해할 수 있습니다.

예수님이 자신의 피로 치르신 속전의 영원성과 보배로움을 묵상할 때 큰 확신이 생겨나는 것은 참으로 좋은 일입니다. 하나님은 그런 확신을 갖기를 원하십니다. 그러나 확신이 있다고 해서 예수님의 피가 무한히 보배롭지 않은 것처럼 생각하고 살아가는 태도를 정당화해서는 안 됩니다.

요약

마지막으로 지금까지 말한 것을 간단히 요약하면 다음과 같습니다. 하나님이 예수님의 피를 흘리게 만드신 목적은 우리의 칭의와 성화, 곧 용서와 거룩한 행위를 위해서입니다. 이 둘은 서로 분리될 수 없습니다(베드로는 18절에서 거룩한 행위를 강조했다).

따라서 예수님의 피를 보배롭고, 영원한 것으로 여기지 않고 죄를 멀리하지 않는다면, 마땅히 두려워해야 합니다. 우리의 삶이 예수님의 피가 아무런 능력도 없는 것처럼 보이게 만든다면, 그분을 우리의 소망이자 기쁨으로 삼고 있지 않다는 증거, 곧 우리가 그분께 속하지 않는다는 증거입니다. 그것은 참으로 두려운 일입니다.

"하나님의 은혜를 바라십시오." 하나님의 은혜를 바라지 않는 것을 두려워하십시오. 예수님의 사랑이 무한히 보배롭다고 생각하지 않는 자로 사는 것을 두려워하십시오.

11장

하나님을 바라게 하기 위해 그리스도께서 나타나셨다

베드로전서 1장 20-21절

"그는 창세 전부터 미리 알린 바 되신 이니 이 말세에 너희를 위하여 나타내신 바 되었으니 너희는 그를 죽은 자 가운데서 살리시고 영광을 주신 하나님을 그리스도로 말미암아 믿는 자니 너희 믿음과 소망이 하나님께 있게 하셨느니라."

두려움으로 지내라

20-21절은 17-19절의 연장입니다. 17절은 나그네로 있을 때를 두려움으로 지내라고 말씀하고, 18-19절은 두려워해야 할 이유를 제시합니다. 그 이유는 우리가 무한히 보배로운 그리스도의 피로 헛된 행실에서 속량되었기 때문입니다(19절).

지난주에 우리는 죄로부터 구원하기 위해 치러진 대가가 귀하면 귀할수록 그것을 빌미로 죄를 짓는 행위가 더 두렵고, 끔찍해진다는 것을 살펴보았습니다.

이것은 부유한 아버지를 둔 소녀가 납치된 상황과 비슷합니다. 납치범들은 막대한 몸값을 요구했습니다. 아버지는 집과 소유물은 물론, 아내의 결혼반지까지 모든 재산을 처분해 지정된 장소에 몸값을 갖다 놓고 돌아왔습니다. 그런데 소녀가 나와서 몸값이 담긴 가방을 들어다가 납치범들에게 가져다주었습니다. 그러고 나서 그녀는 팔로 한 납치범의 어깨를 두르고, 고개를 돌려 아버지를 바라보더니 "멍청이"라고 비웃었습니다. 이 소녀의 행위는 참으로 악랄하고, 끔찍합니다.

베드로는 하나님이 치르신 속전을 그런 식으로 다루는 무서운 죄를 짓지 말라고 경고합니다. 그는 우리를 죄에서 구원하기 위해 하나님이 치르신 속전(곧 예수님의 피)을 오히려 죄를 짓는 빌미로 삼는 사람들이 있다는 것을 알았습니다. 어떤 사람들은 헛된 행실에서 우리를 구원하기 위해 치러진 속전을 죄를 짓기 위한 빌미로 활용하려고 애씁니다.

내가 "애쓰다"라는 표현을 사용한 이유는 하나님이 그런 행위를 용납하지 않으신다는 것을 강조하기 위해서입니다. 17절은 그런 행위를 두려워하라고 가르칩니다. 하나님의 속전을 죄를 짓는 빌미로 삼는 것은 마땅히 두려워해야 할 일입니다.

18, 19절에서 뜻밖에도 너무나도 아름답고, 놀라운 사실 하나가 발견됩니다. 그것은 우리를 헛된 죄악의 삶에서 구원하기 위해 하나님의 아들 예수 그리스도의 피와 죽음이라는 엄청난 대가가 치러졌다는 사실입니다. 이 사실이 하나님의 큰 긍휼을 두려워해야 할 이유로 제시되었습니다.

하나님을 바라고, 죄를 미워하는 마음을
증대시키기에 유익한 여섯 가지 사실

20절과 21절을 살펴보겠습니다. 19절은 "그리스도"라는 단어로 끝을 맺습니다. 그리고 20절은 계속해서 대속함을 통해 주어진 소망을 증대시키는 데 유익한 여섯 가지 사실을 언급합니다.

베드로가 20, 21절에서 언급한 여섯 가지 사실은 그리스도의 보배로우심을 더욱 크게 부각시킵니다. 이를테면 그는 두 가지 일을 동시에 하고 있는 셈입니다. 다시 말해 그는 한편으로는 하나님을 바라야 할 이유를 제시하고, 다른 한편으로는 편안함을 추구하기 위해 죄의 길을 걸으려는 시도를 두렵고, 끔찍한 일로 묘사합니다. 하나님을 더 많이 바랄수록 죄를 원하는 것이 더 두렵게 느껴지기 마련입니다.

하나님을 바라고, 죄의 권세를 깨뜨리는 데 유익한 여섯 가지 사실을 살펴보면 다음과 같습니다.

1. 그리스도께서는 창세 전부터 미리 알린 바 되셨습니다.

베드로는 20절에서 "그는 창세 전부터 미리 알린 바 되신 이"라고 말합니다. 성부 하나님은 우주가 창조되기 전부터 성자 하나님을 알고, 또 사랑하셨습니다. 우리를 헛된 행실로부터 구원하기 위해 피 흘리신 분은 평범한 인간이 아니었습니다. 속전을 치르려는 계획은 창조 사역이 끝나고 나서 사후적으로 세워지지 않았습니다. 하나님은 그리스도와 그분의 역할과 자신의 계획을 영원 전부터 알고 계셨습니다.

2. 그리스도께서는 말세에 나타나셨습니다.

베드로는 20절에서 그리스도께서 "이 말세에 너희를 위하여 나타내신 바 되었으니"라고 말합니다. 그리스도께서는 창세 전부터 사람들의 눈에 보이지 않으시는 형태로 성부 하나님과 함께 존재하셨습니다. 그러다가 말세, 곧 메시아의 때에 나타나셨습니다. 이것이 크리스마스입니다. 영원하신 그리스도께서 육신을 입고 사람들이 볼 수 있게 나타나셨습니다. "나를 본 자는 아버지를 보았거늘"(요 14:9).

그리스도께서 인간의 몸을 입고 나타나지 않으셨다면 보배로운 속전의 피는 존재하지 않았을 것입니다. 그분은 죽기 위해 태어나셨습니다. 그분은 우리를 헛된 죄의 행실에서 구원하기 위해 죽으셨습니다.

3. 그리스도께서는 우리를 위해 나타나셨습니다.

베드로는 20절에서 "너희를 위하여"라고 말합니다. 우리는 놀라워해야 마땅합니다. 우리는 지금 지극히 지혜롭고, 거룩하고, 능력 있는 하나님과 그분의 독생자에 관해 말하고 있습니다. 하나님은 영원 전부터 놀라운 방법으로 피조 세계에 개입할 계획을 세우셨습니다. 이것은 우리를 위해서입니다. 곧 우리를 헛된 삶에서 구원하기 위해서입니다. 이것은 하나님이 우리의 행위와 미래에 진지한 관심을 기울이신다는 명백한 증거입니다.

4. 하나님은 그리스도를 죽은 자 가운데서 다시 살리셨습니다.

베드로는 21절에서 하나님이 "그를 죽은 자 가운데서 살리셨다"고 말합니다. 예수님의 죽음에 대해 언급하지 않은 이유는 이미 19절에서 그분의 피를 언급했기 때문입니다.

베드로는 생명의 피를 흘리신 분이 죽은 상태로 머물지 않으셨다고 말합니다. 하나님이 그분을 죽은 자 가운데서 다시 살리셨습니다. 이것은 그분의 속전이 하나님을 온전히 만족시켰을 뿐 아니라 죽음마저 정복했다는 것을 의미합니다.

죄는 종종 "나의 길은 하나님의 길보다 더 바람직하다. 내일 죽을 터이니 마음껏 먹고, 마시고, 즐거워하라."고 유혹합니다. 우리는 그 말에 "내일만이 아니라 그 이후도 있지 않느냐? 내가 네 길이 아니라 예수님을 바란다면 다시 살아나 영원히 행복할 것이다. 물러가라. 헛된 죄의 길이여."라고 대답해야 합니다. 이것이 우리의 삶에 적용해야 할 그리스도의 부활의 의미입니다.

5. 하나님은 그리스도께 영광을 주셨습니다.

베드로는 21절에서 하나님이 그리스도께 "영광을 주셨다"고 말합니다. 하나님은 그리스도를 고난을 받아 다시 죽을 수 있는 유한한 인간으로 다시 살리지 않으셨습니다. 하나님은 그분을 하늘로 이끌어 올려 자신의 오른편에 앉히셨습니다. 그리스도께서는 그곳에서 성부 하나님과 영원 전부터 함께 누렸던 영광을 누리고 계십니다.

이런 사실은 죄의 헛된 행실을 극복하기 위해 노력하는 우리에게. 그리스도의 길이 곧 영광이 이르는 길이라고 상기시켜 줍니다. 그리스도께서 걸으셨던 길은 그분 자신을 영광으로 이끌었습니다. 그분은 이제 자기를 따르는 우리도 똑같이 영광에 이르게 하기 위해 영광스러운 능력을 베푸십니다. 따라서 우리는 죄의 약속이 아니라 하나님의 약속을 바라야 합니다.

6. 우리는 그리스도를 통해 하나님을 믿습니다.

베드로는 21절에서 "너희는…하나님을 그리스도로 말미암아 믿는 자니"라고 말했습니다. 그리스도께서는 우리가 믿음으로 하나님과 관계를 맺는 데 필요한 사역을 모두 이루셨습니다. 그분은 영원 전부터 아신 바 되었고, 인간의 형상으로 나타나셨으며, 보배로운 피를 흘리셨습니다. 하나님은 그분을 죽은 자 가운데서 다시 살리셨고, 영광을 주셨습니다. 우리는 이 모든 것을 통해 하나님을 바랄 수 있게 되었습니다.

이것이 베드로가 21절 마지막에서 "너희 믿음과 소망이 하나님께 있게 하셨느니라"라고 말한 이유입니다.

앞에서 20, 21절과 그 앞에 기록된 말씀은 서로 밀접한 관계를 맺고 있다고 말했습니다. 우리는 두려움으로 지내라는 17절의 명령과 20, 21절에 언급된 그리스도의 영광이 긴밀하게 연결되어 있다는 점을 기억해야 합니다. 마지막으로 한 가지만 더 언급하고 싶습니다.

하나님을 바라라

베드로전서 1장의 세 번째 단락은 13절에서 시작해서 하나님께 소망을 두라는 말과 함께 21절에서 끝납니다. 13절은 "예수 그리스도께서 나타나실 때에 너희에게 가져다주실 은혜를 온전히 바랄지어다"라는 명령, 곧 "하나님을 온전히 바라라"는 명령으로 단락을 시작합니다. 그리고 21절은 하나님이 자기에게 믿음과 소망을 두게 하시려고 그리스도를 통해 모든 것을 이루셨다고 말함으로써 단락을 마무리합니다.

하나님은 자신의 독생자를 알고, 또 선택하셨습니다. 그분은 자기 아들을 보내 죽게 하셨고, 다시 살려 영광을 주셨습니다. 그 이유는 무엇일까요? 그 이유는 죄가 아니라 하나님께 소망을 두게 하고, 우리가 스스로 할 수 있는 일이 아니라 하나님이 우리를 위해 하실 수 있는 일을 신뢰하게 하기 위해서입니다.

우리는 하나님이 아니라 죄를 바라는 어리석음을 깨닫고, 두려워해야 합니다. 죄의 삯은 사망이고, 하나님의 은사는 영생입니다. 죄 안에서 즐거워하기를 바란다면 죽을 것이고, 하나님 안에서 행복하기를 바란다면 살 것입니다.

하나님을 무시하고 이 세상을 좇음으로써 만족을 얻으려는 시도를 당장 중단하고, 그리스도께로 돌이켜야 합니다. 우리의 감정과 생각을 영원 전에 선택되어 때가 되자 세상에 나타나셨고, 죄인들을 위해 십자가에 못 박혀 죽으셨다가 죽은 자 가운데서 다시 살아나시고, 하나님의 오른편에 앉아 영광을 누리시는 예수님께 온전히 집중함으로써 죄가 아닌 하나님 안에서 만족해야 합니다. 이것이 그리스도인들을 향한 하나님의 뜻입니다.

성령과 교회는 "오라…목마른 자도 올 것이요 또 원하는 자는 값없이 생명수(온전한 만족을 주는 생명의 물)를 받으라"(계 22:17)고 말씀합니다.

12장

말씀의 씨앗과 사랑의 열매

베드로전서 1장 22-25절

"너희가 진리를 순종함으로 너희 영혼을 깨끗하게 하여 거짓이 없이 형제를 사랑하기에 이르렀으니 마음으로 뜨겁게 서로 사랑하라 너희가 거듭난 것은 썩어질 씨로 된 것이 아니요 썩지 아니할 씨로 된 것이니 살아 있고 항상 있는 하나님의 말씀으로 되었느니라 그러므로 모든 육체는 풀과 같고 그 모든 영광은 풀의 꽃과 같으니 풀은 마르고 꽃은 떨어지되 오직 주의 말씀은 세세토록 있도다 하였으니 너희에게 전한 복음이 곧 이 말씀이니라."

오늘의 본문은 1장 22-25절입니다. 이 본문에는 "마음으로 뜨겁게 서로 사랑하라"는 명령이 포함되어 있습니다. 이 본문에서 살펴볼 가장 중요한 교훈은 사랑의 능력이 하나님을 바라는 소망에서부터 비롯한다는 것입니다.

소망과 사랑에 관한 진리를 옳게 이해하려면 다시 거슬러 올라가 1장 전체의 핵심을 간단히 정리하고 나서 22-25절의 가르침을 자세히 살펴보는 것이 필요합니다.

소망에 관한 장

1장은 소망에 초점을 맞춥니다. 3절에서 그 점을 분명히 알 수 있습니다. "예수 그리스도를 죽은 자 가운데서 부활하게 하심으로 말미암아 우리를 거듭나게 하사 산 소망이 있게 하시며." 하나님의 능력으로 거듭난다는 것은 산 소망을 지닌 사람이 된다는 것을 의미합니다. 앞으로 살펴보게 되겠지만, 하나님이 하실 수 있는 것을 온전히 바라는 것이야말로 거듭난 새 사람의 본질입니다. 3절은 하나님이 예수님을 죽은 사 가운데서 살리신 이유가 우리에게 그런 소망을 주기 위해서라고 밝힙니다. 죽음은 더 이상 두려움의 대상이 아닙니다. 우리를 기다리는 가장 무서운 원수는 이미 죽었습니다.

베드로는 4절에서 새로 태어난 하나님의 자녀는 네 가지 특성, 곧 "썩지 않고," "더럽지 않고," "쇠하지 않고," "우리를 위해 간직된" 유업을 얻을 것이라고 말함으로써 우리를 기다리는 미래의 확실성과 위대함을 강조했습니다. 하나님이 우리를 위해 준비하신 미래는 썩지 않고, 더럽지 않고, 쇠하지 않습니다. 하나님이 그 미래를 "간직하고" 계십니다.

5절은 우리의 유업이 우리를 위해 간직되어 있을 뿐 아니라 우리가 또한 그것을 위해 온전히 보존된다고 말함으로써 우리의 소망을 더욱 강화합니다. 우리는 "믿음으로 말미암아 하나님의 능력으로 보호하심을 받습니다." 하나님은 전능하신 능력으로 우리의 믿음이 실패하지 않도록 보증하십니다.

7절에서 베드로는 없어질 금과 없어지지 않을 믿음을 대조함으로써 이 점을 분명하게 확언합니다. 없어질 금도 불로 순수하게 정화된다면, 믿음 같이 귀한 것은 고난을 통해 더욱더 순수하게 연단되지 않겠습니까? 더군다나 믿음은 결코 없어지지 않습니다. 이것이 소망의 근거입니다. 우리의 믿음은 그리스도께서 재림하시면 칭찬과 영광과 존귀를 얻게 될 것입니다.

9절은 (5절처럼) 믿음의 결국, 곧 영혼의 구원에 대해 말함으로써 소망을 더욱 크게 독려합니다. 우리는 멸망하지 않고, 영원히 구원받을 것입니다.

그러고 나서 10-12절은 과거의 위대한 선지자들은 소망을 주는 진리를 보고 싶어도 볼 수가 없었다고 말하며, 천사들조차도 구원의 복음을 살펴보기를 원한다고 말함으로써 미래에 대한 기대감을 한껏 자극합니다.

네 가지 명령

베드로는 12절에서 하나님이 우리에게 소망을 주기 위해 행하신 일을 크게 기뻐하고 나서 1장의 나머지 부분에서 네 가지 명령을 제시했습니다. 첫 번째 명령은 13절에서 발견됩니다. **"예수 그리스도께서 나타나실 때에 너희에게 가져다주실 은혜를 온전히 바랄지어다."** 우리는 소망을 가질 이유가 충분하다. 그러므로 바라라! 온전히 바라라. 하나님의 은혜를 바라라.

두 번째 명령은 15절에서 발견됩니다. "**오직 너희를 부르신 거룩한 이처럼 너희도 모든 행실에 거룩한 자가 되라.**" 첫 번째 명령은 "하나님을 바라라"는 것이고, 두 번째 명령은 "하나님처럼 거룩하라"는 것입니다. 하나님을 진정으로 바란다면, 그분이 사랑하시는 것 곧 그분이 거룩하신 것처럼 거룩하게 되는 것에 무관심할 수 없습니다(살전 3:12, 13 참조).

세 번째 명령은 우리를 깜짝 놀라게 합니다. 그러나 이 명령도 사실은 소망에 근거합니다. "**너희가 나그네로 있을 때를 두려움으로 지내라.**" 두려움이라고? 어떻게 그것이 소망과 관련이 있단 말인가요? 18절을 통해 이 두려움이 무엇에 근거하는지 살펴보십시오. 두려움으로 지내야 할 이유는 "너희가…대속함을 받은 것은 은이나 금 같이 없어질 것으로 된 것이" 아니라는 것을 알기 때문입니다. 19절은 대속함이 그리스도의 보배로운 피로 이루어졌다고 말씀합니다. "두려워하라. 왜냐하면 너희를 구원하기 위해 치러진 속전이 결코 사라지지 않을 것이기 때문이다. 그것은 그리스도의 영원하고, 보배로운 피로 이루어졌다."는 말은 언뜻 이해하기 어려운 논리이지만, 그 요점은 "너희 영혼을 위해 치러진 속전을 경시하지 말라."는 것입니다. 하나님이 치르신 피의 속전을 경시하는 것은 두려운 일입니다. 바꾸어 말해, 하나님이 우리를 위해 예비하신 미래가 확실하지도 않고, 만족스럽지도 않은 것처럼 사는 것은 두려운 일입니다. 하나님을 바라지 않는 것은 두려운 일입니다. 따라서 듣기에는 조금 이상한 논리 같아도, 세 번째 명령에는 "하나님을 바라지 않는 것을 두려워하라"는 의미가 담겨 있습니다.

마지막으로 오늘의 본문인 22절에서 네 번째 명령이 발견됩니다.

"마음으로 뜨겁게 서로 사랑하라." 나는 앞에서 사랑의 능력이 하나님을 바라는 데서 비롯한다는 것이 오늘의 본문에서 살펴보게 될 가장 중요한 교훈이라고 말했습니다. 지금까지 살펴본 대로, 1장의 내용은 거의 모두 소망과 관련이 있습니다. 베드로는 하나님이 자기 백성의 미래에 무한한 행복을 가져다주기 위해 그동안 이루신 일들과, 또한 앞으로 행하실 일을 크게 기뻐하면서 그런 진리를 믿는 사람들이 살아갈 길을 가르쳤습니다.

따라서 사랑해야 할 두 가지 이유와 함께 서로 사랑하라는 네 번째 명령이 주어진 것은 매우 당연합니다. 그 두 가지 이유는 모두 소망에 관한 것입니다. 사랑은 소망 안에 싸여 있습니다. 사랑의 활력은 소망으로부터 생겨납니다. 소망이 가득한 사람은 사랑하지 않을 수 없습니다.

22-25절을 중심으로 이 점을 좀 더 자세히 살펴보겠습니다.

사랑의 능력은 하나님을 바라는 데서 비롯한다

사랑하라는 명령의 앞과(22절 전반부), 뒤에 그 이유를 밝힌 내용이 있습니다(23절). 이 점을 분명하게 이해할 필요가 있습니다.

사랑해야 할 두 가지 이유

22절의 전반부는 "너희가 진리를 순종함으로 너희 영혼을 깨끗하게 하여 거짓이 없이 형제를 사랑하기에 이르렀으니"라고 말씀합니다. 이것이 첫 번째 이유입니다. **진리에 순종함으로 영혼이 깨끗해졌기 때문**

에 "마음으로 뜨겁게 서로 사랑해야" 합니다.

그다음에 두 번째 이유가 이어집니다. "너희가 거듭난 것은…썩지 아니할 씨, 곧 살아 있고 항상 있는 하나님의 말씀으로 된 것"(23절)이기 때문에 "마음으로 뜨겁게 서로 사랑해야" 합니다. 우리가 서로 사랑해야 하는 이유는 **하나님의 말씀으로 거듭났기 때문입니다.**

두 기둥이 떠받치고 있는 등불

이처럼 사랑하라는 명령의 앞뒤에 사랑해야 할 두 가지 이유가 나옵니다. 이 명령을 교회의 창문을 통해 비치는 등불이라고 상상해 보겠습니다. 두 개의 커다란 기둥이 등불을 떠받치고 있으므로 등불은 떨어져 깨질 염려가 없을 뿐 아니라 사람들의 눈에 잘 보일 만큼 높이 솟아 있습니다. 이 등불은 다름 아닌 그리스도인들이 나누는 상호간의 사랑입니다. ("너희 빛이…비치게 하여 그들로 너희 착한 행실을 보고,"—마 5:16) 그런데, 두 개의 기둥이 등불을 떠받치고 있습니다. 하나는 영혼을 깨끗하게 하는 진리에 대한 순종입니다. 진리에 대한 순종은 영혼을 깨끗하게 합니다. 등불을 떠받치고 있는 또 다른 기둥은 하나님의 말씀에 의한 거듭남입니다(23절).

우리 교회 안에서 서로에 대한 사랑이 이루어진다면, 그것은 우리가 두 가지를 경험했다는 증거입니다. 하나는 우리가 하나님의 말씀으로 거듭난 것이고, 다른 하나는 진리에 대한 순종을 통해 마음이 깨끗해진 것입니다.

그렇다면 앞서 언급한 소망이 이 본문과 관련해 그토록 중요한 이유는 무엇일까요? 사랑의 능력은 하나님을 바라는 데서 비롯한다고 말했는데, 그렇게 말할 수 있는 근거는 무엇일까요?

살아 있고, 항상 있는 하나님의 말씀으로 거듭났다

두 번째 기둥을 먼저 생각해 보겠습니다. 살아 있고, 항상 있는 하나님의 말씀으로 거듭났다는 것이 무슨 의미인지 살펴보겠습니다. 베드로는 23-25절에서 무엇을 강조하나요? 그는 말씀에 의한 거듭남을 강조하는 데 그치지 않았습니다. 그는 하나님의 말씀이 썩지 않고, 살아 있고, 항상 있다는 점을 강조합니다. 그는 이를 위해 구약 성경을 근거로 들어 인용하기까지 했습니다. 그렇다면 그가 말씀에 관해 강조한 것은 과연 무엇이었을까요?

요점은 소망이다

23절은 "너희가 거듭난 것은 썩어질 씨로 된 것이 아니요 썩지 아니할 씨로 된 것이니"라고 말씀합니다. 베드로는 이 점을 크게 중시했습니다. 우리의 기업은 썩지 않는다(4절), 우리의 믿음은 사라지지 않는다(7절), 우리의 대속함은 없어지지 않는다(18-19절), 하나님의 말씀은 썩지 않는다(23절)고 말합니다. 요점은 영원히 지속된다는 것입니다. 하나님이 존재하시는 한 계속 존재한다는 것입니다. 그로 인해 선 자는 넘어지지 않는다는 것입니다. 핵심은 바로 소망입니다.

23절을 좀 더 읽어보겠습니다. 베드로는 썩지 않는 씨를 "살아 있고 항상 있는 하나님의 말씀"으로 정의했습니다. 동일한 핵심이 또다시 반복되었습니다. 말씀은 썩지 않을 뿐 아니라 살아 있고, 항상 있습니다. 말씀은 영원합니다. 말씀은 우리를 실망시키지 않습니다. 이 씨, 곧 말씀이 거듭남을 통해 우리를 새로운 존재로 만들었다면, 우리는 그 상태에 계속 머물 것입니다. 여기에서도 소망이 핵심입니다.

본문을 계속 읽어보겠습니다. 베드로는 구약 성경의 권위를 빌려 자신의 요점을 또다시 되풀이했습니다. 24, 25절은 "모든 육체는 풀과 같고 그 모든 영광은 들의 꽃과 같으니 풀은 마르고 꽃은 떨어지되"라고 말씀합니다.

베드로가 말하려는 의도는 분명합니다. 그가 말하는 하나님의 말씀은 당시 신자들에게 전파된 복음, 곧 1장에서 발견되는 좋은 소식들입니다. 그리스도의 피에 의한 대속(18, 19절), 그리스도의 부활(3, 21절), 하나님의 보호하시는 능력(5절), 하나님의 유업 등이 포함되어 있습니다. 이 좋은 소식이 모두 그들에게 전파되었습니다. 25절의 핵심은 그 복음이 풀이나 꽃과 같지 않다, 곧 절대로 시들거나 떨어지지 않는다는 것입니다. 복음은 영원합니다. 이 말씀을 우리의 생명으로 삼으면 우리는 영생을 누릴 수 있습니다. 핵심은 소망입니다.

이것이 교회 안에서 사랑의 등불을 떠받치고 있는 기둥입니다. 마음으로 뜨겁게 서로를 사랑해야 하는 이유는 썩지 않고, 살아 있고, 항상 있는 씨, 곧 말씀으로 거듭났기 때문입니다. 그 말씀은 풀과는 달리 영원히 지속됩니다.

그렇다면 말씀의 영원성을 그렇게 힘써 강조하는 이유는 무엇일까요? 그 이유는 우리가 누군가의 씨로 태어났다면, 그 씨의 특성을 닮게 되기 때문입니다. 씨는 우리의 본성을 결정짓습니다. 베드로는 우리를 창조하고, 우리를 거듭나게 한 씨가 썩지 않고, 살아 있고, 항상 있고, 영원히 지속되는 하나님의 말씀이라는 사실을 일깨워 주려 했습니다.

그런 씨가 곧 우리의 본질입니다. 우리는 영원히 거할 것입니다. 이런 믿음의 본질은 무엇일까요? 그것은 바로 소망입니다.

자유롭게 서로를 사랑하게 만드는 소망

사랑의 등불을 떠받치고 있는 기둥은 말씀을 통해 새롭게 창조된 거듭난 소망의 마음입니다. 그 소망은 세상의 풀이나 꽃으로부터 온전히 자유롭습니다. 우리의 사랑을 방해하는 요인 가운데 하나는 사랑의 희생을 감수하면 세상이 제공하는 좋은 것들을 잃을지도 모른다는 두려움입니다. 그러나 세상의 "모든 영광은 풀의 꽃과 같습니다"(24절).

- 만일 우리가 온유한 태도로 부당한 것을 견디고,
- 우리 자신을 자랑하거나 과시하지 않고,
- 우리의 필요를 염려하기보다 다른 사람들이 필요를 채워주기 위해 시간과 정성을 기울이고,
- 사랑이 아닌 다른 의도라고 오해받을 가능성이 높은데도 불구하고, 상대방을 위해 필요하다면 책망의 말을 아끼지 않고,
- 변명하거나 적대감을 품지 않고 다른 사람들의 책망을 달게 받고,
- 죄를 덮어 주며 원망의 말을 하지 않고,
- 우리는 힘들어도 다른 사람들이 잘 되는 것을 보는 것으로 기뻐하고,
- 우리를 저주하는 자를 축복하고, 우리를 멸시하는 자를 선대한다면,

즉, "마음으로 서로를 뜨겁게 사랑한다면," 많은 희생이 뒤따를 것

이 틀림없습니다. 세상 사람들이 간절히 원할 뿐 아니라 매우 소중하게 여기는 풀과 꽃의 영광을 잃을 수도 있습니다. 그런 두려움을 극복하는 힘은 세상의 영광은 일시적이지만 하나님의 말씀을 통해 거듭나고, 또 그 말씀을 바라는 우리가 영원히 거할 것이라는 소망의 힘에서 비롯합니다.

영혼을 깨끗하게 하는 진리에 대한 순종

이번에는 사랑의 등불을 떠받치고 있는 두 번째 기둥에 관해 간단히 살펴보겠습니다. 22절은 "너희가 진리를 순종함으로 너희 영혼을 깨끗히게 히여 거짓이 없이 형제를 사랑하기에 이르렀으니 마음으로 뜨겁게 서로 사랑하라"고 말씀합니다.

여기에서 말하는 진리는 하나님의 말씀, 곧 23절의 복음을 가리킵니다. 모든 소망이 우리가 베드로전서에서 지금까지 살펴본 진리에 근거합니다. 이 진리에 대한 순종이 곧 믿음입니다. 복음이 요구하는 것은 믿음입니다. 따라서 믿음은 복음에 대한 순종을 의미합니다. 베드로는 사도행전 15장 19절에서 이 점을 분명하게 언급했습니다. 그는 그곳에서 하나님이 "믿음으로 그들의 마음을 깨끗하게" 하셨다고 말했습니다(벧전 3:1, 4:17 참조). 진리에 대한 순종도 마음을 깨끗하게 하고, 믿음도 마음을 깨끗하게 합니다. 따라서 진리에 대한 순종은 믿음을 가리킵니다. 그리고 믿음은 소망과 밀접하게 관련됩니다. 하나님의 말씀이 영원하다고 믿는다면, 그것은 말씀을 믿을 뿐 아니라 바란다는 의미를 지닙니다.

따라서 사랑의 등불을 떠받치고 있는 22절의 기둥은 하나님의 말씀을 바라는 소망, 곧 영혼을 깨끗하게 하는 소망입니다. 그렇다면 이 소망은 마음에서 어떤 더러움을 씻어낼까요? 그 대답은 "하나님을 바라는 소망이 풀과 꽃의 영광을 바라는 소망을 씻어낸다."는 것입니다. 하나님을 바라는 소망은 헛되고 공허한 육체의 소망을 씻어냅니다. 재물과 안락함과 명성과 섹스와 여가라는 화사한 꽃을 위해 산다면 시들어 죽게 될 것입니다. 새로운 소망은 낡고, 무익한 소망을 씻어낼 뿐 아니라 썩지 않고, 살아 있고, 항상 있고, 영원한 하나님의 약속을 의지합니다. 그래야만 마음으로 서로를 뜨겁게 사랑할 수 있습니다.

온전하게 드러난 진리

진리가 온전하게 드러났습니다. 사랑의 등불은 두 기둥에 의해 떠받쳐 있고, 그로 인해 가능해집니다. 첫 번째 기둥은 살아 있고, 항상 있는 말씀으로 우리를 거듭나게 하신 하나님의 주권적인 역사를 가리키고, 두 번째 기둥은 하나님의 역사에 대한 우리의 반응을 가리킵니다. 우리는 새로 태어난 하나님의 자녀로서 아버지의 말씀을 듣고, 그분에게 우리의 소망을 둠으로써 순종해야 합니다. 하나님이 우리를 위해 계획하신 미래가 세상이 제공할 수 있는 모든 영광보다 위대하다는 것을 믿고, 하나님을 바랄 때 우리의 마음이 깨끗해져 자유롭게 서로를 마음으로 뜨겁게 사랑할 수 있습니다.

13장

순전하고 신령한 젖을 사모하라

베드로전서 2장 1–3절

"그러므로 모든 악독과 모든 기만과 외식과 시기와 모든 비방하는 말을 버리고 갓난 아기들 같이 순전하고 신령한 젖을 사모하라 이는 그로 말미암아 너희로 구원에 이르도록 자라게 하려 함이라 너희가 주의 인자하심을 맛보았으면 그리하라"

영적 숙명론의 위협

자신은 영적으로 현재 상태에서 더 나아질 수 없다고 생각하는 사람들이 많습니다. 이는 우리의 구원과 구원을 향한 성장(2절)을 크게 위협합니다. 이를 "영적 숙명론"이라고 일컫겠습니다. 영적 숙명론은 "하나님에 대한 나의 경험은 이것이 전부야. 내가 지금 소유하는 영적인 능력이 나의 최선이야. 다른 사람들은 하나님을 강하게 사모할 수 있고, 그분 안에서 깊은 즐거움을 느낄 수도 있겠지만 나는 그럴 수 없어.

왜냐하면 나는 그런 사람이 아니니까. 나는 그럴 수 없어."라고 생각
합니다.

교회 안에서 큰 불행을 초래하는 영적 숙명론

'영적 숙명론'이란 기질적인 특성, 가정적인 배경, 과거의 경험, 현재
상황과 같은 요인이 너무나도 강해 나를 변화시킬 수도 없고, 나는 하
나님을 더 사모할 수 없으며(딛 2:14), 더 열심을 낼 수도 없고(롬 12:12),
하나님 안에서 더 기뻐할 수도 없으며(시 37:4), 그리스도와의 교제를 더
간절히 바랄 수도 없고(요 6:35), 영적인 일을 생각할 수도 없으며(롬 8:5),
더 담대해질 수도 없고(딤후 1:7), 항상 기도에 힘쓰거나 즐거워할 수도
없으며(롬 12:12), 소망을 가질 수도 없다(벧전 1:13)는 생각을 의미합니다.

　영적 숙명론은 교회 안에서 큰 불행을 초래합니다. 영적 숙명론은
사람들을 답보 상태에 머물게 하고, 변화와 성장을 위한 희망과 꿈을
앗아가며, 성장의 동력인 삶의 기쁨을 압살합니다. 그것은 어리석게
도 자신의 몸매가 균형이 맞지 않는다고 생각하는 사춘기 소녀, 실상
은 자라면서 균형을 옳게 되찾을 소녀에게 "그게 네 모습이야. 너는 항
상 그 모습 그대로일 거야."라고 말하는 것과 같습니다. 그렇게 말하는
것은 소녀에게 육체적 성장이 13세에 멈추게 될 것이라는 육체적 숙
명론을 주지시키는 것과 같습니다. 영적 성장도 마찬가지입니다. 사실,
영적 숙명론은 그보다 훨씬 더 심각합니다. 왜냐하면 육체적인 성장의
경우와는 달리 영적인 성장이 다 이루어져 멈추는 일도 없고, 사안도
더 크고 중대하기 때문입니다.

하나님을 뜨겁게 사모하지도 않고, 그분의 영광을 위한 열정도 없고, 그분을 즐거워하지도 않고, 그분의 약속을 바라지도 않고, 그분과의 교제를 일관되게 유지하지도 못한 채 세월만 보내면서 "나는 이 정도밖에 안 돼."라고 생각하는 사람들이 너무나도 많습니다. 그들은 성장을 멈춘 채 80살이 될 때까지 여드름을 달고 사는 사춘기 소년처럼 그저 현재의 정체된 모습에 안주합니다.

하나님은 간절한 열망을 지니라고 명령하신다

하나님은 본문에서 영적 숙명론자가 되지 말라고 명령하십니다. 베드로는 2절에서 "갓난아기들 같이 순전하고 신령한 젖을 사모하라 이는 그로 말미암아 너희로 구원에 이르도록 자라게 하려 함이라"라고 말했습니다. "사모하라"는 "갈망하라"는 뜻입니다. 이것은 "갈망하라"는 명령입니다.

본문은 마땅히 느껴야 할 영적 열망을 지니지 못한 탓에 성장이 멈춘 것처럼 느끼는 사람들을 향해 "그 상태에 머물러 있을 필요가 없다. 네가 느끼지 못하는 열망을 느껴라! 말씀의 젖을 갈망하지 않았다면 지금부터라도 그것을 갈망하라."고 말씀합니다.

참으로 놀랍지 않습니까? 갈망하라는 명령, 우리가 느끼지 못하는 열망을 느끼라는 명령, 우리가 갖지 못한 바람을 가지라는 명령이 주어졌습니다. 영적 숙명론을 이보다 더 효과적으로 극복할 수 있는 방법이 또 어디에 있겠습니까? 영적 숙명론은 "나는 갈망할 수 없어. 그런 갈망이 없으면 그냥 없는 거야. '하나님이여 사슴이 시냇물을 찾기에 갈급함 같이 내 영혼이 주를 찾기에 갈급하나이다'(시 42:1)라고 말했던 시편 저자와 같은 감정을 느끼지 못한다면, 하나님을 향한 그런 갈망이 없다면, 그냥 그것으로 족해. 나는 그럴 마음이 없어. 나는 시편 저자가 아니야."라고 말합니다. 이것이 영적 숙명론자의 생각입니다.

그러나 하나님은 "순전한 말씀의 젖을 사모하라"고 말씀합니다. 물론 "어떻게 내게 그런 갈망을 가지라고 명령하실 수 있습니까? 내가 그런 명령에 어떻게 복종할 수 있을까요? 어떻게 내가 그런 열망을 가질 수 있을까요? 나의 문제는 스스로 아무런 열망도 느끼지 못하는 것입니다. 그런데도 내게 바라라고 명령하는 건가요? 차라리 앉은뱅이에게 걸으라고 말하는 편이 나을 것입니다."라는 식으로 반론을 제기할 것이 틀림없습니다.

우리에게 날라고 명령하시는 하나님

나는 어제 코리 텐 붐의 강연을 들었습니다. 그녀는 존 번연의 간단한 시 한 수를 인용했습니다. 율법과 복음의 차이를 가장 명확하게 설명한 내용 가운데 하나였습니다. 존 번연의 시는 그 차이를 이렇게 설명했습니다.

"날러라, 뛰어라, 달려라." 율법은 명령한다.
그러나 우리에게 발이나 손을 제공하지 않는다.
복음은 그보다 훨씬 좋은 소식을 전한다.
복음은 날라고 명령하고, 우리에게 날개를 달아준다.

하나님은 옛 언약을 통해 율법을 주셨습니다. 그러나 율법은 마음의 부패함과 불순종과 무감각을 극복할 수 있는 하나님의 능력을 제공하지 못했습니다. 그러나 하나님은 그리스도의 십자가로 세우신 새 언약에서는 훨씬 더 어려운 명령을 내리시지만, 믿음을 통해(살전 1:3, 살후 1:11) 순종할 수 있는 능력을 허락하십니다(롬 8:4-6).

"달려라, 존, 달려." 율법은 명령한다.

그러나 우리에게 발이나 손을 제공하지 않는다.

우리의 발이 죄의 얼음으로 꽁꽁 얼어붙어 있는데도 달리라는 명령이 주어졌습니다. 우리의 힘으로는 달릴 수가 없습니다. 따라서 율법은 우리를 정죄합니다. 복음에도 명령이 포함되어 있습니다. 사실, 나는 것은 달리는 것보다 훨씬 어렵습니다. 그렇지만,

복음은 그보다 훨씬 좋은 소식을 전한다.

복음은 날라고 명령하고, 우리에게 날개를 달아준다.

영적 숙명론으로부터의 구원

이것이 영적 숙명론을 극복할 수 있는 길입니다. 영적 숙명론자는 "나는 날 수 없어. 심지어는 달릴 수도 없어. 내 발은 조상 적부터 잘못되었기 때문에 선천적으로 움직일 수 없는 상태야. 게다가 내게는 날개가 없기 때문에 날 수가 없어. 그것이 나의 본질이야."라고 말합니다.

그러나 복음은 그런 숙명론을 용납하지 않고, "날아라! 말씀의 젖을 사모하는 마음이 없는가? 그런 마음을 가지라."라고 말합니다.

우리는 말씀을 사모해야 합니다. 말씀을 사모한다는 것은 곧 그런 명령을 내리신 하나님을 신뢰하는 것입니다. 우리가 아무런 열망을 느끼지 못할 때 하나님이 바라라고 명령하셨다면, 우리는 그분이 우리가 알지 못하는 것을 알고 계신다고 믿고, 그분을 신뢰해야 합니다. 하나님은 우리에게 없는 능력을 지니고 계십니다. 분명히 무언가 방법이 있을 것이 틀림없습니다. 이것은 영적 숙명론과 정반대입니다. 하나님이 명령하셨다면 거기에는 반드시 길이 있습니다. 심지어 날라는 명령이 주어졌더라도 하나님이 명령하셨다면 기꺼이 복종해야 합니다.

아우구스티누스의 간구

아우구스티누스는 영적 숙명론을 거부하는 말을 남겼습니다. 그의 말은 지극히 성경적입니다. 그는 《고백록》 10장 40절에서 이렇게 말했습니다. "항상 타오르며, 결코 꺼지지 않는 사랑이여! 오, 은혜여. 나의 하나님, 저를 타오르게 하소서. 주님은 절제를 명령하십니다. 주님이 명령하신 것을 허락해 주시고, 주님이 원하시는 것을 명령하소서."

"순전하고 신령한 젖을 사모하라"는 말씀을 읽는 순간, 우리도 그런 식으로 기도하고, 또 빌어야 합니다. 말씀의 젖을 사모하십시오. 사모하는 마음이 없다면, 그런 마음을 가지십시오. 말씀을 사모하지 않는다면, 지금부터 사모하기 시작하십시오. "이것이 나야."라고 말하지 마십시오. 영적 숙명론에 안주하지 마십시오. 그것은 하나님의 뜻이 아닙니다. 이것이 내가 본문에서 발견하는 우리 교회를 위한 선지자적인 말씀 가운데 하나입니다.

본문 전체를 생각하라

이번에는 잠시 한 걸음 물러나 본문 전체를 생각해 보겠습니다. 그러면 2절의 내용이 본문의 나머지 내용과 어떻게 조화를 이루는지 알 수 있을 것입니다.

"너희가 거듭난 것은…하나님의 말씀으로 되었기" 때문에

본문은 "그러므로"라는 말로 시작합니다. 베드로가 앞으로 말하려는 내용은 좀 전에 말한 것에 근거합니다. 좀 전의 말씀은 무엇이었나요? 그것은 우리가 하나님의 말씀으로 거듭났다는 놀라운 증언입니다 (23절). 하나님의 말씀은 썩지 않고, 살아서 역사하기 때문에 시들어 사라지는 풀과 꽃과 같지 않고 영원히 지속됩니다. 따라서 이 말씀으로 거듭났다면 영원히 살 수 있습니다. 다시 말해 우리를 거듭나게 하사 자신의 자녀로 받아주신 하나님의 가족 안에서 영원히 안전하게 거할 수 있습니다.

"그러므로," 즉 하나님의 역사하심으로 새 생명을 얻고, 미래에 대한 확신을 지니게 되었으므로 "모든 악독과 모든 기만과 외식과 시기와 모든 비방하는 말을 버리고…순전하고 신령한 젖을 사모해야" 합니다.

하나님의 말씀으로 거듭났기 때문에 이제는 말씀을 사모해야 합니다. 1장 23-25절에 언급된 하나님의 말씀과의 연관성을 이해할 수 있겠습니까? 말씀의 젖을 사모해야 하는 이유는 말씀으로 거듭났기 때문입니다. 말씀으로 생명이 시작되었다면 말씀으로 생명을 유지해야 합니다.

"신령한 젖"이란 정확히 무엇을 가리키는가

본문은 "신령한 젖"으로 번역하는 것이 정확합니다. NASB 성경에 나오는 "말씀의 젖"은 번역이라기보다 해설입니다. 그러나 나는 그런 해설이 너무 제한적이라는 점만 제외하면 그런대로 훌륭하다고 생각합니다. "신령한 젖"은 그저 하나님의 말씀만을 의미할까요? 아니면 말씀 안에 있는 좀 더 구체적인 무엇을 가리킬까요?

2, 3절은 "(하나님의 말씀으로 거듭난) 갓난아기들 같이 순전하고 신령한 젖을 사모하라 이는 그로 말미암아 너희로 구원에 이르도록 자라게 하려 함이라 너희가 주의 인자하심을 맛보았으면 그리하라"라고 말씀합니다. "신령한 젖"을 간절히 사모하는 것(2절)과 주님의 인자하심을 맛보는 것(3절) 사이에서 연관성이 발견됩니다. 그 두 말씀을 하나로 합치면, "주의 인자하심을 맛보았으므로 신령한 젖을 사모하라"는 의미가 됩니다. 따라서 내가 보기에는 신령한 젖이란 하나님의 인자하심의 젖을 의미하는 듯합니다. 그것을 사모하라는 명령이 우리에게 주어졌습니다. 어느 것이 옳을까요? NASB 성경의 "말씀의 젖"일까요, 아니면 하나님의 인자하심의 젖일까요?

그러나 이 둘 사이에 모순은 없습니다. 베드로전서의 수신자들은 하나님의 인자하심을 어디에서 맛보았습니까? 복음, 곧 하나님의 말씀

안에서 맛보았습니다(25절). 그들은 하나님의 말씀을 통해 그분의 인자하심(은혜)으로 거듭났습니다. 따라서 신령한 젖은 말씀을 통해 경험한 하나님의 인자하심을 가리킵니다. 또는 신령한 젖은 하나님의 인자하심을 나타내거나 전달하는 그분의 말씀을 가리킨다고 말할 수도 있습니다.

우리는 말씀으로, 즉 말씀을 통한 하나님의 강력한 은혜로 거듭났고, 이제는 말씀을 사모하며, 날마다 말씀을 통해 주님의 인자하심을 맛보며(경험하며) 살아갑니다.

하나님의 강력한 말씀을 신뢰하라

하나님의 말씀은 (새로운 탄생을 통해) 새 신자를 만들어낼 만큼 강력하기 때문에 신자의 영혼 안에 강한 갈망을 불러일으키기에 충분한 능력을 지닙니다. 영적 숙명론자가 되지 마십시오. 우리 안에서 역사하는 능력, 곧 우리에게 생명을 주는 능력은 죽은 자를 다시 살리는 능력입니다(엡 1:19, 20). 우리를 새롭게 창조했는데 마음의 갈망을 불러일으키지 못할 것이 무엇인가요? 믿음을 가지십시오. 번연의 시를 약간 개작하면 이렇습니다.

"달려라, 존, 달려." 율법은 명령한다
그러나 우리에게 발이나 손을 제공하지 않는다
복음은 그보다 훨씬 좋은 소식을 전한다
복음은 바라라고 명령하고, 그런 사모함을 불러일으킨다

말씀은 강력한 파괴력을 지닌다

말씀은 파괴력을 지닙니다. 1절은 말씀의 파괴력을 이렇게 묘사했습니다. "모든 악독과 모든 기만과 외식과 시기와 모든 비방하는 말을 버리고(제거하고, 파괴하고)." 하나님의 말씀이 그분의 인자하심의 젖을 사모하는 마음을 불러일으키는 방법 가운데 하나는 다른 것을 바라는 마음을 없애주는 것입니다.

- 악독 : 말이나 행위로 누군가를 해치려는 마음.
- 기만 : 다른 사람들을 속여 지위를 보존하거나 이익을 취하려는 마음.
- 외식 : 참 모습을 보이지 않으려는 마음.
- 시기 : 다른 사람은 가지고 있고, 자신은 가지지 못한 것을 분하게 여겨 다른 사람에게 속한 특권이나 이익을 빼앗으려는 마음.
- 비방 : 다른 사람을 짓밟아 자신을 부각시키려는 마음. 다른 사람들이 자신의 잘못을 보지 못하게 하려는 동기로 이루어질 때가 많습니다. 비방은 다른 사람들을 실제보다 더 악하게 보이게 만들어 우리 자신의 부정함을 감추려는 태도를 가리킵니다.

우리는 악독, 기만, 외식, 시기, 비방을 없애야 합니다. 그런 태도는 말씀 안에 나타난 하나님의 인자하심이라는 신령한 것을 갈망하는 것과 정면으로 배치됩니다. 하나님의 말씀을 사모하기를 원한다면, 진정으로 성장하기를 바란다면, 주님의 인자하심을 온전히 맛보기를 원한다면 하나님의 인자하심을 맛보고 만족할 때 악의, 기만, 외식, 시기,

비방과 같은 욕망을 없앨 수 있다는 사실을 깨달아야 합니다. 이를 뒤집어 말해도 의미는 똑같습니다. 즉 그런 악한 태도를 버리면 하나님을 사모하는 마음이 더 강하고, 강렬해집니다..

베드로의 요점은 그런 태도가 마음속에서 싹트게 해서는 안 된다는 것입니다. 하나님의 인자하심을 맛보고, 즐거워하려는 태도와 외식이나 기만과 같은 태도가 한 마음속에서 동시에 존재할 수는 없습니다. 따라서 우리는 양방향에서 영적 숙명론을 공격해야 합니다. 다시 말해 기만과 외식의 태도를 물리치는 싸움과 말씀을 통해 하나님의 인자하심을 맛보기 위한 싸움이 동시에 이루어져야 합니다.

그로 인한 결과

그렇게 하면 "구원에 이르도록 자라게"(2절) 됩니다. 이 말씀은 "자라서 구원에 이른다"는 뜻입니다. 성장을 통해 구원이 완성됩니다. 하나님이 그런 성장을 허락하십니다(벧전 1:5, 고전 3:6). 성장은 반드시 필요합니다. 영적 숙명론에 치우쳐 "나는 자랄 수 없어. 나는 변화될 수 없어."라고 말하지 마십시오. 낡고 냄새나는 옷을 벗어버리듯 그런 생각을 내버리고, 말씀을 사모할 수 있도록 도와달라고 온 마음으로 하나님께 간구하십시오. 우리 모두 함께 구원을 향해 자라갑시다.

14장

신령한 집, 거룩한 제사장

베드로전서 2장 4-8절

"사람에게는 버린 바가 되었으나 하나님께는 택하심을 입은 보배로운 산 돌이신 예수께 나아가 너희도 산 돌 같이 신령한 집으로 세워지고 예수 그리스도로 말미암아 하나님이 기쁘게 받으실 신령한 제사를 드릴 거룩한 제사장이 될지니라 성경에 기록되었으되 보라 내가 택한 보배로운 모퉁잇돌을 시온에 두노니 그를 믿는 자는 부끄러움을 당하지 아니하리라 하였으니 그러므로 믿는 너희에게는 보배이나 믿지 아니하는 자에게는 건축자들이 버린 그 돌이 모퉁이의 머릿돌이 되고 또한 부딪치는 돌과 걸려 넘어지게 하는 바위가 되었다 하였느니라 그들이 말씀을 순종하지 아니하므로 넘어지나니 이는 그들을 이렇게 정하신 것이라"

오늘 아침, 하나님이 자기 백성인 우리가 말씀을 통해 무엇을 배우기를 원하시는지 곰곰이 생각할 때, 일정대로 진행되는 베드로전서의 바로 다음번 단락이 정확히 우리에게 필요한 가르침을 전하고 있다는 확신이 들었습니다. 물론 그것이 우리에게 필요한 가르침의 전부는 아닐 테지만, 우리가 절실히 필요로 하는 가르침인 것은 분명합니다. 오늘의 본문은 하나님이 기쁘게 받으시는 영적 예배를 드리는 법을 가르칩니다. 특히 4, 5절에 초점을 맞춰 살펴보기로 합시다.

<h2 style="text-align:center">하나님이 기쁘게 받으실 영적 예배를 드리는 법</h2>

이 구절은 하나님이 기쁘게 받으시는 영적 예배를 드리는 여섯 가지 단계를 가르칩니다.

1. 산 돌이신 예수님

4절은 산 돌이신 예수님을 언급합니다. 베드로가 예수님을 돌로 일컬은 이유는 구약 성경의 예언 때문입니다. "보라 내가 한 돌을 시온에 두어 기초를 삼았노니"(사 28:16). "건축자가 버린 돌이 집 모퉁이의 머릿돌이 되었나니"(시 118:22). 이 점에 대해서는 나중에 다시 살펴볼 생각입니다.

2. 우리는 예수님께 나아갑니다.

4절은 하나님의 인자하심을 맛본 사람들이 예수님께 나아갔다고 말씀합니다. "사람에게는 버린 바가 되었으나 하나님께는 택하심을 입은 보배로운 산 돌이신 예수께 나아가."

3. 우리는 산 돌의 형상으로 빚어집니다.

우리는 예수님께 나아간 결과로 신령한 집을 짓는 데 사용되는 산 돌이 됩니다. "너희도 산 돌 같이 신령한 집으로 세워지고"(5절). 산 돌과의 접촉으로 우리는 생명을 얻고, 하나님의 건축에 적합하게 쓰이게 됩니다.

4. 우리는 신령한 집으로 세워집니다.

우리는 산 돌에게 나아가 산 돌의 형상으로 빚어져 "신령한 집"으로 건축됩니다. 건축가는 그리스도이십니다. 그분은 개개의 신자들을 신령한 집으로 세우십니다. 그 집이 신령한 이유는 성령께서 거하시는 전이기 때문입니다. "너희는 너희가 하나님의 성전인 것과 하나님의 성령이 너희 안에 게시는 것을 알지 못하느냐"(고전 3:16). 이 문맥에서 "너희"는 개개의 신자가 아닌 교회를 가리킵니다.

하나님은 이 돌, 곧 예수 그리스도를 시온(예루살렘)에 두셨지만 사람들은 그것을 거절했습니다. 그러나 하나님은 이 돌을 선택하셨고, 무한히 보배롭게 여기셨습니다. 그분은 예수님을 죽은 자들 가운데서 살리시어, 영원히 살아 있는 돌로 만드셨고, 모퉁이의 머릿돌이라는 가장 고귀한 직위를 허락하셨습니다. 이 모든 일의 목적은 그리스도께서 자기처럼 살아 있는 백성을 모아 성령께서 영원히 거하실 성전, 곧 교회를 세우시는 것입니다.

5. 우리는 거룩한 제사장입니다.

이것은 한갓 비유가 아닌 위대한 현실입니다. 우리는 하나님이 거하시는 신령한 집을 짓는 데 사용되는 살아 있는 돌일 뿐 아니라 "거룩한 제사장"입니다. 다시 말해, 우리는 하나님의 거하심을 수동적으로 받아들이는 데 그치지 않고 예배에 적극적으로 참여합니다. 더욱이 우리는 단순한 참여자가 아닌 특별한 참여자, 곧 제사장입니다. 이것이 "만인 사제설"이라는 위대한 교리입니다.

평신도든 목회자든 모두가 이 새로운 신령한 집의 제사장입니다. 제사장인 우리는 하나님께 가까이 나가 신령한 제사를 드릴 수 있는 특권을 누립니다. 지금 성막은 교회로 대체되었습니다. 속죄의 제단은 예수 그리스도와 그분이 흘리신 피로 대체되었고, 제사장들도 그리스도를 믿는 신자들로 대체되었습니다.

6. 우리는 그리스도를 통해 하나님께 신령한 제사를 드립니다.

이 모든 것의 목표는 예수 그리스도를 통해 하나님이 기쁘게 받으시는 신령한 제자를 드리는 데 있습니다.

예수님도 자신에게 합당한 권리를 누리셔야 합니다. 하나님의 목적은 우리가 예수님께 신령한 제사를 드리는 것입니다. 우리는 오직 "예수 그리스도를 통해서만" 그렇게 할 수 있습니다. 예수님은 살아 있는 돌이십니다. 모든 것이 산 돌이신 예수님께 나아가는 것에 달려 있습니다. 산 돌이신 예수님께 나아가지 않으면, 생명을 얻을 수도 없고, 신령한 집으로 세워질 수도 없으며, 거룩한 제사장이 될 수도 없고, 영적 예배를 드릴 수도 없습니다. 모든 것이 예수님에게 달려 있고, 그분과 관련됩니다. 이것이 베드로가 5절에서 "예수 그리스도로 말미암아 하나님이 기쁘게 받으실 신령한 제사를" 드리라고 말한 이유입니다.

예수님은 무한히 보배로우시다

이런 사실을 알고 나면, 예수님을 온 마음으로 사랑하지 않을 수 없습니다. 예수님은 하나님께 나아가는 유일한 길이십니다. 그분은 영생에 이르는 유일한 길이시고, 하나님의 처소가 되게 하는 유일한 길이시며, 하나님이 기뻐하시는 일을 할 수 있게 만드는 유일한 길이십니다. 이것이 7절이 예수님을 보배롭다고 말씀하는 이유입니다. 그렇습니다. 예수님은 무한히 보배로우십니다. 우주에서 예수님보다 더 큰 가치를 지닌 존재는 없습니다. 그분은 우리에게 그 어떤 존재보다 더 귀하십니다.

하나님이 계신다고 인정하는 세상 사람들을 생각해 보겠습니다. 자연이 하나님의 영광을 선포하고, 사람들의 양심이 그분의 존재를 증언합니다. 그러나 그들은 하나님을 온전히 기쁘시게 하는 일을 하는 방법을 알지 못합니다. 왜냐하면 예수님을 알지 못하기 때문입니다. 그들은 의식과 훈련과 희생 제사와 맹세와 성물(聖物)과 미덕과 같은 것에 노력을 쏟아 붓지만 이 모든 것이 허사입니다. 그 이유는 하나님이 인간의 노력이나 공로나 업적이 아닌 오직 "예수 그리스도를 통해" 드리는 희생 제사만을 기쁘게 받으시기 때문입니다.

이런 이유로 바울은 로마서 15장 18절에서 "그리스도께서…나를 통하여 역사하신 것 외에는 내가 감히 말하지 아니하노라"고 말했습니다.

그리스도께서 우리에게 보배로우신 이유는 우리가 그분을 통해 하나님을 알고, 그분께 나가고, 그분의 임재를 경험하고, 그분이 기뻐하시는 예배를 드릴 수 있기 때문입니다. 그분이 없으면 소외와 어둠과 진노만이 있을 뿐입니다. 그리스도께서는 보배로우십니다. 지극히 보배로우십니다.

무엇이 신령한 제사인가

다시 뒤로 거슬러 올라가서 앞서 말한 여섯 가지 단계 가운데 몇 가지를 한 번 더 살펴보겠습니다.

우리가 예수 그리스도를 통해 하나님께 드리는 신령한 제사는 무엇을 말하나요? 그것이 다른 모든 것의 목적이라면, 그것이 무엇인지 정확히 아는 것은 진정 중요하지 않을 수 없습니다. 과연 그것은 무엇일까요?

몸

바울은 로마서 12장 1절에서 우리의 몸을 하나님이 기뻐하시는 산 제물로 드리라고 당부하면서 그것이 우리가 드려야 할 영적 예배라고 말했습니다. 이 말은 우리가 몸으로 행하는 모든 것이 하나님을 향한 예배의 행위가 되어야 한다는 것을 의미합니다. 무엇을 먹거나 마시는 것, 못을 박는 것, 자동차를 운전하는 것, 음식을 만드는 것, 컴퓨터 프로그램을 만드는 것, 책을 읽는 것, 농구를 하는 것, 셔츠를 수선하는 것 등, 몸으로 무엇을 하든지 하나님의 영광을 위해 해야 합니다(고전 10:31). 이것이 우리가 드려야 할 영적 예배입니다.

찬양과 감사

찬양의 말도 신령한 제사에 포함됩니다. 히브리서 13장 15절은 "우리는 예수로 말미암아 항상 찬송의 제사를 하나님께 드리자 이는 그 이름을 증언하는 입술의 열매니라"라고 말씀합니다. 신령한 제사란 하나님의 백성이 혼자 있을 때나 공예배로 모였을 때 드리는 찬양과 감사를 가리킵니다.

물질을 나누는 사랑의 행위

물질을 나누는 사랑의 행위도 신령한 제사에 포함될 수 있습니다. 예를 들어 바울은 빌립보서 4장 18절에서 빌립보 교회의 후원금을 받고 나서 "에바브로디도 편에 너희가 준 것을 받으므로 내가 풍족하니 이는 받으실 만한 향기로운 제물이요 하나님을 기쁘시게 한 것이라"라고 말했습니다. 히브리서 13장 16절도 "오직 선을 행함과 서로 나누어 주기를 잊지 말라 하나님은 이같은 제사를 기뻐하시느니라"라고 말씀합니다.

그리스도로부터, 그리스도를 통해, 그리스도를 위해 행하는 것

예수 그리스도로 말미암아 하나님이 기쁘게 받으시는 제사는 무엇일까요? 거기에는 우리가 하는 행위, 우리가 하는 말, 우리가 부르는 노래가 포함됩니다. 우리가 행위와 말과 노래를 영적으로 행할 때, 곧 성령의 능력을 의지해 그분의 뜻에 따라 그분의 나타나심(이를 통해 그리스도께서 나타나신다)을 위해 행할 때 그런 제사를 드릴 수 있습니다.

우리의 예배에 대해 어떤 질문을 던져야 할까

우리는 베들레헴 교회에서 드리는 우리의 예배에 대해 이렇게 물어야 합니다. 우리의 예배는 신령한가? 우리가 드리는 예배는 영적 예배인가? 예배 인도자들은 신령한가? 성령의 능력으로 성령의 뜻에 따라 성령의 나타나심을 위해 찬양하는가? 악기 연주자들은 성령의 능력으로 성령의 뜻에 따라 성령의 나타나심을 위해 악기를 연주하는가? 설교자는 성령의 능력을 의지해 성령의 뜻에 따라 성령의 나타나심을 위해 말씀을 전하는가?

우리의 예배는 신령합니까? 신령하지 않다면, 그것은 하나님이 기쁘게 받으시는 예배가 아닙니다. 그러나 신령하다면 하나님은 우리의 예배를 기쁘게 받으실 것입니다. 우리의 예배가 완전하거나 짜임새 있는 세련된 예배라서가 아니라 "예수 그리스도를 통해" 드리는 예배이기 때문입니다. 신령한 예배는 그리스도로부터, 그리스도를 통해, 그리스도를 위해 행해지는 예배입니다. 그런 예배는 그리스도의 영을 통해 능력을 얻고, 그리스도의 말씀을 통해 그 내용을 갖추고, 그리스도의 영광을 지향합니다. 그리스도의 능력과 말씀과 영광에 온전히 헌신하는 마음이 있어야만 그런 예배가 가능합니다. 하나님은 오직 그런 예배만을 기쁘게 받으십니다.

거룩한 제사장이 드리는 신령한 제사

앞서 말한 여섯 가지 단계 가운데 다시 생각해 볼 또 하나의 단계는 거룩한 제사장이 신령한 제사를 드린다는 것입니다. 거룩한 제사장은 목사나 장로나 성가대가 아니라 모든 신자를 가리킵니다. 9절은 "너희는 택하신 족속이요 왕 같은 제사장들이요"라고 말씀합니다. 이것은 모든 신자가 예수 그리스도를 통해 하나님께 나아갈 수 있다는 것을 의미합니다. 우리는 우리의 희생 제물을 제사장에게 맡기고 그가 그것을 제단이나 성막에 바치는 것을 지켜볼 필요가 없습니다. 하나님은 우리 모두가 제단과 보좌 앞에 가까이 나가 혼자서 또는 공예배로 모여 각자의 제물을 바치기를 원하십니다.

따라서 우리는 거룩해야 하고(1:15), 하나님을 위해 성별되어야 합니다. 믿음을 통해 그리스도의 피로 깨끗하게 씻고, 삶 속에서 죄를 가차 없이 죽여 없애야 합니다. 손이 죄를 짓게 만들면 잘라 버리십시오. 눈이 죄를 짓게 만들면 파내 버리십시오. 우리는 하나님의 제사장입니다. 우리는 "거룩한 제사장"으로 불리는 예배 팀의 일원입니다. 하나님의 사역으로 거룩해지지 않으면, 예수 그리스도로 말미암아 하나님이 기쁘게 받으실 신령한 제사를 드릴 수 없습니다.

거룩한 제사장은 또한 신령한 집이기도 하다

거룩한 제사장은 또한 "신령한 집"이기도 합니다. "너희도 산 돌 같이 신령한 십으로 세워시고."

신령한 집은 거룩하신 하나님이 거하시는 성전을 가리킵니다. 에베소서 2장 19-22절은 이렇게 말씀합니다. "너희는…하나님의 권속이라…그의 안에서 건물마다 서로 연결하여 주 안에서 성전이 되어가고."

그리스도께서는 우리를 교회로 세워 하나님이 거하시는 처소가 되게 하십니다. 신자 개개인도 성령의 전이지만(고전 6:19), 교회라는 집합적인 차원에서는 개인이 혼자서 알 수 있는 것보다 하나님을 더 많이 알 수 있고, 또 더욱 즐거워할 수 있습니다. 바울이 말한 대로, 우리는 함께 하나님이 거하시는 성전이 되어갑니다. 우리가 예배로 모이면 제각기 혼자 있을 때는 알 수 없었던 성령의 임재와 능력과 나타나심을 경험할 수 있습니다.

우리는 모두 산 돌이지만, 그리스도를 통해 신령한 집으로 세워집니다. 그리스도께서는 "내 교회를 세우겠다"고 말씀하셨습니다. 개개의 돌은 베들레헴 교회라고 불리는 이 집에서 함께 연결되어 단순히 개개인을 한자리에 모아놓은 것보다 더 위대하고, 온전한 성전, 곧 하나님이 거하시는 처소를 이룹니다.

앞으로는 그런 일이 더 많이 이루어지기를 진정으로 바랍니다.

어떻게 우리가 신령한 집으로 세워지는가

베드로는 이 일이 어떤 식으로 이루어지는지를 분명하게 보여주었습니다. 그는 4절에서 "사람에게는 버린 바가 되었으나 하나님께는 택하심을 입은 보배로운 산 돌이신 예수께 나아가"라고 말합니다. 어떻게 우리가 신령한 집으로 세워지는가? 그 대답은 "**그리스도께 나아감으로써**"입니다.

여기에서 주의할 점은 이것이 회심, 곧 처음 그리스도께 나아가는 행위를 가리키지 않는다는 것입니다. 회심은 매우 중요합니다. 오늘 아침에도 나는 사람들이 회심하기를 기도합니다. 그러나 이것은 회심이 아닌, 날마다, 매시간 살아 계시는 그리스도께 나아가는 것을 가리킵니다.

4절은 3절과 밀접하게 연관됩니다. 4절은 "예수께 나아가"라고 말씀합니다. 우리가 맛본 인자하심은 곧 예수님의 인자하심입니다. 이런 사실은 그리스도께 나아가는 것이 무엇을 의미하는지를 옳게 이해하도록 도와줍니다. 3절은 위로는 2절과, 아래로는 4절과 긴밀한 관계를 맺습니다.

주님의 인자하심을 맛보았으면, 젖을 갈망하는 갓난아이처럼 그리스도의 말씀을 사모해야 합니다(2절). 또한 주님의 인자하심을 맛보았으면, 그리스도께 나아가야 합니다(4절).

그리스도께 나아가는 것은 갓난아이가 젖을 갈망하는 것처럼 **그분의 말씀을 사모하는 것**을 의미합니다. 신자는 말씀을 사모하고, 말씀을 읽고, 말씀을 먹고, 그 안에서 그리스도를 발견합니다. 시편 36편 8절은 "그들이 주의 집에 있는 살진 것으로 풍족할 것이라 주께서 주의 복락의 강물을 마시게 하리이다"라고 말씀합니다.

우리가 하나님이 거하시는 신령한 집으로 세워지고, 거룩한 제사장이 되고, 하나님이 기쁘게 받으시는 신령한 제사를 드리려면, 날마다 매시간 그리스도께 나아가야 합니다. 말씀, 곧 그분의 약속과 명령과 가르침과 경고를 받아들임으로써 그분의 인자하심을 맛보아야 합니다. 그리스도로 충만해져 그분의 말씀이 우리 안에 풍성하게 거함으로써 하나님께 감사하는 마음으로 서로를 가르치고 권고해야 합니다.

15장

걸려 넘어지게 하는 돌을 두신 이유

베드로전서 2장 4-8절

"사람에게는 버린 바가 되었으나 하나님께는 택하심을 입은 보배로운 산 돌이신 예수께 나아가 너희도 산 돌 같이 신령한 집으로 세워지고 예수 그리스도로 말미암아 하나님이 기쁘게 받으실 신령한 제사를 드릴 거룩한 제사장이 될지니라 성경에 기록되었으되 보라 내가 택한 보배로운 모퉁잇돌을 시온에 두노니 그를 믿는 자는 부끄러움을 당하지 아니하리라 하였으니 그러므로 믿는 너희에게는 보배이나 믿지 아니하는 자에게는 건축자들이 버린 그 돌이 모퉁이의 머릿돌이 되고 또한 부딪치는 돌과 걸려 넘어지게 하는 바위가 되었다 하였느니라 그들이 말씀을 순종하지 아니하므로 넘어지나니 이는 그들을 이렇게 정하신 것이라"

오늘 아침에는 6-8절의 요점을 설명하고, 그 진리를 이곳 베들레헴 교회의 현재 상황에 적용함으로써 모두의 믿음을 독려할 생각입니다.

지난주에 우리는 4절과 5절을 중심으로 어떻게 예수님께 나아가는

지를 살펴보았습니다. 하나님의 산 돌이신 예수님은 우리를 산 돌로 만들어 하나님이 거하시는 신령한 집으로 세우시고, 우리를 거룩한 제사장으로 삼아 하나님이 기쁘게 받으시는 신령한 제사, 곧 찬양과 복종의 제사를 드리게 하십니다.

핵심은 그리스도입니다. 그분은 이 집의 기초가 되는 산 돌이십니다. 그분의 생명이 모든 작은 돌, 곧 우리와 같은 신자들에게 부여되었습니다. 그 덕분에 우리는 생명이 약동하는 성전으로 세워집니다.

6-8절에는 구약의 성경 구절 세 곳이 인용되었습니다. 그리스도께서 하나님이 시온에 두신 돌이라는 개념은 구약 성경에서 비롯했습니다. 그러나 베드로가 그 세 곳의 성경 구절을 인용한 방식에는 놀라운 점이 눈에 띕니다. 그는 구약의 성경 구절을 단순히 인용하는 데 그치지 않았습니다. 그는 그 구절들을 해석했고, 우리와 같은 상황에 처한 사람들에게 큰 용기를 불어넣었습니다.

산 돌을 의지하라, 그러면 실패하지 않을 것이다

베드로는 6절에서 이사야서 28장 16절을 인용해 "보라 내가 택한 보배로운 모퉁잇돌을 시온에 두노니 그를 믿는 자는 부끄러움을 당하지 아니하리라"라고 말했습니다. 이 말씀은 하나님의 모퉁잇돌인 그리스도를 믿으면 낙심하지 않을 것이라고 가르칩니다. 이 돌은 결함이 없습니다. 이 돌 위에 삶을 건설하면 폭풍우가 닥쳐도 건재할 것입니다. 이 돌 뒤에 숨으면 안전할 것입니다. 이 돌의 진리를 딛고 서면 부끄러움을 당하지 않을 것입니다. 다른 사람들과 결합해 이 돌 위에 건축된 신령한 집으로 세워지면 든든한 기초 위에서 안심하며 영원한 교제를 나눌 것입니다. "보라 내가 택한 보배로운 모퉁잇돌을 시온에 두노니 그를 믿는 자는 부끄러움을 당하지 아니하리라." 그 다음에 베드로는 7절에서 "그러나 믿는 너희에게는 보배이나 믿지 아니하는 자에게는" 이라는 말을 덧붙였습니다. 그는 "보배"라는 용어를 6절의 "내가 택한 보배로운 모퉁잇돌"이라는 어구에서 취해 그 보배로움이 신자들을 위한 것이라고 말했습니다. 이 돌을 믿으면, 곧 그리스도를 신뢰하고, 그분께 우리의 미래를 의지하면 그분의 보배로움을 알게 될 것입니다. 왜냐하면 그분을 부끄러워하거나 실망하게 될 일이 절대 없을 것이기 때문입니다. 예수님은 우리를 실망시키지 않으십니다. 다른 사람들은 우리를 실망시킬 수 있지만 예수님은 그렇게 하지 않으십니다.

여기에서 큰 용기를 얻을 수 있습니다. 부끄러움을 당하지 않을 길이 있다면 누구나 그 길을 알고 싶어 하지 않겠습니까? 베드로는 하나님이 모퉁잇돌로 선택하신 예수님을 신뢰하는 것이 그 길이라고 말합니다. 하나님은 "너는 실패하지 않을 것이다. 이 일을 했다고 네가 낙심하거나 부끄러움을 당하는 일은 없을 것이다."라고 말씀하십니다. 이 사실은 우리에게 큰 용기를 줍니다.

산 돌을 믿지 않으면 승리할 수 없다

그렇다면 베드로는 왜 그것으로 끝을 맺지 않고, 7절에서 부정적인 상황을 언급한 것일까요? 왜 긍정적인 측면에만 초점을 맞춰 믿음의 좋은 결과를 말하는 것으로 그치지 않고, 불신앙이라는 부정적인 측면을 아울러 언급한 것일까요?

베드로는 7절에서 "믿지 아니하는 자에게는 건축자들이 버린 그 돌이 모퉁이의 머릿돌이 되고"라고 말했습니다. 이 말의 요점은 무엇일까요? 베드로는 예수님을 믿지 않는 것은 하나님이 모퉁잇돌로 세우신 돌을 거부하는 것과 같다고 말했습니다. 하나님은 자신의 독생자를 보내 교회를 세우는 데 필요한 가장 중요한 돌이 되게 하셨습니다. 그러나 어떤 사람들은 그분을 믿지 않고, 거부합니다.

그런 행위가 하나님의 목적에 어떤 영향을 미칠까요? 답은 하나님의 목적에 아무런 영향을 미치지 못한다는 것입니다. "건축자들이 버린 그 돌이 모퉁이의 머릿돌이 되고." 이 말씀의 요점은 이 돌을 믿으면 실패하지 않을 테지만, 믿지 않으면 실패한다는 것입니다. 하나님이 예수님을 가장 중요한 모퉁잇돌로 세우셨다면, 인간들이 그분을 배신하고, 외면하고, 부인하고, 조롱하고, 손으로 때리고, 침 뱉고, 몽둥이로 치고, 가시관을 씌우고, 채찍으로 때리고, 십자가에 못 박고, 무덤에 장사지낸다 해도 그리스도를 살아 있는 모퉁잇돌로 세우려는 하나님의 의도를 조금도 방해할 수 없습니다.

"그들을 이렇게 정하신 것이라"

이처럼 불신앙이라는 부정적인 측면을 언급한 이유는 그것이 승리할 수 없다는 사실을 강조하기 위해서입니다. 불신앙은 좌절될 것입니다.

나는 이것이 8절의 요점이기도 하다고 생각합니다. 베드로는 이사야서 8장 14절을 인용해 "부딪치는 돌과 걸려 넘어지게 하는 바위가 되었다 하였느니라 그들이 말씀을 순종하지 아니하므로 넘어지나니 이는 그들을 이렇게 정하신 것이라”라고 말했습니다.

교만한 불신자는 “내 스스로 나의 운명을 선택했어. 내가 불신앙과 넘어짐을 선택한 것은 하나님이 아닌 내 자신이 내 인생의 최종적이고, 궁극적인 결정권자라는 것을 보여줘. 나는 궁극적인 자기 결정권을 가지고 있어. 나는 자의적인 의지로 하나님의 목적을 방해할 수 있어.”라고 떠벌립니다. 베드로는 그런 식으로 허풍을 떠는 사람들에게 “아닙니다. 당신은 그럴 수 없습니다. 당신이 무엇을 선택하든, 당신은 넘어지도록 정하심을 받았다는 사실을 조만간 알게 될 것입니다.”라고 말합니다.

서고 넘어짐의 궁극적인 결정권은 인간이 아닌 하나님께 있습니다. 믿음이든 불신앙이든, 인간은 그 무엇으로도 하나님의 궁극적인 목적을 방해할 수 없습니다.

베드로가 그런 충격적인 사실을 가르친 이유는 무엇인가

왜 베드로는 그런 사실을 가르쳤을까요? 그가 그런 말을 꺼낸 이유는 우리를 격려하기 위해서입니다. 그는 인간의 선택이 하나님의 성전인 우리를 좌절시킬 수 없다는 것을 보여주고자 했습니다. 인간의 선택은 궁극적이지 않습니다. 비록 인간이 하나님의 선택받은 모퉁이 돌이신 예수 그리스도를 거절하더라도 다음 두 가지 사실은 절대로 변하지 않습니다.

첫째, 하나님은 그 돌을 버리지 않으시고, 중요한 모퉁잇돌로 삼아 영원한 영광과 존귀의 자리에 두실 것입니다.

둘째, 그 돌을 거부한 그 누구도 하나님의 성전에 대한 그분의 궁극적인 계획을 방해할 수 없습니다. 심지어 불신자들조차도 하나님의 목적에 이바지합니다. 하나님은 실패하실 수 없습니다. 그분은 설혹 거절을 당하더라도 궁극적으로 승리하십니다.

우리의 상황에 적용할 수 있는 교훈

이 교훈을 우리의 상황에 적용해 보겠습니다. 우리 교회를 포함한 모든 교회를 세우시려는 하나님의 위대한 목적은 때로 많은 반대에 부딪치지만, 궁극적인 승리는 그분의 몫입니다. 우리 가운데 하나님의 목적을 방해할 수 있는 사람은 아무도 없습니다. 우리가 하나님의 길을 거부해도 그분의 계획은 좌절되지 않습니다. C. S. 루이스는 이렇게 말했습니다. "우리는 너나 할 것 없이 모두 필연적으로 하나님을 섬긴다. 그러나 가룟 유다처럼 섬기느냐 요한처럼 섬기느냐에 따라 큰 차이가 발생한다." 하나님은 우리의 믿음과 불신앙에 상관없이 궁극적으로 승리하십니다. 그분은 우리의 순종이나 불순종에 상관없이 궁극적으로 승리하십니다. 인간이 선하든지 악하든지, 거절하든지 받아들이든지, 믿든지 믿지 않든지, 하나님의 궁극적인 목적은 아무런 방해도 받지 않습니다. "건축자들이 버린 그 돌이 모퉁이의 머릿돌이 되고."

하나님은 우리 베들레헴 교회의 성도들이 하나님을 신뢰하기를 원하십니다. 최근 우리 교회 안에 참으로 어려우면서 영광스러운 일이 있었습니다. 이와 관련하여 하나님의 승리를 보여주는 증거를 몇 가지 언급하고 싶습니다.

베들레헴 교회의 교인들이 전하는 격려의 말

"영적 성숙함과 경건함을 보고 큰 감명을 받았습니다. 지금까지 일어난 상황을 처리하는 방식을 지켜보면서 모든 것이 더욱 생생해졌습니다. 죄가 더욱 분명하게 의식되었고, 영적 성장도 더욱 실감나게 느껴졌으며, 기도도 더욱 새롭게 와 닿았습니다. 교회가 하나로 연합할 가능성도 분명하게 느껴졌고, 비록 온전히 이해하기는 불가능하지만 하나님을 좀 더 확실하게 알게 되었습니다. 일 년 육 개월 전에 목사님에게 내가 교회에서 얻고자 했던 다섯 가지에 대해 편지로 적어 보낸 적이 있습니다. 내가 원했던 것을 마침내 발견하기 시작했다는 말씀을 드리고 싶습니다. 요즘에는 아무런 의심도 없습니다. 물론 드러난 일 때문에 마음이 괴롭고, 슬프고, 당혹스러웠던 것은 사실이지만, 그런 일이 분명하게 드러난 것이 참으로 기쁩니다. 그동안의 죄를 축소하고 싶은 마음은 조금도 없습니다. 사무엘상 2장 12절-4장 22절(엘리의 아들들, 그들과 엘리에 대한 하나님의 심판, 이가봇)을 읽고 정신이 번쩍 들었고, 사도행전 5장 1-10절에 나타난 두려움이 실제로 느껴졌습니다. 그러나 그와 동시에 겸손하고, 진실하고, 애통하고, 온유하고, 하나님을 경외하는 마음과 교회, 특히 성도들을 통해 드러난 사랑에 깊이 인도되었습니다. 그런 교회에 다닐 수 있기를 얼마나 바랐는지 모릅니다. 신랑이 신부를 정결하게 하는 일을 마칠 때가 이르면 참으로 영광스러울 것입니다."

―베들레헴 교회의 교우가 전하는 말―

"사탄은 미지근하거나 건강과 부를 자랑하는 교회를 공격할 필요가 없습니다. 그는 베들레헴 교회에 침투하기를 원했습니다. 교회가 그 위기를 다루는 방식은 성경적이었습니다. 하나님은 이곳에서 기적과 치유의 사역을 시작하셨습니다. 2월 13일에 우리 교회를 방문한 사람들 가운데 깊은 감명을 받았던 두 사람을 알고 있습니다. 지난주의 주일 예배(1994년 2월 13일)는 기도의 열기가 뜨거웠고, 찬양이 넘쳤습니다. 요한계시록을 중심으로 성경적인 지혜를 전한 목사님의 설교는 치유하는 향기를 발했고, 깊은 성찰과 회개를 자극했습니다. 하나님의 용서와 치유는 영원히 승리할 것입니다."

―베들레헴 교회의 교우가 전하는 말―

"하나님과 그분의 백성에 대한 사랑, 죄에 대한 증오심, 타락한 형제가 은혜로 하나님과 화목하기를 바라는 마음, 애통하는 마음, 하나님을 의지하는 마음이 분명하게 느껴졌습니다. 하나님의 백성 가운데서 성령의 나타나심이 이루어지는 것을 목격했습니다. 무슨 일이 일어났는지 다 알지는 못하지만 사람들이 통회하는 마음을 느낀 것은 분명해 보였습니다. 앞으로 불평과 비난이 뒤따를 수도 있을 것입니다. 그리고 이 기회를 통해 교회가 정화될 수도 있고, 또 목사님의 교회가 경험한 것이 그렇게 큰 유익이 되지 못할 수도 있을 것입니다. 오직 하나님만이 아십니다. 나는 단지 그리스도 안에서 형제가 된 사람으로서 베들레헴 교회에서 이루어진 사역이 하나님의 뜻에 부합한다는 것을 확실하게 느꼈다고 말하고 싶을 뿐입니다. 교인들과 장로들과 목사님에게서 하나님을 발견할 수 있었습니다. 그렇게 힘든 상황에서 우리에게 예배에 참여할 수 있는 은혜를 베풀어 주어 참으로 감사합니다."

—인디애나 주에서 한 신자가 보내 온 말—

"제가 지금부터 전하려는 말에 오해 없으시기 바랍니다. 제가 느낀 감정을 말로 전하기가 좀 어렵습니다. 지난 주일은 베들레헴 교회로서는 어두운 밤과 같은 날이었습니다. 그러나 그 예배에 참석한 것이 제게는 큰 특권이 아닐 수 없습니다. 저는 그 날에 베들레헴 침례교회 외에는 세상 어느 곳에도 있고 싶지 않다는 느낌을 받았습니다. 거룩하고, 순결하고, 의롭고, 정의로우신 하나님 앞에 있다는 것은 진정 두렵고도 놀라운 일이었습니다. 우리 그리스도인들은 하나님을 경박하게 대하는 말이나 행동을 할 때가 너무나도 많습니다. 우리는 하나님을 마치 친한 친구를 대하 듯 대할 뿐, 그분이 불의를 미워하고, 죄를 용납하지 않으신다는 것을 거의 생각하지 않습니다. 저는 주일에 베들레헴 교회의 교인들과 함께 예배를 드리며 하나님이 어떤 분이신지를 새롭게 상기함으로써 깊은 겸손을 느끼지 않을 수 없었습니다. 아울러 저는 교역자들과 장로들만이 아니라 온 회중이 통회하며 자복하는 것을 보고 크게 고무되었습니다. 우리는 다른 사람이 지은 죄의 문제를 다루었지만 하나님은 그 맑은 빛으로 세 마음속까지 환하게 비추이 주셨습니다. 하나님이 베들레헴 교회를 많이 사랑하시는 것이 분명합니다. 하나님이 죄를 드러내지 않고 놔두셨다면 곪아서 터지고 말았을 것입니다. 그러나 그분은 그 죄를 드러내 깨끗함과 용서와 치유를 허락하심으로 교회를 다시 한 번 건강하게 만드셨습니다. 목사님은 베들레헴 교회에서 참으로 은혜로운 교제를 나누고 있습니다. 비록 목사님의 교회에 속하지는 않지만, 우리 역시 목사님의 교회에 대해 각별한 애정을 느낍니다."

—다른 교회에서 방문한 한 신자가 전하는 말—

"제가 성장기를 보냈던 교회에는 죄가 많았습니다. 심지어는 제가 중학교와 고등학교에 다닐 무렵에도 죄를 인정하거나 고백하지 않고, 여전히 똑같은 상황이 계속되고 있다는 것을 의식할 정도였습니다. 마침내 죄가 드러났을 때도 권징도 없었고, 변화도 없었습니다. 그런 상황은 좀 더 은밀하게 계속되었습니다. 모든 교인들이 그 암과도 같은 죄와 그 밖의 여러 가지 죄의 영향을 받았습니다. 죄는 아무런 제재도 받지 않은 채 나날이 더 커져만 갔습니다. 이것이 제가 목사님이 그 사람과의 개인적인 친분 관계나 교인들의 반발을 고려하지 않고, 베들레헴 교회의 뛰어난 음악 사역과 교회의 평판을 잃을 각오로 결단을 내린 것에 대해 하나님께 감사하는 이유입니다. 진리와 경건을 위해 헌신하는 목사님의 정직한 태도에 깊이 감사드립니다. 이런 모임을 통해 목사님과 같은 교회 지도자들을 사랑하는 마음이 가득 넘치게 되었습니다."

—베들레헴 교회의 교우가 전하는 말—

"목사님의 고통과 기도가 헛되이 돌아가지 않았으니 힘을 내십시오. 이번에 어려운 일을 겪고 난 이후로 베들레헴 교회의 많은 교인들의 마음속에서 주님의 역사가 이루어졌습니다. 목사님이 하나님의 의중을 민감하게 헤아려 기꺼이 복종하는 태도를 취했다는 것이 여실히 드러났습니다. 권징에 관한 목사님의 결정이 정당했다는 것이 분명하게 입증되었습니다."

—베들레헴 교회의 교우가 전하는 말—

"베들레헴 교회의 교역자들과 장로들과 교인들에게.

'내가 산 자들의 땅에서 여호와의 선하심을 보게 될 줄을 확실히 믿었도다…'(시 27:13, 14). '오라 우리가 여호와께로 돌아가자 여호와께서 우리를 찢으셨으나 도로 낫게 하실 것이요 우리를 치셨으나 싸매어 주실 것임이라…'(호 6:1-3). 오늘 아침 먼동이 튼 것처럼 확실하게 하나님이 베들레헴 교회 위에 위로와 회복과 치유와 갱생의 봄비를 내려주실 것입니다. 슬픈 일을 겪으며 반성의 시간을 가졌습니다. 큰 소망으로 목사님과 함께, 또 목사님을 위해 기도합니다."

—미시간 주에서 한 신자가 보내 온 말—

오늘 우리는 오르간 관련 계획이 최근 몇 주 동안 일어난 일과 어떤 관계가 있는지 잠시 생각해 보았습니다. 그 교회 직원이 지난주에 사임했기 때문에 우리 가운데 더러는 많은 것을 잃은 불행 이후에 맑고 푸른 희망의 하늘을 향해 나아가는 듯한 심정을 느꼈습니다. 하지만 모퉁이를 도는 순간 끔찍한 괴물(곧 그 오르간 문제가 지난 7년 동안의 거짓과 간음 행위와 깊이 연관되어 있었다는 사실)이 우리를 기다리고 있는 것을 발견할 수 있었습니다.

그러나 하나님은 오늘 내가 전한 성경 말씀을 통해 우리를 격려하셨습니다. 그 덕분에 우리는 그런 일이 무엇을 의미하는지를 깨닫고 희망을 갖게 되었습니다. 나의 요점은, 베드로전서의 가르침과 최근 교회가 겪은 일이 베들레헴 교회에서 하나님의 승리가 이루어질 것을 믿는 믿음을 크게 독려한다는 것입니다. 2월 7일 월요일 아침, 딘이 죄를 고백했을 때 하나님은 우리에게 구원과 화합의 기적을 베푸셨습니다. 우리는 앞으로도 그런 기적을 기대할 수 있습니다. 하나님이 3주 전처럼 뜨거운 기도의 열정을 교회 위에 충만하게 부어주시기를 소원합니다.

16장

그리스도인의 정체성

베드로전서 2장 9, 10절

"그러나 너희는 택하신 족속이요 왕 같은 제사장들이요 거룩한 나라요 그의 소유가 된 백성이니 이는 너희를 어두운 데서 불러 내어 그의 기이한 빛에 들어가게 하신 이의 아름다운 덕을 선포하게 하려 하심이라 너희가 전에는 백성이 아니더니 이제는 하나님의 백성이요 전에는 긍휼을 얻지 못하였더니 이제는 긍휼을 얻은 자니라"

지난주 어느 날, 나는 노엘과 함께 기도하면서 인간이란 존재의 경이로움을 생각하며 문득 하나님께 감사하는 마음을 느꼈습니다. 인간은 보고, 듣고, 느낄 수 있을 뿐 아니라 온갖 놀라운 현실을 생각하고, 판단할 수 있습니다. 인간은 옳은 것과 그른 것, 나쁜 것과 좋은 것, 아름다운 것과 추한 것을 구별하고, 사랑, 미움, 기쁨, 실망, 경이감, 희망, 감사와 같은 감정을 느끼며, 어떤 일을 이루기 위해 계획하고, 추론하는 능력이 탁월합니다. 그런 뛰어난 능력 가운데 가장 놀라운 것은 우주에서 가장 위대한 존재, 곧 우리의 창조주요 구원자인 하나님을 알고, 사랑하고, 섬길 수 있는 것입니다. 참으로 영원이 찰나처럼 스쳐 지나가는 듯한 귀하고도 드문 경험이었습니다.

애완견을 통해 얻는 가장 큰 유익 가운데 하나는 조금이나마 외로움을 달랠 수 있다는 것입니다. 나는 우리집 애완견인 세이블을 바라보면서 녀석이 친절하고, 겸손하고, 참을성 있고, 다정하고, 온순하고, 행복하고, 평화롭다는 생각이 들었습니다. 그러나 그 순간 문득 녀석이 개라는 사실이 떠올랐습니다. 녀석은 나처럼 무엇을 알거나 추론하거나 느끼거나 판단하지 못합니다. 녀석은 어떤 것의 참된 가치(곧 그것과 하나님과의 관계)를 헤아릴 줄도 모르고, 자기가 어디에서 왔는지도 모릅니다. 또한 녀석은 자신의 정체성에 관해 생각할 줄도 모르고, 자기가 누구인지를 궁금해하지도 않으며, 개가 된 것이 하나님의 계획 가운데서 궁극적으로 어떤 의미를 지니는지도 알지 못합니다. 녀석은 자신이 왜 이곳에 있는지, 앞으로 어디로 가게 될지를 생각하지 않습니다.

개는 애정을 표시할 줄 아는 경이로운 짐승입니다. 그러나 개는 하나님의 형상으로 창조된 인간과는 다릅니다. 나는 개를 생각할 때면 내가 인간인 것이 진정 놀랍기만 합니다. 나는 나와 함께 살아가는 다른 인간들의 경이로움에 깊이 압도됩니다.

말로 다할 수 없는 공포인가, 경이로운 영광인가

도처에서 발견되는 형용하기 어려운 신비, 인간으로 살아가는 일, 우리를 기다리고 있는 놀라운 영광이나 상상을 초월하는 두려운 운명 따위를 생각하면 두려움에 마음이 짓눌려 크게 떨리거나 말할 수 없는 영광스러운 기쁨으로 충만해지거나 둘 중에 하나입니다.

전자냐 후자냐 하는 것은 중요하고도 기본적인 인간의 문제에 대한 대답을 아느냐 모르느냐에 따라 좌우됩니다. 우리는 누구인가? 그런 정체성을 어떻게 지니게 되었는가? 우리는 무엇을 위해 이곳에 존재하는가? 개나 거북이나 물고기나 다람쥐나 새나 돌고래나 침팬지는 그런 질문을 떠올리며 밤잠을 설치지 않습니다. 오직 인간만이 그런 질문을 합니다. 그런 질문에 대해 참되고, 만족스러운 대답을 얻지 못할 때, 스스로 죽음을 택하거나 다른 사람들을 죽음으로 몰아넣는 피조물은 오로지 인간뿐입니다.

본문에 간단히 몇 마디로 제시된 대답처럼 그렇게 완전하고, 명쾌한 대답을 발견하기는 그리 쉽지 않습니다. 나는 누구인가? 나는 이 정체성을 어떻게 지니게 되었는가? 그것은 무엇을 위한 것인가(나는 왜 이곳에 존재하는가)?

마음을 차분하게 가다듬고 처음으로 거슬러 올라가서 인생의 가장 근본적인 질문을 생각해 보겠습니다. 그리고 하나님의 말씀에 귀를 기울여 그분이 이런 질문들에 대해 어떻게 대답하시는지 경이감과 경외심을 가지고 지켜보겠습니다.

나는 누구인가

베드로는 그리스도인이 누구인지를 밝히고 있습니다. 우리가 그리스도인이라면 그가 설명하는 것이 곧 우리의 정체성입니다. 그의 설명은 우리가 그리스도인이라는 정체성을 획득하게 된 과정과 우리가 그리스도인으로 이곳에 존재하는 목적을 잘 보여줍니다.

베드로는 우리의 정체성을 다섯 가지 측면으로 나눠 제시함으로써 "우리는 누구인가?"라는 질문에 답했습니다.

1. 우리는 택하신 족속입니다.

물론 이것은 집합적인 차원의 정체성을 명시한 것입니다. 베드로는 교회, 곧 참 이스라엘에 관해 말합니다. 그러나 그 안에는 개인적인 차원도 아울러 포함되어 있습니다.

여기에서 밀하는 "족속"은 인종을 의미하시 않습니다. 택하신 족속은 흑인도, 백인도, 황인도, 갈색인도 아닙니다. 택하신 족속은 모든 민족, 곧 모든 인종과 문화로부터 온 새로운 백성을 가리킵니다. 이들은 세상에서 거류민과 나그네처럼 살아갑니다. "사랑하는 자들아 거류민과 나그네 같은 너희를 권하노니"(11절).

우리의 정체성을 결정짓는 것은 피부색이나 문화가 아니라 하나님의 택하심입니다. 그리스도인은 백인이 아니라 택하신 족속입니다. 그리스도인은 흑인이 아니라 택하신 족속입니다. 우리는 선택받은 백인이요 흑인이요 황인이요 갈색인입니다. 우리는 모든 인종으로부터 선택되었습니다. 우리의 선택은 우리가 소속된 인종에 근거하지 않습니다.

이것이 이 놀라운 문구("택하신 족속")가 우리 각자에게 매우 중요한 의미를 지니는 이유입니다. 우리가 "택하신 족속"에 해당하는 이유는 그것이 모든 민족으로부터 택함 받은 개인들로 구성되어 있기 때문입니다. 이처럼 우리가 선택받았다는 것이 우리의 첫 번째 정체성입니다. 하나님은 우리를 선택하셨습니다. 나는 누구인가요? 나는 택함 받은 존재입니다. 그 이유는 알 수 없습니다. 내가 다른 사람들보다 가치가 더 뛰어난 것은 아무것도 없습니다. 나의 공로나 노력으로 택함을 위한 조건을 충족시킬 수 없습니다. 나의 택함은 내가 태어나기 전에 결정되었습니다. 나는 그저 그 사실에 경이로워하며, 기쁨으로 전율하며, 엎드려 절하며, 감사함으로 받아들일 뿐입니다. 나는 내가 선택된 목적에 충실하기를 갈망합니다. 나는 선택되었습니다.

2. 우리는 긍휼을 얻었습니다.

10절은 "너희가…전에는 긍휼을 얻지 못하였더니 이제는 긍휼을 얻은 자니라"라고 말씀합니다.

내가 "긍휼을 얻었다"라고 말한 이유는 본문에 긍휼을 가리키는 헬라어가 동사이기 때문입니다. 이 말은 "은혜를 입다"나 "불쌍히 여김을 받다"라는 말과 그 의미가 비슷합니다. 하나님은 죄와 죄책과 정죄를 짊어지고 있는 우리를 보시고, 불쌍히 여기셨습니다. 하나님은 우리를 선택하셨을 뿐 아니라 불쌍히 여기셨습니다. 우리는 선택의 대상일 뿐 아니라 긍휼의 대상이기도 합니다.

나는 선택되었고, 긍휼을 얻었습니다. "은혜를 입었다"라거나 "사랑을 받았다"라고 말해도 무방합니다. 하나님은 나를 선택해 따로 세우셨을 뿐 아니라 나를 긍휼히 여겨 도움과 구원을 베푸셨습니다. 내가 긍휼을 얻었다는 것이 곧 나의 정체성입니다. 나는 "긍휼을 얻은" 사람입니다. 나의 정체성은 내 자신의 행위가 아닌 외부의 행위, 곧 긍휼에 의해 결정됩니다. 나는 긍휼을 얻은 사람입니다.

3. 우리는 하나님의 소유입니다.

이 사실은 9절과 10절에 두 차례 언급되었습니다. "그의 소유가 된 백성이니.""너희가 전에는 백성이 아니더니 이제는 하나님의 백성이요."

우리는 하나님에 의해 선택되었고, 긍휼을 입었습니다. 그 긍휼의 결과로 우리는 하나님의 소유가 되었습니다. 물론 하나님은 모든 것을 소유하십니다. 어떤 점에서는 모든 사람이 그분의 소유입니다. 따라서 우리는 이를 특별한 의미로 받아들여야 합니다. 우리는 하나님의 기업입니다. 우리는 하나님이 영원히 함께 거하기로 작정하신 존재들입니다. "나는 그들의 하나님이 되고 그들은 나의 백성이 되리라"(고후 6:16)라는 하나님의 말씀은 "내가 그들 가운데 거하며, 그들 가운데서 행하리라"라는 의미를 담고 있습니다.

우리는 선택되었습니다. 우리는 긍휼을 얻었습니다. 우리는 하나님의 소유입니다. 하나님이 우리 가운데서 행하시고, 자기를 나타내 우리와 영원히 인격적인 관계를 맺으십니다.

4. 우리는 거룩합니다.

"너희는…거룩한 나라요"(9절).

우리는 하나님에 의해 선택되었고, 긍휼을 입었으며, 그분의 소유가 되었습니다. 우리는 더 이상 이 세상의 일부가 아닙니다. 우리는 하나님을 위해 구별되었습니다. 우리는 하나님을 위해 존재합니다. 하나님이 거룩하시기 때문에 우리도 거룩합니다. 하나님이 우리를 선택하셨고, 긍휼을 베푸셨으며, 우리를 소유하시기 때문에 우리는 그분의 성품에 참여합니다. 우리는 거룩합니다. 따라서 거룩하게 행동하지 않는 것은 우리의 성품에 위배됩니다. 그런 행위는 그리스도인의 본질에 어긋납니다. 하나님께 대해 거룩한 것이 곧 우리의 정체성입니다. 우리는 거룩합니다.

5. 우리는 왕 같은 제사장입니다.

"너희는…왕 같은 제사장들이요"(9절).

우리는 하나님에 의해 선택되었고, 긍휼을 얻었으며, 그분의 소유가 되었습니다. 또한 우리는 거룩한 백성이요 왕 같은 제사장입니다. 이 말은 우리가 하나님 앞에 직접 나아갈 수 있다는 것을 의미합니다. 다른 인간 제사장을 중보자로 내세울 필요가 없습니다. 하나님이 친히 예수 그리스도를 자신과 사람들을 중재하는 유일한 중보자로 세우셨습니다. 우리는 그리스도를 통해 하나님 앞에 직접 나아갈 수 있습니다.

더욱이 우리는 하나님 앞에서 고귀하고, 능동적인 역할을 수행합니다. 우리는 선택받았고, 긍휼을 얻었으며, 하나님의 소유가 되었고, 거룩한 백성이 되었습니다. 그렇게 된 이유는 아무것도 하지 않고 시간만 허비하기 위해서가 아닙니다. 우리는 하나님 앞에서 섬기기 위해 부르심을 받았습니다. 우리는 중간 지대에 존재하지 않습니다. 우리는 항상 성전 뜰에서 활동합니다. 우리의 삶 전체가 영적 예배가 되어야 합니다(롬 12:1, 2). 그렇지 않은 것은 우리의 본분에 어긋납니다.

이처럼 우리의 정체성을 묻는 "나는 누구인가?"라는 질문은 "내가 이곳에 존재하는 이유는 무엇인가?"라는 질문과 자연스럽게 연결됩니다. 우리의 정체성은 우리의 존재 목적으로 이어집니다. 우리는 선택되었고, 긍휼을 입었으며, 하나님의 소유가 되었고, 거룩해졌습니다. 이 모든 것의 목적은 제사장으로 섬기기 위해서입니다. 베드로는 그 사역의 핵심을 명확하게 설명했습니다.

나는 이 정체성을 어떻게 지니게 되었는가

"나는 왜 이곳에 존재하는가?"라는 질문에 대답하기 전에 먼저 "나는 이 정체성을 어떻게 지니게 되었는가?"라는 질문을 잠시 살펴보겠습니다.

이 질문의 대답은 너무나도 명백합니다. 우리는 하나님으로부터 우리의 정체성을 부여받았습니다. 하나님과의 관계가 우리의 정체성을 결정합니다. 우리는 하나님에 의해 선택되었습니다. 우리는 하나님의 긍휼을 입었습니다. 우리는 하나님의 소유가 되었습니다. 우리는 하나님에 의해 거룩한 백성으로 구별되었습니다. 우리는 하나님에 의해 왕 같은 제사장직을 부여받았습니다.

베드로는 9절 마지막에서 이런 사실을 간단하게 요약했습니다. 하나님은 "너희를 어두운 데서 불러내어 그의 기이한 빛에 들어가게 하신 이"입니다. 우리는 선택되었고, 긍휼을 입었으며, 하나님의 소유가 되었고, 거룩하게 되었으며, 왕 같은 제사장이 되었습니다. 그 덕분에 우리는 빛 가운데로 들어가 그 안에서 살 수 있게 되었습니다. 우리가 그렇게 된 이유는 하나님이 우리를 부르셨기 때문입니다. 그분은 우리를 어두운 데서 불러내어 그런 기이한 빛에 들어가게 하셨습니다.

이것이 "나는 이 정체성을 어떻게 지니게 되었는가?"라는 질문에 대한 대답입니다. 하나님이 그런 정체성을 우리에게 부여하셨습니다. 우리의 정체성은 하나님의 불가항력적인 부르심을 통해 우리에게 주어졌습니다.(물론 하나님이 우리를 부르시기 전에 우리는 선택을 받았습니다. 따라서 이렇게 말하는 것이 정확하지 않은 것처럼 들립니다. 그러나 나는 단지 선택의 빛 안에서 행하는 경험, 곧 그런 정체성을 경험하는 삶이 하나님의 주권적인 부르심의 결과라는 점을 언급했을 뿐입니다.)

하나님이 우리의 정체성을 허락하셨습니다.

나는 왜 이곳에 존재하는가

앞서 말한 대로 우리의 정체성은 우리의 존재 목적과 직접적으로 연관됩니다. 우리는 선택되었고, 긍휼을 입었으며, 하나님의 소유가 되었고, 거룩하게 되었습니다. 그것은 모두 왕 같은 제사장직을 수행하기 위해서입니다. 그러나 베드로는 우리의 존재 목적을 좀 더 정확하고, 구체적으로 언급합니다. 그는 9절에서 "이는 너희를 어두운 데서 불러내어 그의 기이한 빛에 들어가게 하신 이의 아름나운 덕을 신포하게 하려 하심이라"고 말했습니다. 이것이 왕 같은 제사장이 항상 지향해야 할 목적입니다. 그의 목적은 왕의 영광을 나타내는 것입니다.

오늘날에는 자아의 개념이나 자기 정체성에 관해 많은 논의가 진행됩니다. 자신을 어떻게 바라보는가? 이것은 중요한 질문입니다. 오늘 아침, 내가 원하는 것은 이 문제를 성경적인 관점으로 바라보는 것입니다. 그리스도인의 자기 정체성은 자신의 본성이나 관점에 의해서가 아니라 하나님이 우리와 맺으신 관계와 그분이 우리에게 부여하신 목적과 그분이 우리를 바라보시는 관점에 의해 결정됩니다. 다시 말해 우리는 우리를 위해 행하신 하나님의 행위, 그분이 우리와 맺으신 관계, 우리를 위한 그분의 목적을 언급하지 않고서는 자신의 정체성을 논할 수 없습니다. 인간의 자기 정체성에 관한 성경적인 이해는 철저히 하나님중심적입니다.

나는 누구인가요? 우리는 누구인가요? 우리는 하나님이 선택하신 자요, 그분이 긍휼이 여기는 자요, 그분이 소유하신 자요, 그분이 거룩하게 하신 자입니다. 우리의 정체성을 묘사하는 본문의 내용은 하나님이 모든 행위의 주체이심을 분명히 합니다. 그리고 우리의 정체성은 그 자체로 목적이 아니라 제사장적인 사역을 위한 것입니다. 베드로는 그것을 우리를 어두운 데서 불러 기이한 빛으로 들어가게 하신 이의 아름다운 덕을 선포하는 것으로 정의했습니다.

하나님이 우리를 지금과 같은 모습으로 만드신 이유는 우리를 선택하신 자신의 자유로운 결정의 탁월함을 선포하게 하기 위해서입니다. 우리를 긍휼히 여긴 은혜로우신 하나님의 탁월함, 우리를 소유하신 하나님의 권위와 능력의 탁월함, 우리를 거룩하게 하신 하나님의 가치와 거룩하심의 탁월함을 선포하는 것이 우리의 목적입니다.

하나님이 우리에게 지금의 정체성을 허락하신 이유는 우리를 통해 하나님의 정체성을 널리 드러내시기 위해서입니다. 하나님이 우리를 지금과 같은 모습으로 만드신 이유는 하나님의 본성을 널리 알리도록 하기 위해서입니다. 우리의 정체성은 하나님의 정체성을 알리기 위해 주어졌습니다. 우리의 정체성이 부여된 이유는 우리 안에서 하나님의 탁월하심이 드러나게 하기 위해서입니다.

따라서 그리스도인이 된다는 것과 하나님의 위대하심을 알린다는 것은 거의 동일한 의미를 지닙니다. 교회에서 예배를 드리면서 설교와 찬양과 기도와 성경 읽기를 통해 그런 일을 할 수 있고, 또 소그룹으로 모여 하나님이 우리를 위해 지금까지 행하신 일과 앞으로 그분이 우리를 위해 해주시길 바라는 일을 서로에게 말함으로써 그런 일을 할 수 있습니다. 그밖에도 사람들에게 하나님에 관해 우리가 사랑스럽게 생각하는 것, 그분이 위대하시다고 생각하는 이유 등을 나눔으로써 또는 우리의 상황이나 기질에 부합하는 다양한 사랑의 행위를 함으로써 그런 일을 할 수 있습니다.

덕 니콜스의 이야기

마지막으로 "액션 인터내셔널 미니스트리스"의 국제담당 팀장인 덕 니콜스에 관한 놀라운 이야기로 설교를 끝맺고 싶습니다. 그는 1967년에 인도의 한 결핵요양소에서 하나님의 탁월하심을 밝히 드러냈습니다. 당시 그는 "OM 국제선교회"의 선교사도 일하나가 결핵에 감염되었습니다. 그는 몇 달 동안 요양소에서 생활하면서 전도지와 요한복음을 사람들에게 나눠주려고 애썼지만 받는 사람이 아무도 없었습니다. 사람들은 그를 싫어했고, 그를 그저 부유한 미국인으로 생각했습니다.

그는 기침이 심해 며칠 동안을 새벽 2시에 잠에서 깨곤 했는데, 어느 날 밤 깡마른 작은 체구의 노인이 침대에서 일어나려고 애쓰는 모습을 발견했습니다. 그 노인은 혼자 일어날 수가 없어 울먹이기 시작하다가 다시 침대에 몸을 뉘였습니다. 아침이 되자 병동에 고약한 악취가 풍겼고, 모든 사람이 용변을 참지 못했다는 이유로 그 노인에게 화를 냈습니다. 오물을 치우는 간호사는 더러운 짓을 했다면서 심지어 그 노인을 손으로 때리기까지 했습니다.

다음날 밤에도 같은 상황이 벌어졌습니다. 덕은 병이 심해 쇠약해진 몸으로 기침을 하며 잠에서 깨어났습니다. 그는 그 노인이 또다시 침내에서 일어나려고 애쓰는 모습을 발견했습니다. 그는 일어나려고 안간힘을 쓰다가 결국 숨 죽여 울기 시작했습니다. 덕은 침대에서 내려와 노인에게 다가갔습니다. 노인은 두려워하며 몸을 움츠렸습니다. 덕은 양팔로 노인을 안아들고 화장실에 데려다 주었습니다. 화장실이라고 해봤자 건물 바닥에 구멍을 만들어 놓은 것이 고작이었습니다. 그는 용변을 마친 노인을 다시 침대에 데려다 주었습니다. 노인은 그가 자신을 침대에 내려놓을 때 그의 뺨에 입을 맞추었습니다.

새벽 4시에 또 다른 환자가 김이 모락모락 나는 찻잔을 들고 덕을 깨우더니 몸짓으로 소책자(요한복음)을 한 권 달라는 의사를 표시했습니다. 그날 하루 종일 사람들은 그에게 와서 그가 그들의 언어를 알지 못했는데도 불구하고 그에게 소책자를 요구했습니다.

하나님의 탁월하심을 선포하는 한 가지 방법은 그것을 행동으로 보여주는 것입니다. 우리의 행동으로 하나님의 탁월하심을 보여주면 사람들은 훨씬 더 간절한 마음으로 관심을 기울입니다. 그것이 우리의 정체성이 하나님을 위한 것이라는 사실을 보여주는 방법입니다. 우리에게 지금의 정체성이 부여된 이유는 온 세상에 하나님이 어떤 분인지를 보여주게 하기 위해서입니다.

17장

영혼을 거슬러 싸우는 싸움과 하나님의 영광

베드로전서 2장 11-12절

"사랑하는 자들아 거류민과 나그네 같은 너희를 권하노니 영혼을 거슬러 싸우는 육체의 정욕을 제어하라 너희가 이방인 중에서 행실을 선하게 가져 너희를 악행한다고 비방하는 자들로 하여금 너희 선한 일을 보고 오시는 날에 하나님께 영광을 돌리게 하려 함이라"

본문은 세상에 두 가지 큰 문제가 존재한다고 지적합니다. 나는 그 두 가지 문제가 세상에서 가장 중요하다고 생각합니다. 현대 사회는 이 두 가지 문제를 중요하게 여기지 않습니다. 만일 세상이 이를 중요하게 여긴다면, 신문, 텔레비전, 극장, 대학, 대중음악, 기업의 사명, 정부의 목표 등이 지금과는 사뭇 다를 것입니다. 우리가 사는 세상의 우선순위와 가치관과 노력과 기준과 관심사와 즐거움을 살펴보면 이 두 가지 문제를 그다지 중요하게 여기지 않는다는 것이 명백하게 드러납니다. 사실, 이 두 가지 문제는 세상의 우선순위 목록에 아예 포함되지도 않습니다.

오늘의 본문은 물론, 신약 성경 전체를 지배하는 두 가지 문제는 영혼의 구원과 하나님의 영광입니다. 성경이 다루는 두 가지 문제란 "어떻게 해야 인간의 영혼이 멸망하지 않을 수 있는가?"와 "어떻게 해야 하나님의 영광을 드높일 수 있는가?"라는 문제입니다.

영혼의 구원

베드로는 11절에서 "사랑하는 자들아 거류민과 나그네 같은 너희를 권하노니 영혼을 거슬러 싸우는 육체의 정욕을 제어하라"라고 말했습니다. 이 구절에 언급된 궁극적인 문제는 인간의 영혼이 멸망의 위기에 처해 있다는 것입니다. 이 세상에서는 영혼을 거슬러 싸우는 싸움이 벌어지고 있습니다. 그 싸움에서 패배하면 영혼은 멸망합니다.

예수님은 "사람이 만일 온 천하를 얻고도 제 목숨을 잃으면 무엇이 유익하리요 사람이 무엇을 주고 제 목숨과 바꾸겠느냐"(마 16:26)라고 말씀하셨습니다. 영혼을 잃으면 인간의 존재 전체가 몰락합니다. 그것을 되찾을 방법은 없습니다. 영혼을 거슬러 싸우는 싸움이 끝나면 모든 것이 끝납니다. 천국과 지옥 사이에는 누구도 건너갈 수 없는 거대한 구렁이 존재합니다(눅 16:26). 영혼을 거스르는 세력이 이 싸움에서 승리하면 영혼은 영원히 멸망합니다.

이처럼 이것은 세상에서 가장 큰 문제 가운데 하나입니다. 이 문제는 예외 없이 모든 사람에게 영향을 미칩니다. 이 문제는 모든 사람에게 중대하고도 궁극적으로 영원히 영향을 미칩니다. 그러나 현대 사회는 이 문제에 진지한 관심을 기울이지 않습니다. 신문 사설, 라디오 방송, TV 담화, 학교 교육 등, 그 어디에서도 영혼의 영원한 생명을 위해 싸우는 법을 조언하는 내용은 발견하기 어렵습니다. 단지 에이즈, 일사병, 모기, 음주 운전, 꽃가루, 우울증, 강간, 화재, 절도, 콜레스테롤, 잡초 퇴치법만 알려줄 뿐입니다. 우리가 살고 있는 세상은 영혼의 영원한 생명을 위해 싸우는 법에 대해서는 아무런 조언도 제공하지 않습니다.

현대 사회는 하찮은 것에 관심을 집중합니다. 오늘날의 문화는 언젠가는 명백하게 드러날 것(영혼의 영원한 행복, 하나님과의 관계)을 도외시하는 탓에 결국에는 그것을 보지 못한 우리 자신의 눈먼 것을 한탄하게 될 것입니다. 이런 점을 생각하면, 베드로가 편지의 서두에서 우리를 "거류민과 나그네"로 일컫은 것은 너무나도 당연하지 않나 싶습니다.

오늘의 본문과 성경 전체에서 다루어지는 가장 중요한 첫 번째 문제는 영혼의 구원입니다. 우리의 영혼을 잃지 않으려면 영혼을 위해 싸우는 법을 알아야 합니다.

하나님의 영광

12절에 언급된 중요한 두 번째 문제는 하나님의 영광입니다. 11절은 어떻게 해야 영혼이 멸망하지 않느냐 하는 문제를, 12절은 어떻게 해야 하나님의 영광을 드높일 수 있느냐 하는 문제를 다룹니다.

"너희가 이방인 중에 행실을 선하게 가져 너희를 악행한다고 비방하는 자

들로 하여금 너희 선한 일을 보고 오시는 날에 하나님께 영광을 돌리게 하
려 함이라.”

우리가 행하는 행위의 목표는 하나님의 영광입니다. “너희가…행실
을 선하게 가져…하나님께 영광을 돌리게 하려 함이라.” 삶이 긍정적
인 의미를 지니려면 우리의 행위를 통해 사람들이 하나님의 영광에 관
심을 기울이게 만들어야 합니다.

사람들에게 하나님의 영광을 보여주지 못하는 방식으로 살아간다
면, 우리의 삶은 그 어떤 긍정적인 의미도 지닐 수 없습니다. 그런 삶
은 단지 하나님을 무시하는 문화에 동조하는 결과를 낳을 뿐입니다.
우리의 삶이 이 세상을 뛰어넘는 현실을 가리키지 못한다면, 그것은
우리가 세상에 깊이 결탁되어 있다는 증거입니다. 그렇게 되면 우리는
더 이상 거류민과 나그네가 아니라 세상에 순응하는 자들, 곧 하나님
을 무시하는 세상의 시민들에 지나지 않습니다.

성경적인 관점에서 보면, 이 세상에서 가장 중요한 문제는 하나님의
영광입니다. 인간의 행위는 그것이 무엇이 되었든 하나님의 영광을 추
구해야 합니다. 이는 하나님의 뜻입니다. “행실을 선하게 가져…하나
님께 영광을 돌리게 하려 함이라.” 아침에 잠에서 깬 후 밤에 다시 잠
들 때까지 우리의 행위를 통해 사람들에게 하나님의 영광을 드러내야
합니다. 그렇다고 해서 혼자 있는 시간은 긍정적인 의미를 지니지 못
한다고 생각해서는 안 됩니다. 그런 시간에도 우리는 다른 사람들 앞
에서 하는 대로 하나님을 바라보도록 우리 자신을 독려해야 합니다.

이처럼 이 세상에서 가장 중요한 두 가지 문제는 영혼의 구원과 하

나님의 영광입니다. "어떻게 해야 인간의 영혼이 멸망하지 않을 수 있는가?"라는 문제와, "어떻게 해야 하나님의 영광을 드높일 수 있는가?"라는 문제가 가장 중요한 문제입니다.

이 두 가지 중요한 문제를 새롭게 상기시켜야 할 필요성

지금까지 말한 것을 여러분이 진심으로 받아들인다면 그것으로 충분하다고 믿습니다. 만일 우리의 영혼에 대한 깊은 확신만 있다면, 본문의 나머지 가르침은 저절로 이해될 것입니다.

내가 이렇게 말하는 이유는 하나님이 모든 것의 중심이시고, 홀로 지극히 높은 권위를 지니고 계신다는 사실을 인정하지 않는 데서 오늘날의 여러 문제들이 비롯한다고 생각하기 때문입니다. 오늘날의 세상은 하나님이 전부이심을 믿는 사람들을 절실히 필요로 합니다. 나는 데이비드 웰스가 《*God in the Wasteland*》라는 책에서 말한 내용에 전적으로 동의합니다.

그는 "하나님을 무겁지 않은 존재로 간주하는 것이 우리 시대의 특징 가운데 하나이다. 이 말은 하나님이 공기처럼 가볍다는 뜻이 아니라 중요성을 상실했다는 뜻이다. 하나님은 이 세상에서 더 이상 눈에 띄지 않는 하찮은 존재로 전락했다. 하나님은 인간의 삶과 관련해 모든 중요성을 잃었다. 여론 조사에서 하나님의 존재를 믿는다고 대답하는 사람들조차도 그분을 텔레비전보다 덜 흥미롭게 생각하고, 그분의 명령을 물질적인 부와 영향력을 향한 욕망보다 덜 권위 있게 여기며, 그분의 심판을 저녁 뉴스와 다름없이 심상하게 받아들이고, 그분의 진

리를 아첨과 거짓을 그럴싸하게 포장해 말하는 광고업자의 선전 문구
처럼 아무런 구속력 없는 것으로 생각한다. 이것이 무겁지 않다는 표
현의 의미다. 우리는 하나님을 우리의 세속화된 삶의 주변부로 밀쳐냄
으로써 그분을 그런 상태로 전락시켰다. 하나님의 진리는 사람들의 일
상적인 대화 속에서 더 이상 환영받지 못한다. 현대성이라는 엔진은
굉음을 내며 굴러가고, 하나님은 그 길 위에 놓인 조그만 점에 불과하
다."라고 말했습니다(p.88).

그러나 오늘 아침, 이 자리에 모인 1,000여 명의 사람들이 본문의
가르침을 진지하게 받아들여 우리의 삶을 통합하는 지배 원리로 삼는
다면, 다시 말해 "어떻게 해야 영혼이 구원받을 수 있는가?"와 "어떻
게 해야 하나님의 영광을 드높일 수 있는가?"를 세상에서 가장 중요한
두 가지 문제로 인정한다면, 이 1,000여 명의 사람들이 이 도시 안에
제각각 머무는 자리에서 하나님이 아무런 비중도, 중요성도 없는 존재
가 아니라 참으로 중요하신 존재이시라는 사실이 다시 한 번 밝히 드
러날 뿐 아니라 사람들이 은혜를 통해 거룩하신 하나님의 진노로부터
구원받는다는 복음의 의미를 깨달아 믿음을 갖는 역사가 일어날 것입
니다.

그러나 본문의 가르침은 이것이 전부가 아닙니다. 나는 하나님이 이
성경 본문을 허락하신 이유가 우리의 삶 속에서 그 가르침이 구체적으
로 실현되도록 하기 위해서라고 생각하기 때문에 남은 시간에 우리의
생각과 마음을 본문에 좀 더 집중하도록 돕고 싶습니다.

내가 말하고 싶은 것은 두 가지입니다.

거류민과 나그네

베드로는 이미 두 차례나 참된 그리스도인은 세상에서 거류민과 나그네와 같다고 말했습니다(1:1, 17). 그는 본문 11절에서 그 표현을 또다시 사용했습니다. "사랑하는 자들아 거류민과 나그네 같은 너희를 권하노니." 그는 이 점을 중요하게 생각했던 것이 틀림없습니다. 따라서 우리도 마땅히 그래야 합니다.

우리가 거류민이요 나그네라는 것을 기억한다면 세상에서 하나님의 중요성과 고귀하심을 일깨우는 데 많은 도움이 될 것입니다. 우리가 나그네인 이유가 9절에 제시되어 있습니다. "너희는 택하신 족속이요 왕 같은 제사상들이요 거룩한 나라요 그의 소유가 된 백성이니."

우리는 세상이 아닌 하나님께 속해 있습니다. 우리는 텔레비전이나 패션 잡지가 아닌 하나님으로부터 사는 법을 배웁니다. 우리가 나그네인 이유는 우리가 하나님의 소유이기 때문입니다.

우리는 나그네의 정신을 길러야 합니다. 세상과 더불어 유리하며, 세상의 생각과 행위가 최선의 길이라고 생각하지 않도록 늘 맑은 정신으로 깨어 경계하는 것이 무엇보다 중요합니다. 우리는 텔레비전에서 방송되는 것이 영혼을 유익하게 한다고 생각하지 않습니다. 우리는 광고업자들이 중요하게 생각하는 것이 영혼을 유익하게 한다고 생각하지 않습니다. 우리는 기업과 산업의 가치와 전략이 영혼을 유익하게 한다고 생각하지 않습니다. 그런 것들은 하나님을 영화롭게 하지 못합니다. 우리는 우리의 본향인 천국의 지혜에 귀를 기울여야 합니다. 우리는 이 시대의 지혜를 하나님의 지혜로 생각하지 않습니다. 우리는 하나님의 말씀을 통해 우리의 위치와 방향을 결정합니다.

우리 자신을 천국의 시민권을 지닌 나그네요 거류민으로 생각하고, 하나님을 우리의 유일한 주권자로 인정한다면 세상 풍조에 휘말리지 않을 수 있습니다. 음식, 자동차, 비디오, 수영복, 자녀 출산, 자동차의 속도, 취침 시간, 예금, 자녀 교육, 복음을 듣지 못한 사람들, 기근, 난민 캠프, 스포츠, 죽음을 비롯해 어떤 문제든지, 무엇이 영혼을 유익하게 하고, 하나님을 영화롭게 할 수 있는지를 생각해야 합니다. 나그네인 우리는 세상이 아닌 하나님의 뜻에 따라야 합니다.

세상에 하나님을 나타내고, 그분의 중요성을 알릴 수 있는 방법 가운데 하나는 우리 자신을 천국에서 온 나그네요 거류민으로 생각하는 것입니다.

욕구를 먼저 다스리고, 그 후 행위를 다스리라

본문에서 주목해야 할 또 한 가지 사실은 영혼과 하나님의 영광을 위한 싸움은 먼저 욕구를 다스리는 것부터 시작해 행위를 다스리는 것으로 나아간다는 것입니다. 이 싸움은 일차적으로는 감정의 영역에서 시작되어 행위의 영역으로 확대됩니다.

아름다운 행위는 올바른 욕구에서 비롯한다

11절은 "영혼을 거슬러 싸우는 육체의 정욕"을 언급합니다. 베드로는 그것을 제어하라고 말했습니다. 그러고 나서 그는 12절에서 선한 행실을 통해 사람들 앞에서 하나님의 영광을 나타내어 그분께 영광을 돌리게 하라고 말했습니다. 그는 먼저 욕구에 초점을 맞추었고, 그런 다음에 행위를 언급했습니다. 이런 식의 어법이 1장 14, 15절에서도 똑같이 발견됩니다. "전에 알지 못할 때에 따르던 너희 사욕을 본받지 말고…모든 행실에 거룩한 자가 되라." 먼저 욕구를 다스리고, 그 후 행위를 다스려야 합니다.

그 이유는 올바른 욕구에서 비롯하지 않는 행위는 선하지도, 아름답지도 않을 뿐 아니라 사람들에게 하나님의 영광을 보여줄 수도 없기 때문입니다. 예수님은 "화 있을진저 외식하는 서기관들과 바리새인들이여 잔과 대접의 겉은 깨끗이 하되 그 안에는 탐욕과 방탕으로 가득하게 하는도다"(마 23:25)라고 말씀하셨습니다. 다시 말해, 마음의 욕구가 바뀌지 않으면 행실을 제아무리 그럴듯하게 보이게 만들어도 아무런 소용이 없습니다. 잎사귀만 가득한 통과 기름이 가득한 통은 소리부터 다릅니다.

선한 행실이 어떻게 하나님의 영광을 드러내는가

12절의 가르침은 어떻게 효력을 발생할까요? 선한 행실은 어떻게 사람들 앞에서 하나님의 영광을 드러낼까요? 그 대답을 베드로전서 3장 15절에서 찾을 수 있습니다. "너희 속에 있는 소망에 관한 이유를 묻는 자에게는 대답할 것을 항상 준비하되." 사람들은 외적인 행위를 보고, 내면에 있는 소망에 관해 묻습니다.

베드로가 말하려는 요점은, 사람들은 우리의 행위를 통해 표현된 것을 우리가 소망하는 것으로 인식한다는 것입니다. 사람들은 겸손한 사랑의 행위(갈 5:6), 용기 있는 의로운 행위(히 10:34), 자기를 부인하는 관대한 행위(고후 8:2) 같은 행위를 보는 순간, 우리가 일반적인 사람들의 소망(자기 과시, 삶의 안전, 재물 등)과는 다른 것을 소망한다는 것을 깨닫고, 우리가 소망하는 것을 궁금해 하기 시작합니다. 따라서 그들은 우리의 소망에 관해 "그렇게 행동하다니 대체 그런 확신과 만족은 어디에서 생겨나는 것이오?"라고 묻습니다.

하나님을 사모하고, 그분의 긍휼과 능력과 약속 안에서 소망과 만족을 발견한다면, 베드로가 "선한 행실"로 일컫는 것, 곧 겸손한 사랑과 두려움 없는 용기와 자기를 부인하는 관대함과 단순한 기쁨과 고난 속의 평화를 실천할 수 있습니다. 그런 행위가 하나님의 영광을 드러내는 이유는 이 세상에 속하지 않는 확실하고, 견고하고, 만족스러운 소망의 대상이신 그분을 바라보게 만들기 때문입니다.

영혼을 위한 싸움을 싸워 영원한 생명을 얻고, 하나님의 영광을 드높여 사람들이 그분을 경시하지 못하게 만들고, 하나님을 무시하는 오늘날의 세상 앞에서 그분의 중요성과 가치를 보여주고 싶다면 우리가 천국에서 온 나그네라는 사실을 기억하고, 오직 하나님만을 바라보며 세상이 아닌 그분께 소망을 두어야 합니다. 그렇게 하면 아름다운 행실을 통해 모든 비방을 잠재우고, 하나님께 찬양을 돌리게 만들 수 있습니다.

18장

하나님의 종은 모든 사람으로부터 자유로우며 모든 사람을 존중한다

베드로전서 2장 13-17절

"인간의 모든 제도를 주를 위하여 순종하되 혹은 위에 있는 왕이나 혹은 그가 악행하는 자를 징벌하고 선행하는 자를 포상하기 위하여 보낸 총독에게 하라 곧 선행으로 어리석은 사람들의 무식한 말을 막으시는 것이라 너희는 자유가 있으나 그 자유로 악을 가리는 데 쓰지 말고 오직 하나님의 종과 같이 하라 뭇 사람을 공경하며 형제를 사랑하며 하나님을 두려워하며 왕을 존대하라 "

오늘 아침, 하나님은 본문을 통해 이 나라의 대통령을 '빤질이'(미꾸라지처럼 잘 빠져나간다는 의미로 빌 클린턴 전대통령에게 붙여진 별명—역자주)로 일컫는 태도, 민주당 정권을 비꼬는 러시 림보(미국의 보수적인 라디오 토크쇼 진행자—역자주)의 벌언들, 그밖에 우리 사회와 교회 안에 만연해 있는 반항적이고 권위를 거부하는 시대정신에 관해 참으로 중요한 교훈을 가르치십니다. 특히 하나님은 자신이 그 모든 것과 어떤 관계를 맺고 계신지, 또 오늘날의 신(新)이교 문화 속에서 하나님 중심적인 그리스도인이 된다는 것이 무엇을 의미하는지를 일깨워 주십니다. 하나님의 가르침은 지금의 우리에게 매우 적절합니다. 그러면 먼저 가장 중요하고도, 핵심적인 내용을 다루고 나서 오늘날의 기독교인의 삶과 관련된 실천적인 문제들을 몇 가지 살펴보기로 합시다.

하나님에 대하여 산다

본문에 언급된 가장 중요한 사실은 사회적, 정치적 삶이 모두 하나님과 관계를 맺고 있다는 것입니다. 성경은 세상에서 잘 살아가는 법을 다루는 책이 아닙니다. 하나님의 영감으로 기록된 성경은 그분에 대해 사는 법을 가르칩니다. 나는 "하나님에 대하여 산다"는 문구를 좋아합니다. 이것은 내 말이 아닌 바울의 말입니다. 그는 갈라디아서 2장 19절에서 "내가 율법으로 말미암아 율법에 대하여 죽었나니 이는 하나님에 대하여 살려 함이라"라고 말했습니다. 사회적, 정치적 삶을 비롯해 모든 삶의 목표는 하나님에 대해 사는 것입니다. 이것은 늘 하나님을 바라보며 살고, 그분의 권위에 순종하고, 공기와 음식과 물을 먹고 사는 것처럼 항상 그분을 의지하여 살고, 그분의 선하신 이름을 위해 사는 것을 의미합니다. 조금 전에 말한 대로 본문이 가르치는 가장 중요한 사실은 우리의 사회적, 정치적 삶이 모두 하나님과 관계를 맺고 있다는 것입니다. 우리는 언뜻 생각하면 순전히 세속적인 삶을 사는 것처럼 보이는 영역에서조차 하나님을 위해 살아갈 수 있습니다.

본문의 구절들을 하나씩 차례로 살펴보면서 베드로가 사회적인 문제들을 어떻게 하나님과의 관계 속에서 다루고 있는지를 생각해봅시다. 14절 한 구절만 제외하고, 나머지 구절들에는 모두 하나님이 분명하게 언급되어 나타납니다. 심지어는 14절에도 하나님의 사역과 목적이 함축되어 있습니다(영어 성경 참조—역자주).

우리가 순종해야 할 근거

13절에서부터 시작해 보겠습니다.

> "인간의 모든 제도를 주를 위하여 순종하되 혹은 위에 있는 왕이나"

이 구절의 핵심 문구는 "주를 위하여"입니다. 이 문구를 간과한다면 가장 중요한 것을 간과하는 셈입니다. 하나님을 위하지 않고 인간의 제도에만 충성하는 일이 얼마든지 가능합니다. 그러나 베드로의 관심은 그런 것에 있지 않습니다. 그것은 겉으로는 기독교적인 순종처럼 보일지 몰라도 실상은 근본적으로 다릅니다.

그리스도인들이 인간의 제도에 순종하는 이유는 단지 스스로가 좋아서나 성격이 온순해서나 제도가 강압적인 힘을 지니고 있기 때문이 아닙니다. 우리는 우리가 하고 싶어 하는 일을 먼저 생각하지도 않고, 제도(또는 정부)에 순종하지 않을 때에 주어질 결과만을 염두에 두고 행동하지도 않습니다. 우리는 하나님을 먼저 바라봅니다. 우리는 제도에 관한 하나님의 뜻을 먼저 헤아려 그분을 위해 순종합니다.

여기에서 이 문제를 다루는 것이 필요한 이유

베드로가 이것을 긴급한 문제로 여겨 본문에서 다룬 이유가 앞의 네 구절에서 발견됩니다. 그는 9절에서 그리스도인들이 "택하신 족속이요 왕 같은 제사장들이요 거룩한 나라요 그의 소유가 된 백성"이라고 말했고, 10절에서는 그들이 "하나님의 백성"이라고 말했으며, 11절에서는 그들이 이 세상의 사회적, 정치적 제도 안에서 나그네와 거류민으로 살아가고 있다고 말했습니다.

이런 사실은 '우리가 이 세상의 제도들에게 순종해야 하느냐'라는 문제를 제기합니다. 우리가 "거룩한 나라"로 구별되었고, 또 "하나님의 백성"이며, "거류민과 나그네"라면 세상의 권력이나 제도와 관계를 맺지 않고, 우리끼리 공동체와 문화를 형성해서 살아가는 것이 좋을 것처럼 생각됩니다. 그러나 베드로는 그렇게 생각하지 않았습니다.

우리는 세상에서 두 나라의 시민으로서 살아갑니다. 이 세상에도 필요한 제도가 있고, 또 하나님의 나라에도 그 나름의 필요한 가치 체계가 갖추어져 있습니다. 이것은 두 나라의 권위가 동일하기 때문이 아니라 하나님이 두 나라의 통치자요 소유자이시기 때문입니다. 우리는 하나님과 그분의 나라에 속하지만 그분의 목적과 영광을 위해 이 세상 나라에 보내심을 받았습니다.

하나님의 주재권을 존중하는 행위

따라서 그리스도인이 세상의 제도에 복종하는 것은 곧 세상의 제도에 대한 하나님의 권위를 존중하는 의미를 지닙니다. 우리는 왕이나 통치자를 보면서 "당신에게 복종하고, 당신을 존중하지만 당신을 위해서가 아닙니다. 내가 당신을 존중하는 이유는 하나님 때문입니다. 내가 당신에게 복종하는 이유는 하나님이 당신을 소유하시고, 당신을 다스리시며, 그 주권적인 뜻에 의해 당신을 한시적인 통치자로 세워 다스리게 하셨기 때문입니다. 내가 당신을 존중하는 이유는 하나님과 그분의 영광을 위하고, 그분의 정당한 권위를 인정하기 때문입니다."라고 말합니다.

이처럼 "주를 위하여 순종하되"(13절)라는 말씀은 세상에서 이루어지는 모든 복종을 그 위에 계시는 하나님께 대한 복종으로 간주합니다. 우리는 과태료가 겁나서가 아니라 하나님을 위해 제한 속도를 지킵니다. 운전도 예배 행위에 해당합니다.

정부를 세우신 하나님의 목적

14절은 "혹은 그가 악행하는 자를 징벌하고 선행하는 자를 포상하기 위하여 보낸 총독에게 하라"고 말씀합니다.

14절은 본문에서 하나님을 언급하지 않은 유일한 구절입니다. 그러나 이 구절도 하나님을 전제로 합니다. 악을 징벌하고 선을 포상하는 것이 왕과 통치자의 목적이라고 말하면서 하나님이 이 땅에 통치자들을 세우신 이유를 분명하게 보여줍니다. 이런 사실은 로마서 13장 4절에도 잘 드러나 있습니다. 바울은 그곳에서 "그는…하나님의 사역자가 되어 악을 행하는 자에게 진노하심을 따라 보응하는 자니라"라고 말했습니다. 물론 14절은 로마의 네로 황제나 지방 총독들의 오류를 말하는 구절이 아닙니다. 14절은 하나님이 정부를 세우신 목적을 밝힐 뿐입니다. 사실, 네로 황제는 바울을 참수했고, 베드로를 십자가에 거꾸로 못 박아 죽였습니다. 정부의 올바른 목표는 악의 강물이 사람들의 마음속으로 흘러 넘쳐 (르완다와 소말리아의 경우처럼) 온 세상을 무정부 상태로 몰아넣지 않도록 막는 것입니다.

정부는 사람들을 구원하는 일을 하지 않습니다. 정부는 악이 들끓는 세상에서 외적인 질서를 유지함으로써 복음의 구원하는 메시지가 자유롭게 전파되어 영향력을 발휘하도록 돕는 일을 합니다. 이것이 바울이 디모데전서 2장 1-4절에서 왕과 고관들을 위해 기도하라고 권고한 이유입니다. 그는 복음이 정치적, 사회적 혼란에 의해 방해받지 않고, 더 많은 사람이 구원받을 수 있는 길이 열리기를 바랐습니다.

<h2 style="text-align:center">하나님의 뜻</h2>

15절은 "곧 선행으로 어리석은 사람들의 무식한 말을 막으시는 것이라"라고 말씀합니다.

우리는 이방 문화 속에서 하나님의 뜻에 따라 살아야 합니다(벤전 4:2). 우리는 거류민이요 나그네입니다. 우리는 살아가는 법을 주권자이신 하나님께 묻습니다. 그분은 성경을 통해 우리에게 옳고 그른 것을 알려주십니다. 성경은 우리의 궁극적인 헌장이자 헌법입니다.

지난주에 12절을 통해 살펴본 대로, 기쁨과 희생과 겸손으로 담대하게 선을 행함으로써 기독교에 대한 비방을 잠재우는 것이 우리를 향한 하나님의 뜻입니다. "곧 선행으로 어리석은 사람들의 무식한 말을 막으시는 것이라."

우리는 하나님으로부터 이런 삶을 실천할 수 있는 능력과 가르침을 받습니다.

하나님의 종

16절은 "너희는 자유가 있으나 그 자유로 악을 가리는 데 쓰지 말고 오직 하나님의 종과 같이 하라"고 말씀합니다.

이 구절은 우리가 세상 나라가 아닌 하나님께 속해 있다고 가르칩니다. 우리는 사람이 아닌 하나님의 종입니다(고전 7:22, 23). 우리는 노예가 아니라 하나님의 자유로운 백성으로서 인간의 제도에 순종합니다. 우리는 하나님을 위해 자유롭게 순종합니다. 우리는 인간 왕에게 예속되어 있지 않습니다. 하나님은 우리를 이 세상으로부터 자기 아들의 나라로 옮기셨습니다. 우리는 죽음에서 생명으로 옮겨졌습니다. 그러나 하나님은 우리를 잠시 이 세상에 머물게 하십니다. 물론 이전처럼 죄와 죄책, 전횡을 일삼는 세상과 그 제도에 속박된 노예로서가 아니라 자유로운 백성, 곧 다른 가치관과 기준과 목표와 우선순위를 추구하는 나그네로서 머뭅니다. 우리는 순종합니다. 그러나 인간의 권위 앞에서 움츠러들지 않고, 기쁘고 자유롭게 하나님께 순종합니다.

우리가 두려움 없이 자유롭고, 기쁘게 이 세상과 근본적으로 다른 가치를 추구하는 이유는 우리가 하나님께 속해 있기 때문입니다. 그런 점에서(즉 그분이 우리에게 절대적인 권위를 행사한다는 점에서) 우리는 하나님의 종이고, 또 영광스러운 자유를 누립니다. 우리의 마음이 변화된 덕분에 하나님이 명령하시는 일을 기쁘게 행할 수 있습니다.

마르틴 루터는 《그리스도인의 자유》라는 훌륭한 소책자(개혁된실천사 역간)에서 "그리스도인은 아무에게도 예속되지 않고, 온전히 자유로운 상태에서 모든 것을 다스리는 주권자이며, 또한 모두에게 예속된 상태에서 모두를 섬기는 충실한 종이다."라고 말했습니다.

이런 역설이 가능한 이유는 하나님 때문입니다. 하나님은 우리를 인간의 모든 제도로부터 자유롭게 하셨고, 또한 자기 자신을 위해 우리를 그런 제도 속으로 들여보내 자유롭게 복종하게 하십니다

모두를 존중하는 삶

마지막으로 17절은 "뭇 사람을 공경하며 형제를 사랑하며 하나님을 두려워하며 왕을 존대하라"라고 말씀합니다.

우리는 (선하든 악하든) 모든 사람을 기본적으로 존중하고, 존대해야 합니다. 물론 가룟 유다와 같은 악인을 존중하는 방식과 요한과 같은 거룩한 사람을 존중하는 방식은 서로 다릅니다. 그러나 상대가 누구든 적절한 방식으로 존중할 수 있습니다. 우리는 그렇게 할 수 있는 방식을 고민하고, 찾아야 합니다. 악인이라는 용어를 아예 입 밖에 꺼내지 말라는 것이 아닙니다. 다만 그런 용어를 사용하는 태도나 방식을 다르게 할 수 있습니다.

그런 다음에는 모든 인간을 존중하고 존대하는 것을 넘어서서 "형제," 즉 동료 신자를 특별히 사랑해야 합니다.

그리고 모든 사람을 존중하고, 동료 신자들을 특별히 사랑한 다음에는 하나님을 두려워해야 합니다. 하나님 외에는 그 누구도 두려워해서는 안 됩니다. 우리는 사람들의 종이 아니기 때문에 그들을 두려워할 필요가 없습니다. 우리는 자유롭게 그들을 존중할 뿐입니다. 우리는 자유롭게 동료 신자들을 사랑합니다. 우리는 하나님의 절대적인 권위 아래 공손히 머리를 조아립니다.

"뭇 사람을 공경하며 형제를 사랑하며 하나님을 두려워하며 왕을 존대하라."

마지막으로 다시 "왕을 존대하라"는 명령이 주어졌습니다. 우리가 존중하고, 존대해야 할 모든 사람 안에 왕도 포함시켜야 합니다. 왕을 두려워하거나 그를 농료 그리스도인늘을 사랑하는 것처럼 사랑할 필요는 없습니다. 그러나 왕은 존중을 받아야 합니다. 먼저는 하나님께 절대적으로 충성하고, 그다음에는 동료 신자들을 뜨겁게 사랑하고, 그 다음에는 왕과 불신자들을 존중해야 합니다. 왕은 하나님이 아닙니다. 오직 하나님만이 하나님이십니다.

이것이 본문의 가르침입니다. 이제 이 가르침이 우리의 삶과 관련해 어떤 의미를 지니는지 잠시 생각해 보겠습니다. 나는 설교의 서두에서 네 가지를 언급한 바 있습니다.

네 가지 적용

1. 대통령을 존중하기

이것은 미국 대통령을 '빠질이'라고 부르는 것과 관련이 있습니다.

나도 지금까지 살면서 겪어본 그 어떤 대통령보다 현재의 대통령과 잘 맞지 않습니다. 그가 대통령에 취임한 달에 나는 설교를 전하면서 "낙태를 반대하는 그리스도인들이 낙태를 찬성하는 대통령을 어떻게 존중해야 하는가?"라고 물었습니다. 당시에는 그렇게 하기가 쉽지 않았고, 그 후로는 더 어려워졌습니다. 그러나 "뭇 사람을 공경하며…왕을 존대하라"는 말씀대로, 그를 한 사람의 인간이자 하나님이 세우신 직분자로서 존중함과 동시에 그의 견해와 몇 가지 행동에 대한 실망감을 적절히 표현할 수 있는 방법을 찾아야 합니다.

그렇게 할 수 있는 방법 가운데 하나는 분노를 안타까운 마음으로 순화시키는 것입니다. 전혀 분노하지 말고 대통령의 생각에 동의할 수 있는 것만 말하라는 뜻은 결코 아닙니다. 이는 그의 생각에 동의하지 않더라도 저속하고, 경솔하고, 모욕적인 언사를 사용해 비웃지 말고, 그 문제의 도덕적, 사회적 심각성을 진지하게 헤아리라는 뜻입니다.

2. 러시 림보

이 점은 내가 서두에서 언급한 두 번째 사실과 자연스레 연결됩니다. 오늘의 본문은 러시 림보의 태도와 관련이 있습니다.

러시 림보의 정치적 견해에 대해서는 언급하고 싶지 않습니다. 그러나 본문이 그의 태도와 관련이 있다는 생각을 지우기 어렵습니다. 나는 단지 "그의 의기양양한 정신과 태도와 논조가 교회의 삶 속에서나 사회적인 대화 속에서 좀 더 널리 확산되기를 원하는가(여기에서 '의기양양한'이라는 용어를 사용한 이유는 빈정거리는 투로 비판을 제기하는 것이 소란스러운 대중적 영역에서 상당한 영향력을 발휘할 때가 종종 있기 때문이다)? 그것이 모든 사람, 특히 왕(대통령)을 존중하는 사람의 태도인가? 토크쇼를 할 때마다 분노와 모욕만을 일삼지 말고, 안타까움을 표출해 균형을 이루어야 하지 않겠는가? 참혹한 결과를 슬퍼히는 마음이 있어야 하지 않겠는가? 빈정거리지만 말고 마음에서 우러나는 진지함과 염려가 있어야 하지 않겠는가?"라고 묻고 싶을 뿐입니다. 나는 그의 토크쇼를 충분히 듣거나 보지 않아서 정확하게 말할 수는 없지만, 그의 정치적 견해뿐만 아니라 이런 문제들도 중요하다는 점을 기억하라고 당부하고 싶습니다.

3. 권위를 거부하는 반항적인 시대정신

아울러 본문은 우리 사회와 교회에 만연한 태도, 곧 권위를 거부하는 반항적인 시대정신과 관련이 있습니다.

인간에게는 권위를 싫어하는 타고난 본성이 있습니다. 우리는 본성상 반항적입니다. 아담과 하와는 하나님처럼 되어 스스로 선과 악을 결정하기 위해 금단의 열매를 따먹었습니다. 그 후로 그것이 우리의 본성으로 자리 잡았습니다. 우리가 그리스도의 십자가와 성령의 능력으로 구원받아야 하는 이유가 여기에 있습니다.

어떤 문화는 다른 문화에 비해 이런 반항적인 정신을 더 많이 부추깁니다. 우리의 문화도 그런 정신을 강력하게 부추기고 있습니다. 나는 자동차로 시카고를 지나가면서 한쪽에는 "이미지가 모든 것입니다."라고 적혀 있고, 다른 한쪽에는 빨간색 글자로 "반항하라!"라고 적혀 있는 거대한 광고게시판을 본 적이 있습니다. 이 두 글귀는 서로 밀접한 연관이 있습니다. 전자는 진리와 내적 현실은 중요하지 않다는 뜻입니다. 이렇게 말하고 있는 것입니다. "사실, 그 두 가지는 아예 존재하지 않을 수도 있다. 중요한 것은 우리가 투영한 이미지를 통해 얻는 것이다. 따라서 누군가가 우리의 내적 삶을 위한 기준이 존재한다고 (곧 이미지가 전부가 아니라고) 말함으로써 우리에게 제약을 가하려고 한다면 반항해야 한다. 특히 하나님에 대해 반항해야 한다. 왜냐하면 하나님은 이미지를 아무것도 아니라고 생각하시기 때문이다." 하나님에게 이미지는 몸집은 다 자란 성인이지만 생각은 토라져 입을 삐죽거리는 두세 살 어린아이와 같은 사람, 곧 미숙한 상태로 "제1의 반항기"에 머물러 있는 사람을 감싸고 있는 얄팍한 셀로판이나 그 안쪽에 아무것도 아닌 것을 그럴 듯하게 감싸고 있는 포장지에 지나지 않습니다.

본문은 물론, 모든 성경은 가장 먼저는 토기장이와 진흙의 관계처럼 우리에게 절대적인 권위와 권한을 행사하시는 하나님 앞에서 겸손히 복종하고, 그다음에는 그분을 위해 그분이 복종하라고 명령하신 제도 앞에 겸손히 복종하라고 가르칩니다. 간단히 말해, 반항적인 태도를 극복할 수 있는 유일한 해결책은 하나님의 권위에 복종하게 만드는 그분의 은혜입니다. 하나님의 은혜로 반항적인 태도를 극복해야만 그분과 만족스러운 교제를 나눌 수 있고, 그분이 세우신 제도에 자유롭게 복종할 수 있습니다.

4. 시민법의 도덕적인 토대

마지막으로 본문은 시민법의 도덕적인 토대와 관련이 있습니다.

14절은 정부의 권위가 악을 징벌하고, 선을 권장하기 위해 존재한다고 가르칩니다. 이 크고, 중대한 문제를 다 다루기는 어렵지만, 그 요점은 간단하게 말할 수 있습니다. 그것은 옳음과 그름의 현실이 법의

토대라는 것입니다. 정부가 악을 징벌하고, 선을 포상하려면 선악의
현실이 존재해야 합니다.

나는 우리가 그리스도인으로서 해야 할 임무 가운데 하나(유일한 임무
나 주요한 임무는 아니더라도)가 법률이 선악의 현실에 근거한다는 점을 계속
상기시켜 주는 것이라고 생각합니다. 만일 선악의 현실을 없애면 법의
토대는 무너져 사라지고, 무정부의 혼란만 남게 될 것입니다.

나라를 무정부 상태에서 구원하는 것이 우리의 임무는 아닙니다. 우
리의 임무는 사회적, 정치적 영역을 비롯한 삶의 모든 영역에서 하나
님의 뜻을 추구함으로써 다른 사람들이 그분께로 돌이켜 구원을 얻고,
그분께 영광을 돌리게 하는 것입니다. 그 과정에서 지도자들이 존중
받고, 사회적 대화에서 저속한 냉소주의가 사라지고, 반항적인 태도가
겸손한 태도로 바뀌고, 법의 도덕적 토대가 강화되어야 합니다. 그렇
게 되면 생각할 줄 아는 사람이면 누구나 하나님을 위해 사는 것이 세
상을 유익하게 한다는 것을 알게 될 것입니다.

19장

선을 행함으로 받는 고난

베드로전서 2장 18-23절

"사환들아 범사에 두려워함으로 주인들에게 순종하되 선하고 관용하는 자들에게만이 아니라 또한 까다로운 자들에게도 그리하라 부당하게 고난을 받아도 하나님을 생각함으로 슬픔을 참으면 이는 아름다우나 죄가 있어 매를 맞고 참으면 무슨 칭찬이 있으리요 그러나 선을 행함으로 고난을 받고 참으면 이는 하나님 앞에 아름다우니라 이를 위하여 너희가 부르심을 받았으니 그리스도도 너희를 위하여 고난을 받으사 너희에게 본을 끼쳐 그 자취를 따라오게 하려 하셨느니라 그는 죄를 범하지 아니하시고 그 입에 거짓도 없으시며 욕을 당하시되 맞대어 욕하지 아니하시고 고난을 당하시되 위협하지 아니하시고 오직 공의로 심판하시는 이에게 부탁하시며"

베드로전서를 단락별로 하나씩 살펴보면서 나는 그리스도인이 된다는 것이 참으로 놀랍기 그지없는 변화라는 사실을 절감하지 않을 수 없었습니다. 몇 년 전, 스탠퍼드대학교에서 사역하는 몇몇 기독학생회

간사들과 이 점에 관해 대화를 나눈 적이 있습니다. 톰과 나는 기독교적 기쁨이 그곳의 기독학생회 지부와 샌프란시스코 만안 지역 전체에 어떤 영향을 미치고 있는지를 살펴보았습니다.

한 학생이 해준 말이 기억납니다. 그는 많은 학생이 기독교를 단순히 신앙 체계의 하나로 받아들여 그들의 삶에 부가적으로 덧붙여진 활동쯤으로 생각하고, 아무런 변화도 추구하지 않는다고 말했습니다. 공부하는 것도 달라진 것이 없고, 여가 활동도 달라진 것이 없고, 돈을 사용하는 방법도 달라진 것이 없고, 졸업 이후의 목표도 달라진 것이 없었다고 합니다. 학생들은 단지 "기독교를 믿을 수 있어."라고 생각하고, 이미 하고 있는 여러 가지 활동에 한 가지를 더 추가하는 식의 태도를 취했습니다. 아무것도 변하는 것이 없었습니다.

내가 종종 "근본적인 변화"라는 표현으로 기독교를 종종 묘사하는 이유 가운데 하나는 현실성이 없는 "부가적인" 기독교를 믿는 믿음과 진정한 믿음을 구별하기 위해서입니다. 그런 식의 그릇된 믿음은 많은 혼란을 부추겨 참된 기독교를 깨닫지 못하게 만듭니다. 근본적인 기독교, 즉 참된 기독교는 변화를 일으킵니다.

베드로는 이 점을 가르치기 위해 서신을 기록했습니다. 오늘의 본문도 또다시 그런 가르침을 전합니다.

본문의 문맥

문맥을 기억하십시오. 9절은 우리가 택하신 족속이자 그의 소유가 된 백성이라고 말씀합니다. 그런 신분이 주어진 목적은 우리를 "어두운

데서 불러내어 그의 기이한 빛에 들어가게 하신 이의 아름다운 덕을 선포하기" 위해서입니다.

또한 11절은 우리가 거류민과 나그네와 같은 존재라고 말씀합니다. 우리의 목표는 올바른 삶을 살아 사람들이 하나님께 영광을 돌리게 하는 것입니다. 이처럼 9절과 11절은 그리스도인에게 동일한 목표를 제시합니다. 그것은 삶을 통해 하나님을 나타내는 것입니다. 가시적인 변화를 보여주지 못하는 기독교는 하나님을 나타낼 수 없습니다. 그런 기독교는 참된 기독교가 아닙니다.

베드로는 당시의 적대적인 세상에서 참된 기독교의 면모를 드러낼 수 있는 몇 가지 방법을 제시했습니다. 지난주에 살펴본 대로, 그는 그리스도인들이 정부를 대할 때 어떤 태도를 취해야 할지에 관해 가르쳤습니다. 그는 오늘의 본문에서도 또 한 가지의 어려운 상황을 다룹니다. 그것은 "믿지 않는 주인이나 학대를 일삼는 주인을 섬기는 종이라면 어떻게 해야 하는가? 그런 상황에서 근본적인 변화를 추구하는 기독교는 과연 어떤 모습을 띠는가?"라는 문제입니다.

믿지 않는 주인을 섬기는 그리스도인

베드로는 그런 상황에서 그리스도인이 취해야 할 태도를 상세히 가르쳤습니다.

- 18절 : 종의 신분을 지닌 그리스도인은 공경하는 태도로 주인에게 순종해야 합니다.
- 19절 : 종의 신분을 지닌 그리스도인은 부당하게 고난을 당하더

라고 슬픔을 참아야 합니다.

- 20절 : 종의 신분을 지닌 그리스도인은 선을 행하고, 그로 인해 고난을 당하더라도 인내해야 합니다.
- 23절 : 종의 신분을 지닌 그리스도인은 욕을 당해도 악을 악으로 갚지 말고, 욕하거나 위협하지 말아야 합니다.

간단히 말해, 그리스도인들은 반항적이거나 무례하거나 거만한 태도를 취해서는 안 됩니다. 주인이 부당하거나 거칠게 대하더라도 온유하고, 순종적인 태도를 취해야 합니다.

그런 태도와 하나님을 나타내는 것 사이의 관계

그렇다면 그런 태도는 하나님을 나타내는 것과 무슨 관계가 있을까요? 그것이 어떻게 우리를 어두운 데서 불러내어 그의 기이한 빛에 들어가게 하신 이의 아름다운 덕을 선포할까요? 어떻게 그런 삶이 사람들로 하여금 하나님께 영광을 돌리게 만들까요?

이런 질문에 대한 대답은 그런 마음과 태도가 타락한 인간의 본성을 거스른다는 사실에서 발견됩니다. 아마도 지금 이곳에 있는 사람들 가운데는 부당하고, 거칠게 대하는 주인들에게까지 온유하고, 순종적인 태도를 취하라는 말에 강한 거부감을 느끼는 이들이 적지 않을 것입니다.

우리는 본성적으로 다른 사람들에게 연약한 인상을 주는 것을 싫어합니다. 우리는 어떤 사람이 우리를 제멋대로 이용하는 것을 원하지 않습니다. 우리는 부당하게 비난당하는 것을 싫어하고, 거칠고 전횡적인 태도를 취하는 사람들이 칼자루를 잡고 휘두르는 것을 원하지 않습니다. 그런 경우에는 엄청난 반발심이 일어나 보복하고 싶은 강한 충동을 느낍니다.

이처럼 베드로의 가르침은 인간의 타락한 본성과 정면으로 상충됩니다. 이것이 "이런 태도가 하나님을 나타내는 것과 무슨 관계가 있는가?"라는 질문에 대한 첫 번째 대답입니다. 우리의 타락한 본성을 억누르고 이 놀라운 삶을 실천한다면, 그것은 본성 이외의 요소, 곧 본성을 초월하는 요소가 우리 삶 속에서 역사하고 있다는 증거입니다.

그런 삶의 방식이 하나님을 나타내는 다섯 가지 이유

이것이 베드로가 가르치려는 요점입니다. 그는 다섯 가지 이유를 밝힘으로써 인간의 본성을 거스르는 이 놀라운 삶의 방식이 가능한 것은 우리가 하나님과 관계를 맺고 있기 때문이라고 설명했습니다. 그런 삶의 방식이 하나님을 나타내는 이유는 인간의 본성과 전적으로 반대되는 삶의 방식을 취할 수 있는 열쇠가 그분께 있기 때문입니다. 한 마디로, 우리가 기독교를 통해 근본적으로 변화되었기 때문입니다. 타락한 본성의 뿌리가 하나님이라는 도끼에 의해 잘려나갔습니다. 이제 우리는 세상과는 근본적으로 다른 전제와 가치와 우선순위와 관점에 의거해 살아갑니다.

베드로는 다섯 가지 이유를 토대로 복수를 원하는 자연스러운 옛 본성으로부터의 자유를 하나님과 관련시킵니다. 18절의 "범사에 두려위함으로"가 하나님을 공경하는 것을 가리킨다면, 여섯 가지 이유가 될 수도 있습니다. 그렇게 생각할 수 있는 근거는 17절에는 "하나님을 두려워하며"라는 문구가 언급되었고, 18절에는 "범사에 두려워함으로"라는 비슷한 표현이 사용되었기 때문입니다. 따라서 18절은 "하나님을 두려워하는 마음으로 세상의 주인들에게 순종하라"는 의미일 수 있습니다. 만일 이것이 옳다면 18절은 "인간의 모든 제도를 주를 위하여 순종하되"라는 13절과 병행구절을 이룹니다.

1. 하나님을 향한 양심

19절은 "부당하게 고난을 받아도 하나님을 생각함으로 슬픔을 참으면 이는 아름다우나"라고 말씀합니다. 사람에 대한 두려움이나 우리 자신의 연약함 때문에 슬픔을 견디고, 부당한 대우를 참는 것은 적절하지 않습니다. 우리가 참는 이유는 "하나님을 생각하기" 때문입니다. 다시 말해, 하나님을 향한 양심을 고려해야 합니다. 상황이 아닌 하나님을 바라봐야 합니다.

세상은 하나님을 보지 못합니다. 세상은 하나님을 위해 사는 우리의 태도와 행위를 이해하지 못합니다. "당신은 왜 맞서 싸우지 않나요?"라고 물으면, 그리스도인들은 "제 양심이 하나님께 매여 있기 때문입니다."라고 대답합니다. 그런 식의 태도는 참으로 놀라운 변화를 일으킵니다.

2. 하나님 앞에 아름다운 것

20절은 "죄가 있어 매를 맞고 참으면 무슨 칭찬이 있으리요 그러나 선을 행함으로 고난을 받고 참으면 이는 하나님 앞에 아름다우니라"
라고 말씀합니다.

세상에서 의지할 것이 모두 사라졌을 때 하나님의 은혜를 온전히
의지하는 태도는 그분을 기쁘시게 합니다. 그리스도인들은 고난을 당
할 때 "하나님을 향한 양심으로" 그분께 힘과 용기와 희망과 평화를
구해야 합니다. 그러면 고난을 참아낼 수 있습니다. 하나님은 그런 태
도를 자신의 은혜를 존중하는 것으로 간주하십니다. 그런 태도는 하나
님을 나타냅니다. 하나님은 그런 식으로 자신을 나타내는 것을 크게
기뻐하십니다.

3. 고난을 받으라는 하나님의 부르심

21절은 "이를 위하여 너희가 부르심을 받았으니"라고 말씀합니다.
보복하지 않고, 은혜롭고, 순종적인 태도를 취해야 하는 이유는 하나
님의 부르심 때문입니다. "이를 위하여 너희가 부르심을 받았으니." 세
상에서의 부당한 고난은 그리스도인에게는 우연한 일이 아닙니다. 그
것은 하나님의 부르심입니다.

베드로는 3장 9절에서도 "악을 악으로, 욕을 욕으로 갚지 말고 도리
어 복을 빌라 이를 위하여 너희가 부르심을 받았으니 이는 복을 이어
받게 하려 하심이라"라고 말했습니다.

고난을 참는 것이 하나님을 나타내는 이유는 그것이 그분의 부르심
에 응하는 것이기 때문입니다. 고난을 참는 것은 하나님의 소명에 대
한 복종입니다.

4. 우리의 본보기이신 그리스도

21절은 "그리스도도 너희를 위하여 고난을 받으사 너희에게 본을 끼쳐 그 자취를 따라오게 하려 하셨느니라"라고 말씀합니다.

부당한 고난을 참는 것이 하나님을 나타내는 이유는 그것이 그리스도의 고난을 사람들에게 생생하게 보여주기 때문입니다. 사람들은 그런 태도가 예수님의 태도였다는 것을 깨닫게 됩니다. 예수님을 보는 것은 곧 성부 하나님을 보는 것입니다(요 14:9). 따라서 그런 태도는 그리스도께서 하나님의 아들이시라는 것을 보여줌으로 하나님을 나타냅니다.

5. 공의로 심판하시는 하나님께 부탁하는 것

23절은 "욕을 당하시되 맞대어 욕하지 아니하시고 고난을 당하시되 위협하지 아니하시고 오직 공의로 심판하시는 이에게 부탁하시며"라고 말씀합니다.

이것은 부당한 고난을 참는 것이 어떻게 하나님을 나타내는지를 보여주는 가장 중요한 이유 가운데 하나입니다. 물론 정의가 중요하지 않다는 뜻은 결코 아닙니다. 다만 하나님이 궁극적인 재판관이시고, 모든 것을 정의롭게 심판하실 것이라는 뜻입니다. 학대를 일삼는 자가 최종 결정권자가 아닙니다. 최종 결정권자는 하나님이십니다. 이것이 우리 스스로 보복할 필요가 없는 이유입니다. 우리는 하나님을 존중해야 합니다. 베드로의 말은 "나의 정당함, 학대자, 실현되어야 할 정의, 그리고 모든 상황을 온전히 하나님께 맡긴다."는 의미를 담고 있습니다.

순종하는 것은 정의에 무관심한 것이 아닙니다. 그것은 보복의 정의가 하나님의 손에 있다는 것을 의미합니다. 그것은 내 몫의 권리를 찾아야 한다는 마음속의 강력한 외침을 하나님께 온전히 맡기는 것입니다. 곧 고난을 통해 "나를 충분히 시험하고, 정화하시는" 하나님이 나의 정당함을 옹호해주실 것이라는 의미가 담겨 있습니다.

세 가지 적용

간단히 세 가지만 적용하고 말씀을 맺고자 합니다.

1. 하나님의 뜻과 고난–하나님은 자기 백성이 부당한 고난을 받기를 원하시는가?

본문은 하나님이 때로 자기 백성이 부당한 고난을 받도록 허락하신다고 가르칩니다. "이를 위하여 너희가 부르심을 받았으니"(21절)라는 말씀이 그렇게 생각할 수 있는 근거를 제공합니다. 베드로는 다른 곳에서 이 점을 분명하게 언급했습니다. 그는 4장 19절과 3장 17절에서도 "그러므로 하나님의 뜻대로 고난을 받는 자들은 또한 선을 행하는 가운데 그 영혼을 미쁘신 창조주께 의탁할지어다," "선을 행함으로 고난 받는 것이 하나님의 뜻일진대 악을 행함으로 고난 받는 것보다 나으니라"라고 말했습니다.

하나님이 그렇게 뜻하시는 이유는 자기를 영화롭게 하는 가장 좋은 방법이 무엇인지를 알고 계시기 때문입니다. 하나님은 때로는 기적적으로 고난을 모면할 수 있게 도와주시기도 하고, 때로는 하나님을 신뢰하는 까닭에 사람들로부터 받는 부당한 고난을 은혜로 견딜 수 있게 도와주시기도 하십니다(이 경우가 더 많다).

하나님은 우리가 부당한 고난을 받기를 종종 원하시고, 자기의 영광을 위해 은혜로 그것을 잘 견디기를 바라십니다.

2. 악행에 대한 정의구현—학대를 일삼는 주인들의 악행은 언제 정의로운 심판을 받는가?

대답은 두 가지입니다. 먼저, 하나님은 마지막 날에 정의의 심판을 베푸십니다. 하나님은 모든 일을 정의롭게 다스리실 것입니다. 악을 저지르고 무사할 수 있는 사람은 아무도 없습니다. 그리스도와 그분의 백성을 조롱하고, 회개하지 않는 사람들은 장차 바위와 산들을 향해 우리 위에 무너져 내려 어린 양의 진노로부터 우리를 가려달라고 부르짖을 것입니다(계 6:16).

또 한 가지 대답은 하나님이 정부에 형벌을 가할 수 있는 얼마간의 권위를 부여하셨다는 것입니다. 하나님이 세우신 관리들이 사회의 질서와 평화를 유지합니다. 베드로전서 2장 14절은 하나님이 "악행하는 자를 징벌하고 선행하는 자를 포상하기 위하여" 왕과 총독들을 세우셨다고 말씀합니다. 하나님은 정부가 학대자들을 징벌하기를 원하십니다. 우리는 그런 정부를 위해 합법적으로 일할 수 있습니다. 그러나 하나님이 정부에게 악을 보복하고, 징벌할 권한을 주셨다고 해서 부당한 고난을 인내로 참아야 하는 그리스도인의 소명이 사라지는 것은 아닙니다. 하나님의 영광은 정부에 의한 정의의 집행을 통해서도 부분적으로 드러날 수 있지만, 그리스도인들이 하나님 중심적인 태도로 고난을 인내할 때 더욱 밝히 드러납니다.

**3. 아름다운 덕이 선포됨—부당한 고난을 받아도 보복하지 않고 인내한다
면 하나님에 관해 무엇을 나타낼 수 있을까?**

베드로전서 2장 9절은 우리의 삶이 우리를 "어두운 데서 불러내어
기이한 빛에 들어가게 하신 이의 아름다운 덕을 선포하는" 역할을 한
다고 가르칩니다. 그렇다면 온유와 인내로 참고 견디는 삶을 통해 드
러나는 하나님의 아름다운 덕은 무엇일까요?

여러 가지를 언급할 수 있지만, 그 가운데 몇 가지만 말하면 다음과
같습니다.

- 하나님을 믿는 믿음으로 부당한 고난을 참고 견디려면 건강이나
  위로나 안락함과 같은 좋은 것들을 포기해야 하기 때문에 자연스
  레 하나님의 아름다우심이 그 무엇보다도 더 귀하다는 사실을 나
  타낼 수 있습니다.
- 하나님을 믿는 믿음으로 고난을 참고 견디려면 세상에서 보호와
  위로를 바라는 마음을 포기해야 하기 때문에 하나님이 우리를 돌
  보시는 목자라는 사실을 나타낼 수 있습니다.
- 하나님을 믿는 믿음으로 고난을 참고 견디려면 상대방과 맞서 싸
  워 이기려는 마음을 버려야 하기 때문에 하나님이 언젠가 우리와
  함께 나누실 영광과 그분이 보좌에서 베푸실 정의가 훨씬 더 뛰
  어나다는 것을 나타낼 수 있습니다(벧전 2:23, 4:13, 5:1, 4).
- 하나님을 믿는 믿음으로 고난을 참고 견디려면 삶(대다수 사람들이 즐

겨야 한다고 생각하는 삶)을 희생하는 위험을 감수해야 하기 때문에 하나님의 신실하심과 미쁘심을 나타낼 수 있습니다.

- 세상에서 더 많은 위로를 얻기 위해 싸우는 일을 단념하려면 행복의 기회를 포기해야 하기 때문에 신실하신 창조주요 온 우주를 다스리는 주권자이신 하나님이 우리를 죽은 자 가운데서 다시 살리실 능력을 지니고 계신다는 사실을 나타낼 수 있습니다(벧전 4:19, 5:11).

- 하나님을 믿는 믿음으로 부당한 고난을 온유한 태도로 참아 내려면 우리가 여전히 죄인이고, 또 우리의 인내로 무슨 공로를 세울 수 없다는 것을 인정해야 하기 때문에 하나님의 크신 은혜를 분명하게 나타낼 수 있습니다(벧전 5:10).

우리 각자에게 그런 상황이 주어지거든 베드로전서 5장 10절을 기억해야 합니다.

"모든 은혜의 하나님 곧 그리스도 안에서 너희를 부르사 자기의 영원한 영광에 들어가게 하신 이가 잠깐 고난을 당한 너희를 친히 온전하게 하시며 굳건하게 하시며 강하게 하시며 터를 견고하게 하시리라."

우리가 죄에 대해 죽게 하시려고
그리스도께서 우리의 죄를 위해 죽으셨다

베드로전서 2장 21-25절

"이를 위하여 너희가 부르심을 받았으니 그리스도도 너희를 위하여 고난을 받으사 너희에게 본을 끼쳐 그 자취를 따라오게 하려 하셨느니라 그는 죄를 범하지 아니하시고 그 입에 거짓도 없으시며 욕을 당하시되 맞대어 욕하지 아니하시고 고난을 당하시되 위협하지 아니하시고 오직 공의로 심판하시는 이에게 부탁하시며 친히 나무에 달려 그 몸으로 우리 죄를 담당하셨으니 이는 우리로 죄에 대하여 죽고 의에 대하여 살게 하려 하심이라 그가 채찍에 맞음으로 너희는 나음을 얻었나니 너희가 전에는 양과 같이 길을 잃었더니 이제는 너희 영혼의 목자와 감독 되신 이에게 돌아왔느니라"

시작하는 말

나는 지난주에 톰에게 신약 성경에서 "서로…하라"고 명령하는 구절들을 중심으로 이번 여름에 연속 설교를 계획하고 싶다고 말했습니다.

그러면서 오늘 아침의 설교가 그런 명령들을 다루는 설교의 토대가 될 것으로 생각한다고 덧붙였습니다. 아무튼 휴가를 시작해 글을 쓸 시간을 갖기 전에 최소한 베드로전서 2장 강해를 마무리하는 것이 좋을 듯싶어 오늘 아침에는 2장의 마지막 단락을 살펴보려고 합니다.

작년 9월에 베드로전서 강해를 처음 시작했을 때만 해도 우리 교회에 무슨 일이 일어날지 전혀 알 수 없었습니다. 그것은 교역자 중에 몇 사람이 죽는 것보다 훨씬 더 가슴 아픈 일이었습니다. 때로는 베드로전서의 말씀이 참으로 정확하다고 느껴질 때도 있었고, 때로는 주님이 우리에게 뭔가 다른 말씀을 하시려는 것처럼 느껴질 때도 있었습니다.

우리는 베드로전서 2장의 마지막 단락에서 최근에 갑작스레 사라진 귀한 것들이 얼마나 많았는지를 상기시켜 주는 내용을 다시금 발견할 수 있습니다. 그러나 그것이 베드로전서 2장의 마지막 단락에서 가르치는 요점은 아닙니다. 이 본문의 요점은 베들레헴 교회를 향한 하나님의 목적과 그 목적을 이루시기 위해 하나님께서 행하신 일을 깨우쳐 주는 데 있습니다. 우리에게 일어난 일 가운데 어느 한 가지도 하나님의 백성을 위한 그분의 목적을 좌절시킬 수 없습니다.

나는 우리가 오늘 아침에 이 본문을 통해 우리를 위한 선한 목적을 이루기 위해 하나님이 얼마나 단호하고, 확고한 의지를 보여주셨는지를 깨닫기를 바랍니다. 아울러 하나님의 목적은 "서로…하라"는 명령과 서로를 대하는 방법과도 밀접한 관계가 있습니다.

그리스도께서 죽으신 목적은 의롭게 살게 하기 위해서다

베드로는 본문에서 그리스도께서 죽으신 목적이 구별된 삶을 살게 하기 위해서라고 세 차례나 말했습니다. 그는 우리가 그리스도처럼 살고, 의롭게 사는 것이 교회를 향한 하나님의 뜻이라고 말했습니다. 베드로는 하나님이 우리 안에서 그 목적을 이루시기 위해 독생자를 죽음에 내어주실 만큼 단호하고, 확고한 의지를 보여주셨다고 세 차례나 강조했습니다. 하나님의 의지는 독생자를 희생시킬 만큼 확고부동했습니다. 그러면 하나님의 목적과 예수님의 죽음을 통해 그것을 이루려는 그분의 의지를 나타낸 세 가지 표현을 하나씩 살펴보기로 합시다.

1. "그 자취를 따라오게 하려 하셨느니라"

21절은 "이를 위하여 너희가 부르심을 받았으니 그리스도도 너희를 위하여 고난을 받으사 너희에게 본을 끼쳐 그 자취를 따라오게 하려 하셨느니라"라고 말씀합니다.

그리스도께서는 자신의 자취를 따라오게 하시려고 우리를 위해 죽기까지 고난을 당하셨습니다. 그리스도의 자취를 따르는 것이 우리를 위한 하나님의 목적입니다. 이 목적을 이룰 수 있는 이유는 그리스도께서 우리를 위해 고난을 받으셨기 때문입니다. 그리스도께서는 단지 본보기를 보여주기 위해 죽임 당하신 것이 아닙니다. 그분은 "우리를 위해," 곧 우리를 대신해 고난을 받으셨습니다.

그리스도께서는 우리를 위해 고난을 받으심으로써 우리를 위한 목적을 이루려는 하나님의 확고한 의지를 보여 주셨습니다. 우리가 그리스도의 자취를 따를 수 있는 이유는 그분이 우리를 위해 죽으셨기 때문입니다. 목적은 그리스도처럼 사는 것이고, 그렇게 할 수 있는 능력은 그분의 대리 속죄에서 비롯합니다. 그리스도께서는 우리를 자기처럼 만들기 위해 우리를 위해 죽으셨습니다.

그리스도처럼 사는 것 안에 "서로…하라"는 신약 성경의 모든 명령이 포함됩니다. 이것이 내가 오늘의 설교를 여름철 연속 설교의 토대로 간주하는 이유입니다.

2. "죄에 대하여 죽고 의에 대하여 살게 하려 하심이라"

24절은 "친히 나무에 달려 그 몸으로 우리 죄를 담당하셨으니 이는 우리로 죄에 대하여 죽고 의에 대하여 살게 하려 하심이라"라고 말씀합니다.

우리를 위한 하나님의 목적과 우리를 위한 예수님의 죽음을 통해 드러난 하나님의 의지가 또다시 언급되었습니다. 우리를 위한 하나님의 목적은 "죄에 대하여 죽고 의에 대하여 살게 하려 하심이라"라는 말씀을 통해, 그 목적을 이루려는 하나님의 의지는 "친히 나무에 달려 그 몸으로 우리 죄를 담당하셨으니"라는 말씀을 통해 각각 분명하게 진술되었습니다.

그리스도께서 십자가에서 자신의 몸으로 우리의 죄를 담당하셨다

이런 말씀은 21절과 그 내용이 비슷하게 보입니다. 21절의 내용이 좀 더 분명하다는 차이밖에 없습니다. 베드로는 21절에서 "그리스도도 너희를 위하여 고난을 받으사"라는 말로 자신이 말하려는 의도를 확실하게 드러냈습니다. 그의 말은 "그리스도께서 십자가에서 자신의 몸으로 우리의 죄를 담당하셨다"는 의미를 지닙니다.

그리스도께서는 십자가에 못 박혀 죽는 큰 고통을 감당하셨습니다. 우리를 위한 그분의 고난은 우리의 죄를 담당하기 위한 목적을 지녔습니다. 그것은 대리 속죄였습니다. 그분은 우리가 죽음으로 갚아야 할 징벌을 대신 담당하셨습니다. 그것은 이사야서 53장 6절의 성취였습니다. "우리는 다 양 같아서 그릇 행하여 각기 제 길로 갔거늘 여호와께서는 우리 모두의 죄악을 그에게 담당시키셨도다." 그리스도께서는 자신의 몸으로 우리의 죄를 담당하셨습니다.

바울은 고린도전서 15장 1, 3절에서 "형제들아 내가 너희에게 전한 복음을 너희엑 알게 하노니…이는 성경대로 그리스도께서 우리 죄를 위하여 죽으시고"라고 말했습니다. 베드로는 동일한 사실을 구약 성경의 표현을 빌려 분명하게 명시했습니다. 그리스도께서는 십자가에서 자신의 몸으로 우리의 죄를 담당하셨습니다. 그분은 이사야서 53장 6절에 따라 우리의 죄를 위해 죽으셨습니다.

이것은 죄인들에게 너무나도 좋은 소식이 아닐 수 없습니다. 이것이 우리 교회가 여러 일들을 겪으면서 의지해야 했던 유일한 희망입니다. 그리스도께서는 우리의 죄를 짊어지셨습니다. 그리스도께서는 레아와 딘의 죄는 물론, 우리를 비롯해 하나님의 모든 백성의 죄를 짊어지셨습니다. 우리의 죄로 인한 결과는 믿기 어려울 정도로 고통스럽지만, "그리스도께서 십자가에서 자신의 몸으로 우리의 죄를 담당하셨다"는 사실에서 우리의 삶과 교회와 가정의 희망을 발견할 수 있습니다.

이 사실을 믿는가

잠시 생각해 볼 필요가 있습니다. 우리 자신이나 형제자매들의 죄와 관련해 이 사실을 믿습니까? 이 사실이 개인적으로나 교회적으로 우리에게 주는 의미는 참으로 막대합니다. 우리가 원한다면, 과거를 하나님께 맡길 수 있습니다. 다시 말해 "예수님, 믿습니다. 저의 모든 죄, 곧 공적으로 지은 죄와 사적으로 지은 모든 죄를 친히 담당하시고 고난을 받으셨기 때문에 저는 그런 모든 죄로부터 온전히 자유로워졌습니다. 이제 앞으로는 더 이상 죄책감을 갖기 않겠습니다."라고 말할 수 있습니다.

이 점을 깊이 생각해 보십시오. 우리의 죄를 짊어지고 다니거나 그로 인해 힘들어할 필요가 없습니다. 아침에 일어날 때나 저녁에 잠잘 때 죄책감을 느낄 필요가 없습니다. 예수님을 통해 나타난 하나님의 확고한 뜻에 희망을 걸 수 있습니다. "그리스도께서 십자가에서 자신의 몸으로 우리의 죄를 담당하셨습니다." 우리 모두 교회로서 이 사실을 굳게 믿읍시다. 우리 교회에 속하지 않은 사람일지라도 오늘 아침에 모두 함께 이 사실을 믿읍시다.

하나님의 목적을 기억하라

하나님이 예수님을 십자가에 내주어 모든 죄를 짊어지고 죽게 하신 목적은 "우리로 죄에 대하여 죽고 의에 대하여 살게 하기" 위해서입니다 (24절) 이것은 21절에 언급된 목적("그 자취를 따라오게 하려 하셨느니라")과 일맥상통합니다. 예수님의 자취를 따르는 것은 곧 의롭게 사는 것을 의미합니다.

예수님의 대리 고난(21절)과 그분의 대리 죽음(24절)은 우리가 예수님처럼 의롭게 살도록 만들기 위한 하나님의 방법이었습니다.

이런 사실은 본문에서 너무나도 중요하고, 강력한 의미를 내포하고 있기 때문에 잠시 깊이 생각해 볼 필요가 있습니다. 이런 사실을 진정 좋은 소식으로 받아들입니까? 아니면 한편으로는 십자가의 좋은 소식을 제공하고, 다른 한편으로는 그것을 다시 빼앗아가는 것처럼 느낍니까? 십자가의 메시지가 한편으로는 죄책감을 없애주는 좋은 소식이고, 다른 한편으로는 큰 부담을 지우는 것처럼 생각됩니까?

그리스도의 고난과 죽음이 "우리를 위해," "우리의 죄를 담당하기" 위한 것이라는 점은 해방감과 기쁨과 희망을 느끼게 만듭니다. 그러나 그분의 죽음은 그와 동시에 그분의 자취를 따라 의롭게 사는 백성을 만들기 위한 목적을 지닙니다.

오늘날 십자가의 첫 번째 사역은 자유를 주는 좋은 소식으로 받아들이면서도 그 두 번째 사역은 부담을 주는 나쁜 소식으로 생각하는 사람들이 많습니다. 그들은 십자가의 은혜가 단지 한 가지, 곧 죄책과 수치로부터의 자유를 의미한다고 믿습니다. 그들은 십자가의 은혜가 죄책만이 아니라 죄의 권세로부터도 우리를 자유롭게 한다는 것을 별로 달가워하시 않습니다.

하나님의 목적은 좋은 소식을 더 좋은 소식으로 만든다

그 이유는 매우 다양합니다. 마음의 완고함 때문일 수도 있고, 과거의 고통스러운 기억 때문일 수도 있고, 신학적인 오해 때문일 수도 있습니다. 이 자리에서 그 모든 이유를 일일이 다 다루기에는 시간이 부족합니다. 따라서 나는 십자가가 죄의 책임은 물론이고 죄의 권세로부터도 우리를 해방한다는 것이 좋은 소식을 반감시키기보다 오히려 더욱 배가시킨다고 말하는 것으로 만족하고 싶습니다.

그리스도의 죽음이 죄의 책임으로부터만 우리를 해방하고, 죄의 권세에 예속된 상태로 남겨둔다면 과연 진정으로 좋은 소식이 될 수 있을까요? 세상의 방식대로 살아도 징벌만 받지 않는다면 그렇게 사는 것이 좋다고 생각하는 사람들에게는 좋은 소식처럼 들릴는지 몰라도, 그것은 사실 하나님이 아닌 죄를 사랑한다는 증거라고밖에 달리 말하기 어렵습니다. 그와는 달리 십자가를 통해 죄책만이 아니라 죄의 권세로부터도 자유롭게 되기를 갈망한다면 좋은 소식이 반감되기보다 오히려 더욱 배가될 것이 분명합니다.

그리스도께서 십자가에서 자신의 몸으로 우리의 죄를 담당하셨다는 24절의 말씀은 그분이 우리의 죄책을 없애주셨을 뿐 아니라 죄의 속박으로부터 해방하셨다는 의미를 지닙니다. 그리스도께서 자신의 몸으로 우리의 죄를 짊어지신 이유는 죄에 대해 죽고, 의에 대해 살게 하시기 위해서입니다. 이것이 그리스도의 십자가를 통해 드러난 하나님의 뜻이자 계획이자 목적입니다. 하나님은 새 언약을 통해 그런 목적을 이루고자 하셨습니다.

혹시 "이것은 성취된 현실이 아닌 단지 하나의 제안일 수 있다. 어쩌면 십자가는 우리에게 아무것도 보장하지 않고, 단지 무엇인가를 제안하고 있을 뿐이다."라고 생각할 사람들이 있을는지 모릅니다.

"그가 채찍에 맞음으로 너희는 나음을 얻었나니"

그러나 본문에 언급된 십자가의 마지막 세 번째 목적은 그런 생각이 잘못이라는 것을 분명하게 보여줍니다. 24절은 이사야서 53장 5절을 인용해 "그가 채찍에 맞음으로 너희는 나음을 얻었나니"라고 말씀합니다. 본문은 "그가 채찍에 맞음으로 치유가 제안되었다"라거나 "그가 채찍에 맞음으로 치유가 가능해졌다"가 아니라 "그가 채찍에 맞음으로 나음을 얻었다"라고 말씀합니다. 다시 말해 십자가는 효력을 발휘합니다. 십자가는 하나님이 성취하고자 하신 것을 성취했습니다. 십자가는 단지 새로운 가능성을 제시하는 것이 아니라 새로운 사람을 창조합니다.

베드로가 말하는 치유는 암이나 관절염과 같은 질병으로부터의 물리적인 치유가 아닙니다. 물론 십자가는 현세에서나 내세에서 언젠가는 그런 물리적인 치유의 효력을 발휘할 것입니다. 그러나 베드로는 여기에서 그런 치유를 염두에 두지 않았습니다.

그는 25절에서 그리스도의 고난과 죽음과 상처를 통해 이루어진 치유가 영적 치유라고 설명했습니다. 이 점은 우리가 지금까지 살펴본 것을 이해하는 데 매우 중요한 실마리를 제공합니다.

25절은 "너희가 전에는 양과 같이 길을 잃었더니 이제는 너희 영혼의 목자와 감독 되신 이에게 돌아왔느니라"라고 말씀합니다. 베드로 가 생각했던 치유는 길을 잃고, 죽어 가는 양들이 목자요 보호자요 안 내자이신 주님께로 돌아오는 것을 의미했습니다.

이것이 십자가의 목적과 계획을 묘사한 세 번째 표현입니다. 지금 까지 살펴본 것을 정리하면 다음과 같습니다. 첫째, 21절은 그리스도 께서 죽으신 목적이 그분의 자취를 따르게 하기 위해서라고 밝힙니다. 둘째, 24절은 그리스도께서 죽으신 목적이 의에 대해 살게 하기 위해 서라고 밝힙니다. 셋째, 24-25절은 그리스도께서 죽으신 목적이 길을 잃은 양들이 선한 목자이신 주님의 푸른 초장으로 돌아오게 하는 것이 라고 밝힙니다.

이것은 좋은 소식인가

이것은 좋은 소식인가요? 십자가의 목적이 우리를 죄책에서뿐 아니라 죄의 권세에서 구원하는 것이라는 사실은 진정 좋은 소식인가요? 베 드로는 십자가를 통해 우리가 노예를 다스리는 주인이 아닌 목자에게 로 돌아왔다고 말했습니다. 그는 우리가 이것을 좋은 소식으로 받아들 이기를 원합니다. 목자이신 주님은 양들을 인도하십니다. 그분은 양들 이 길을 잃고 오랫동안 헤매도록 방치하지 않으십니다. 그분은 지팡이 와 막대기를 사용하십니다. 그분은 우리의 필요를 채워주시고, 우리를 보호하시며, 평생토록 우리에게 긍휼과 선을 베푸십니다. 목자이신 주 님이 그런 일을 하신다는 것이 예수님의 피로 보증되었습니다. 이것이 언약의 피로 보증된 새 언약입니다.

죄에 대해 죽는다는 것은 무엇을 의미하는가

마치기에 앞서 마지막으로 묻고 싶은 것이 있습니다. "죄에 대해 죽는다는 것이 무엇을 의미하는가?" 이 질문을 지금까지 미뤄온 이유는 그 대답이 25절의 목자에 관한 말에 나타나기 때문입니다.

24절은 "친히 나무에 달려 그 몸으로 우리 죄를 담당하셨으니"라고 말씀합니다. 이것은 우리의 경험 속에서 어떤 의미를 지닐까요? 이 말씀은 구체적으로 어떻게 실현될까요?

나는 십자가의 메시지가 성령의 능력으로 우리 마음속에 침투함으로써(1:3, 23 참조). 독생자를 내줄 만큼 우리를 사랑하신 하나님의 사랑을 깨닫는 순간에 죄에 대해 죽는 역사가 일어난다고 생각합니다. 우리는 그 순간에 의가 아닌 죄가 더 나은 미래를 보장해준다는 거짓을 속삭이는 죄의 권세에 대해 죽습니다.

십자가의 사역은 우리의 마음 깊은 곳에서 하나님이 목자처럼 우리를 보살피신다는 사실을 일깨워줌으로써 죄에 대해 죽도록 이끕니다. 우리가 길을 잃었다는 사실, 곧 우리가 잘못을 저질렀고, 죄의 길을 걸으며 스스로를 죽음으로 몰아넣고 있다는 사실을 깨닫고, 십자가를 통해 모든 것을 정복하시는 하나님의 사랑이 우리에게 부어졌다는 사실을 알기 전까지는 죄에 대해 살고, 죄를 믿고, 죄를 따를 수밖에 없습니다. 그러나 십자가가 우리 안에서 능력을 발휘하기 시작하면 우리는 죄에 대해 죽고, 모든 것을 공급하시는 목자의 초장 안에서 의의 아름다움을 발견하기에 이릅니다.

오늘 아침, 우리의 삶을 위한 십자가의 목적을 깊이 생각하고, 그것을 받아들여 영혼의 목자요 감독이신 주님에게로 돌아가십시오. 그렇게 하면 "서로…하라"는 신약 성경의 명령을 기쁨으로 행할 의지가 생길 것이며, 우리가 교회 차원에서 경험했던 상처와 죄책을 극복하고 앞으로 나아갈 수 있는 능력을 얻을 것입니다.

21장

약속을 지키지 않는 남자들과 결혼한 용기 있는 여인들

베드로전서 3장 1-7절

"아내들아 이와 같이 자기 남편에게 순종하라 이는 혹 말씀을 순종하지 않는 자라도 말로 말미암지 않고 그 아내의 행실로 말미암아 구원을 받게 하려 함이니 너희의 두려워하며 정결한 행실을 봄이라 너희의 단장은 머리를 꾸미고 금을 차고 아름다운 옷을 입는 외모로 하지 말고 오직 마음에 숨은 사람을 온유하고 안정한 심령의 썩지 아니할 것으로 하라 이는 하나님 앞에 값진 것이니라 전에 하나님께 소망을 두었던 거룩한 부녀들도 이와 같이 자기 남편에게 순종함으로 자기를 단장하였나니 사라가 아브라함을 주라 칭하여 순종한 것 같이 너희는 선을 행하고 아무 두려운 일에도 놀라지 아니하면 그의 딸이 된 것이니라 남편들아 이와 같이 지식을 따라 너희 아내와 동거하고 그를 더 연약한 그릇이요 또 생명의 은혜를 함께 이어받을 자로 알아 귀히 여기라 이는 너희 기도가 막히지 아니하게 하려 함이라"

오늘의 본문은 여인들, 특히 약속을 지키지 않는 남자들과 결혼한 여인들에게 용기 있는 여인이 되라고 가르칩니다.

1절을 보면 "약속을 지키지 않는 남자들"이 무슨 의미인지 알 수 있을 것입니다. 베드로는 그곳에서 "말씀을 순종하지 않는 자"와 결혼한 여인들에 관해 말하고 있습니다. 말씀에 순종하지 않는 남자는 곧 약속을 지키지 않는 남자입니다.

아울러 "용기 있는 여인들"의 의미는 6절을 보면 알 수 있습니다. 약속을 지키지 않는 남자들과 결혼한 여인들은 사라(아브라함의 아내)의 딸로 불립니다. 그들은 그 어떤 두려움에도 놀라지 않습니다. 용기 있는 여인들은 두려움에 쫓겨 행동하지 않고, 두려움을 정복합니다.

약속을 지키는 자의 일곱 가지 약속

이처럼 본문은 약속을 지키지 않는 남자들과 결혼한 여인들을 다룹니다. 익히 짐작하는 대로, "약속을 지키는 자"라는 표현은 이번 여름철에 25만 명에 달하는 남자들이 전국 각지의 여러 장소에 모여 함께 예배를 드리고, 그리스도인 남성답게 살겠다고 다짐했던 신앙 운동에서 유래했습니다. 7절은 그런 남성을 이렇게 묘사했습니다. "남편들아 이와 같이 지식을 따라 너희 아내와 동거하고 그를 더 연약한 그릇이요 또 생명의 은혜를 함께 이어받을 자로 알아 귀히 여기라 이는 너희 기도가 막히지 아니하게 하려 함이라." 이번 여름철에 수만 명의 남자들이 다음과 같은 일곱 가지를 약속하면서 '약속을 지키는 사람들'의 사역이 그 절정에 달했습니다.

1. 성령의 능력으로 예배와 기도를 드리고, 하나님의 말씀에 복종함으로써 예수 그리스도를 영화롭게 하겠다.

2. 약속을 지킬 수 있게 도와줄 형제들이 필요하다는 것을 알고, 다른 몇몇 남자들과 친밀한 관계를 형성하겠다.

3. 영적, 도덕적, 윤리적, 성적 순결을 지키겠다.

4. 사랑과 보호와 성경적 가치를 토대로 결혼생활과 가정의 유대 관계를 강화하겠다.

5. 목회자에게 필요한 시간과 자원을 적극적으로 제공하고, 그를 존중히 여기며, 그를 위해 기도함으로써 교회의 선교 사역을 지원하겠다.

6. 성경적인 화합을 이루기 위해 인종적, 교파적 장벽을 뛰어넘겠다.

7. 그리스도의 지상명령과 가장 큰 계명에 복종함으로써 하나님이 지으신 세상에 영향을 미치겠다.

훌륭하고, 견실하고, 성경적인 약속임에 틀림없습니다. 그런 남자와 결혼하는 것은 좋은 일입니다. 또한 그런 남자들이 많은 교회에서 독신으로 살아가는 것도 바람직합니다. 그러나 성경은 매우 현실적입니다. 개중에는 약속을 지키는 남자를 남편으로 맞이하지 못한 여인들도 있습니다. 그런 여인들은 약속을 지키지 않는 남자와 결혼해서 살아갑니다.

성경의 현실주의

하나님 나라의 능력이 세상 안에서 역사해 사람들을 회심으로_{(반항과 불}

순종의 상태에서 순종과 믿음의 상태로) 이끈다고 해서 항상 결혼한 부부가 둘 다 회심하는 것은 아닙니다. 한 사람은 회심하고, 다른 사람은 그렇지 않은 경우가 적지 않습니다. 예수님은 "내가 세상에 화평을 주려고 온 줄로 아느냐 내가 너희에게 이르노니 아니라 도리어 분쟁하게 하려 함이로라"(눅 12:51, 52)라고 말씀하셨습니다.

베드로도 본문에서 아내는 신자이고 남편은 그렇지 않은 경우를 언급했습니다. 그들은 서로 반대편에 서 있습니다. 본문은 그리스도인 아내가 그런 상황에서 어떻게 처신해야 할지를 가르칩니다.

그런 범주에 해당하지 않는 90퍼센트의 사람들은 어떻게 해야 하는가?

나는 이 자리에 있는 사람들 가운데 약속을 지키지 않는 남자와 결혼하지 않은 사람들이 최소한 90퍼센트에 달한다는 것을 잘 알고 있습니다. 여기에는 결혼하지 않은 사람들도 있고, 남자들도 있고, 신자와 결혼한 여인들도 있습니다. 그렇다면 그런 부류의 사람들은 약속을 지키지 않는 남자들과 결혼한 용기 있는 여인들에 관한 오늘의 설교에 귀를 기울이지 않아도 괜찮을까요? 나는 베드로가 본문을 기록하면서 이 범주에 속하지 않는 사람들은 귀를 기울일 필요가 없다고 생각했다고 믿지 않습니다. 그가 본문을 이런 식으로 기록해서 말씀으로 남긴 이유가 분명히 있을 것이 틀림없습니다. 베드로는 약속을 지키지 않는 남자와 결혼한 여인들을 위해 구체적인 지침을 제시했지만, 그런 내용을 기록으로 남김으로써 남편과 아내의 관계를 떠받치는 토대가 우리의 모든 관계 속에서 의지할 토대와 일맥상통한다고 강하게 암시했습니다.

따라서 나는 약속을 지키지 않는 남자와 결혼한 여인들에게 먼저 말하고, 그런 다음에 그 교훈을 우리 모두에게 넓혀 적용할 생각입니다.

"자기 남편에게 순종하라"

베드로가 1절에서 약속을 지키지 않는 남자와 결혼한 아내들에게 첫 번째로 권고한 말은 "남편에게 순종하라"는 것이었습니다. 그는 5절에서도 "전에 하나님께 소망을 두었던 거룩한 부녀들도 이와 같이 자기 남편에게 순종함으로 자기를 단장하였나니"라는 말로 이 권고를 되풀이했습니다.

현대 사회에서 비난을 받게 될까 봐 두려워 가장인 남편과 순종하는 아내의 상호보완적인 역할에 관한 성경의 가르침을 무시하거나 도외시하는 것은 매우 안타까운 일이 아닐 수 없습니다. 어떤 사람들은 이 원리를 1세기에 성행했던 기독교 문화의 잔재라고 생각하기도 하고, 또 어떤 사람들은 그것을 왜곡하고 남용하기도 합니다. 일전에 내가 사무실에서 만난 한 남자는 아내가 자신의 허락 없이 마음대로 방을 옮겨 다니지 않는 것을 순종의 의미로 생각한다고 말하기도 했습니다.

순종이 뜻하지 않는 여섯 가지

진리는 그 두 극단 사이에 놓여 있습니다. 오늘의 본문은 순종에 해당하는 것과 해당하지 않는 것을 이해하는 데 많은 도움을 줍니다. 순종에 해당하지 않는 것을 여섯 가지로 간추려 말하면 다음과 같습니다.

1. 남편에게 무조건적으로 동의하는 것

순종은 남편에게 무조건으로 동의하는 것을 의미하지 않습니다. 1절에서 아내는 그리스도인이고, 남편은 그리스도인이 아니라고 밝힙니다. 남편도 궁극적인 현실에 대해 나름대로의 생각을 가지고 있고, 그 점은 아내도 마찬가지입니다. 베드로는 세상에서 가장 중요한 것, 즉 하나님에 관한 남편의 견해에 동의하지 않는 상태에서 순종의 미덕을 발휘하라고 아내에게 권고했습니다. 순종은 남편이 생각하는 모든 견해를 무조건 받아들이는 것을 의미하지 않습니다.

2. 결혼하는 순간에 스스로의 생각이나 의지를 포기하는 것

순종은 결혼하는 순간에 자신의 생각이나 의지를 포기하는 것을 의미하지 않습니다. 스스로 생각하는 능력이나 의지가 없는 것이 순종은 아닙니다. 본문의 여인은 예수 그리스도의 복음을 들었습니다. 그녀는 그것에 대해 생각했고, 예수님의 진리 주장을 깊이 헤아렸으며, 그분과 그분의 사역이 지니는 가치와 아름다움을 이해했습니다. 그녀는 그리스도를 선택했습니다. 남편도 복음을 들었습니다. 만일 그렇지 않았으면 베드로가 "말씀을 순종하지 않는 자"라고 말하지 않았을 것입니다. 남편은 말씀을 듣고, 그것에 대해 생각했습니다. 그러나 그는 그리스도를 선택하지 않았습니다. 아내는 스스로 생각하고, 행동했습니다. 베드로는 그런 태도를 포기하지 말라고 권고했습니다.

3. 남편을 변화시키려는 노력을 기울이지 않는 것

순종은 남편을 변화시키려는 노력을 기울이지 않는 것을 의미하지 않습니다. 아내에게 남편을 구원으로 인도하는 법을 가르치는 것이 본문의 요점입니다. 1절은 "아내들아…자기 남편에게 순종하라 이는 혹 말씀을 순종하지 않은 자라도…구원을 받게 하려 함이니"라고 말씀합니다. 성경의 가르침을 고려하지 않으면, "순종은 남편이 자기 뜻대로 하도록 놔두고, 그를 변화시키려고 노력하지 않는 것을 의미해."라고 생각하기 쉽습니다. 그러나 성경의 가르침을 고려한다면 순종은 남편을 변화시키기 위한 일종의 전략임을 알 수 있습니다.

본문은 남편에게 가장 심원한 변화(영적으로 죽은 불신자의 상태에서 영적으로 살아난 신자의 상태로 변화하는 것)가 일어나도록 돕는 방법을 아내들에게 가르치는 데 그 목적이 있습니다. 순종은 "남편을 변화시키려는 노력을 모두 포기했어."라는 생각과는 거리가 멉니다. 순종이 의미하는 것은 잠시 뒤에 자세히 살펴볼 생각입니다.

4. 하나님의 뜻보다 남편의 뜻을 중시하는 것

순종은 그리스도의 뜻보다 남편의 뜻을 중시하는 것을 의미하지 않습니다. 본문은 아내들에게 남편을 따르는 것보다 그리스도를 먼저 따라야 한다고 분명하게 가르칩니다. 남편은 불신앙의 길을 걷고 있습니다. 아내는 그런 남편의 길을 따라가서는 안 됩니다. 왜냐하면 예수님의 제자로 부르심을 받았기 때문입니다. 남편은 물론, 정부나 고용주나 부모의 뜻을 따르는 것보다 예수님을 따르는 것이 먼저입니다. 사라가 아브라함을 "주"라고 부른 것은 존중의 의미가 담긴 경칭일 뿐입니다. 그녀가 남편에게 순종한 이유는 하나님께 순종해야 했기 때문입니다. 남편에 대한 그녀의 순종은 하나님에 대한 순종 아래서 이루어진 이차적인 순종이었습니다.

5. 남편으로부터 개인적이고, 영적인 힘을 얻고자 하는 것

순종은 남편으로부터 영적인 힘을 얻고자 하는 것을 의미하지 않습니다. 물론 훌륭한 남편은 아내를 굳세게 하고, 바르게 하고,, 덕스럽게 만듭니다. 남편은 아내에게 힘이 되어 주어야 합니다. 7절에 언급된 대로, 아내는 여러 면에서 남편보다 "더 연약한 그릇"입니다. 그러나 남편이 아내를 영적으로 양육하고, 잘 이끌지 못하는 상황일지라도 그리스도인 아내는 무기력하게 방치되지 않습니다. 순종은 아내가 믿음과 덕과 좋은 성품을 갖추기 위해 남편에게 의존하는 것을 의미하지 않습니다. 본문은 오히려 그와 반대되는 상황을 다룹니다. 본문은 아내에게 남편으로부터 믿음과 덕과 좋은 성품을 갖출 수 있는 힘을 얻으려고 하지 말고, 오히려 그를 위해 그런 힘을 제공하라고 당부합니다. 5절은 남편이 아닌 하나님께 소망을 두라고 가르칩니다.

6. 두려움 때문에 행동하는 것

마지막으로 순종은 두려움 때문에 행동하는 것을 의미하지 않습니다. 6절은 "아무 두려운 일에도 놀라지 아니하면 그의 딸이 된 것이니라"라고 말씀합니다. 순종은 두려움에 사로잡혀 억지로 하는 행위가 아닙니다. 순종은 자유로운 행위입니다. 그리스도인 아내는 자유로운 여성입니다. 남편이 신자든 불신자든, 아내의 순종은 두려움이 아닌 자유로움에서 비롯합니다.

순종이 의미하는 것

그러면 순종은 무엇을 의미할까요? 순종은 남편의 권위를 인정하고, 그의 리더십을 따르는 태도를 의미합니다. 순종은 "나는 남편이 우리 가정을 이끄는 것이 좋아. 남편이 모든 일을 책임 있게 사랑으로 이끄는 것이 좋아. 남편이 수동적이고, 내가 가정을 이끌어야 한다면 결과가 바람직하지 않을 거야."라고 생각하는 태도를 가리킵니다. 아울러 그리스도인 아내의 순종은 "남편이 죄를 짓고, 내가 함께 동참하기를 원하는 것은 옳지 못해. 나는 그런 일을 할 수 없어. 남편의 뜻을 거스르고 싶은 마음은 없지만, 남편의 뜻에 즐겁고, 창의적인 태도로 대응하는 것이 바람직해. 남편을 따라서 같이 죄를 지을 수는 없어. 결혼 관계에서 남편의 리더십을 존중해야 하지만 나의 왕은 그리스도야."라고 생각하는 것을 의미합니다.

모든 관계를 위한 토대

이 모든 가르침이 우리 모두에게 관련이 있는 이유는 베드로가 아내들에게 불신자들과의 관계를 비롯한 우리의 모든 관계에 적용할 수 있고, 또 적용해야 하는 원리적 토대를 제시하고 있기 때문입니다. 그것을 간단하게 설명하면 다음과 같습니다.

1. 능력의 원천이신 하나님

우리나 아내인 여성들에게 힘을 주는 원천은 우리 자신이나 우리의 가정이 아닌 하나님이십니다. 5절은 "전에 하나님께 소망을 두었던 거룩한 부녀들도 이와 같이 자기 남편에게 순종함으로 자기를 단장하였나니"라고 말씀합니다.

관계가 어려운 상황에서도 형통할 수 있는 비결은 관계 안에서만 해결책을 찾으려고 하지 않고, 하나님으로부터 힘을 얻는 것입니다. 스스로가 원하는 사랑과 안전함과 기쁨을 하나님께 구하십시오. 그러면 신자나 불신자를 막론하고 삶 속에서 마주하는 모든 사람과의 관계를 잘 이끌 수 있는 힘을 얻을 수 있을 것입니다.

2. 온유하고, 차분하고, 두려움이 없는 사람이 되는 것

하나님께 소망을 두면, 우리의 내면이 변화되어 온유하고, 차분하고, 두려움이 없는 사람이 될 수 있습니다. 나는 지금 남자와 여자 모두에게 말합니다. 물론 남자와 여자는 서로 다른 독특성을 갖기 때문에 이 원리가 구체화되는 형태나 표현 방식도 서로 달라서 상호보완적인 역할을 하기 마련입니다. 그러나 스스로나 다른 사람, 또는 상황이 아닌 하나님께 소망을 둔다면 이 원리는 남녀 모두에게 똑같이 적용될 수 있습니다. 3절과 4절은 그 방법을 잘 보여줍니다. "너희의 단장은 머리를 꾸미고 금을 차고 아름다운 옷을 입는 외모로 하지 말고"

하나님께 소망을 두면 화장이나 머리 모양이나 장신구나 옷과 같은 외형적인 것에 집착하지 않고, 깊이 있고, 차분하고, 강하고, 침착하고, 온유하고, 두려움이 없는 사람이 될 수 있습니다. 즉 용기 있는 여자,

용기 있는 남자가 될 수 있습니다. 사람이 아닌 하나님께 소망을 두면 그런 변화가 일어납니다.

3. 매력 있는 태도

하나님께 소망을 둔 덕분에 깊이 있고, 차분하고, 강하고, 온유하고, 두려움이 없는 사람이 되어 내면의 성품이 변한 사람은 겉으로 순수하고, 공손하고, 겸손하고, 남을 섬기는 태도를 드러내 사람들의 눈길을 끌기 마련입니다.

이것이 베드로가 1절과 2절에서 가르치고자 했던 요점입니다. 그는 믿지 않는 남편이 믿음을 갖게 되기를 원했습니다. 그는 그가 구원을 받아 아내와 더불어 "은혜를 함께 이어 받을 자"가 되기를 원했습니다 (7절). 그는 "말로 말미암지 않고 그 아내의 행실로 말미암아 구원을 받게 하려 함이니 너희의 두려워하며 정결한 행실을 봄이라"라는 말씀을 통해 그런 변화를 일으킬 수 있는 방법을 일러주었습니다. "마음의 숨은 사람"(4절)이 그런 식으로 겉으로 드러납니다. 하나님께 소망을 둠으로써 내면이 변화하면 순수하고, 공손하고, 매력 있는 행위와 태도가 이루어지기 마련입니다.

하나님의 거룩한 부녀들처럼 되라

우리 가운데는 약속을 지키지 않는 남자들과 결혼한 여성들이 있습니다. 우리 모두도 약속을 지키지 않는 사람들을 알고 있고, 또 그들과 이런저런 관계를 맺고 있습니다. 주님을 위해, 또 그들의 영원한 기쁨을 위해 그들을 구원으로 인도하고픈 열망과 책임감이 갈수록 커지고 있습니다.

나는 이 목적을 이루려면 과거의 거룩한 부녀들처럼 남편이나 아내, 자녀나 직업, 보험이나 투자, 또는 정부가 아니라 하나님께 소망을 두어야 한다고 말하고 싶습니다.

하나님 안에 안전하게 거하면 깊이와 차분함과 안정감과 고요함과 힘과 용기를 갖춘, 결코 쇠하지 않을 속사람이 형성됩니다. 베드로는 하나님이 그런 사람을 귀하게 여기신다고 가르칩니다. 거룩하고, 용기 있고, 하나님중심적인 사람들이 되시기를 기도합니다.

약속을 지키지 않는 사람들을 그리스도와 그분의 나라로 인도하려면 속사람이 변화되어 순수하고, 공손하고, 남을 섬기는 종과 같은 태도를 보여주어야 합니다.

22장

너희 기도가 막히지 않게 하기 위해

베드로전서 3장 7절

"남편들이 이와 같이 지식을 따라 너희 아내와 동거하고 그를 더 연약한 그릇이요 또 생명의 은혜를 함께 이어받을 자로 알아 귀히 여기라 이는 너희 기도가 막히지 아니하게 하려 함이라."

기도에 관한 베드로의 조언

지난해 9월부터 우리가 살펴보고 있는 베드로전서에서 베드로는 기도를 세 차례 언급했습니다. 그 세 차례의 언급에서 주목할 만한 사실은 서로 공통점이 있다는 것입니다.

첫 번째 언급

첫째, 베드로는 남편과 아내의 관계에 근거해 남편들에게 기도에 관해 조언했습니다(3:7).

"남편들이 이와 같이 지식을 따라 너희 아내와 동거하고 그를 더 연약한 그 릇이요 또 생명의 은혜를 함께 이어받을 자로 알아 귀히 여기라 이는 너희 기도가 막히지 아니하게 하려 함이라."

두 번째 언급

둘째, 베드로는 다음 단락에서 모든 신자에게 형제를 사랑하고, 불쌍히 여기며, 겸손한 태도를 지니고(8절), 악을 악으로 갚지 말고 도리어 복을 빌라(9절)고 당부했습니다. 그러고 나서 10-12절에서 시편 34편을 인용해 다음과 같이 권고했습니다.

"그리므로 생명을 사랑하고 좋은 닐 보기를 원하는 자는 혀를 금하여 악한 말을 그치며 그 입술로 거짓을 말하지 말고… 주의 눈은 의인을 향하시고 그의 귀는 의인의 간구에 기울이시되…"

세 번째 언급

셋째, 베드로는 베드로전서 4장 7절에서 이렇게 말합니다.

"만물의 마지막이 가까이 왔으니 그러므로 너희는 정신을 차리고 근신하여 기도하라."

공통점은 무엇인가

기도를 언급한 이 세 곳의 성경 본문에서 특별히 눈에 띄는 공통점은 무엇일까요? 그것은 올바로 사는 것이 기도를 도와준다는 점입니다. 기도가 올바른 삶을 살도록 돕기 위해 하나님이 정해주신 수단 가운데 하나인 것은 분명합니다(골 1:9, 10). 그러나 베드로가 이 세 곳의 본문을 통해 말하려는 요점은, 기도를 방해하는 삶의 방식이 있고, 기도를 돕는 삶의 방식이 있다는 것입니다.

이 공통점을 염두에 두고 "베드로는 삶이 기도를 어떻게 돕는다고 말하는가?"라는 질문을 생각해 보겠습니다.

남편이 아내와 함께 살아가야 할 방식

먼저, 3장 7절은 남편들에게 아내와 함께 살면서 기도가 막히지 않게 할 수 있는 방식, 곧 아내와 함께 살면서 남편이 더욱 자유롭게 기도할 수 있는 방식이 있다고 가르칩니다.

남편은 아내가 여자이기 때문에 더 연약한 그릇으로 알아 이해심 있게 대해야 할 뿐 아니라 아내를 생명의 유업을 함께 이어받을 자로 알아 귀하게 여겨야만 기도가 막히지 않을 수 있습니다.

기도가 방해받지 않고, 오히려 더 원활하게 이루어지기를 원한다면, 아내와 올바른 관계를 맺어야 합니다. 무엇보다 아내를 깊이 이해해 그녀의 필요가 무엇인지 파악하려는 노력이 필요합니다. 아내의 연약함을 특별히 염려해 주고, 그녀가 남편에게서 무엇을 원하는지 알아야 합니다. 아내를 무시하거나 천시하지 말고, 생명의 유업을 함께 이어받을 자로 알아 귀히 여겨야 합니다. 남편이 아내를 이해하고, 친절히 대하고, 귀하게 여긴다면, 기도가 막히지 않을 것입니다. 그러나 그렇게 살지 않으면 기도가 막히게 될 것입니다.

한 훌륭한 주석은 이 본문에 대해 다음과 같이 주해했습니다.

아내와 어떠한 관계를 맺으며 사느냐에 따라 우리의 기도가 방해받아 영적 영향력이 축소될 수도 있고, 반대로 기도가 자유로워져 영적 영향력이 한층 더 증대될 수도 있습니다.

모든 신자가 살아가야 할 방식

둘째, 베드로는 8, 9절에서 단지 남편들만이 아니라 신자들 모두를 향해 서로 동정하며, 형제를 사랑하며, 불쌍히 여기며, 겸손하며, 악을 악으로 갚지 말고, 우리에게 불친절한 사람들을 오히려 축복하라고 당부했습니다. 그러고 나서 그는 우리가 그렇게 살아야 할 이유를 설명했습니다. 그는 시편 34편을 인용하고 나서 3장 12절에서 3장 7절과 비숫한 논조로 그렇게 살지 않는다면 기도가 막히게 될 것이라는 의미가 담겨 있는 결론을 제시했습니다.

하나님은 평화를 추구하고, 입이 깨끗하고, 거짓을 말하지 않는 사람들의 기도에 특별히 관심을 기울이십니다. 12절은 "주의 눈은 의인을 향하시고 그의 귀는 의인의 간구에 기울이시되 주의 얼굴은 악행하는 자들을 대하시느니라"라고 말씀합니다.

하나님은 악한 말을 하지 않고, 거짓을 삼가고, 화평을 추구하고, 의를 행하는 사람들의 기도에 귀를 기울이십니다. 베드로는 우리의 기도가 막히지 않는 방법을 가르치고 있습니다. 이것은 예수님이 주기도를 통해 가르치신 것과 일맥상통합니다. 그분은 "우리가 우리에게 죄 지은 자를 사하여 준 것 같이 우리 죄를 사하여 주시옵고"(마 6:12)라고 가르치셨습니다. 회개한 사람을 용서하지 않으면 기도가 막히게 됩니다. 이것이 베드로가 말하려는 요점입니다. 우리의 기도를 돕는 삶의 방식이 있고, 우리의 기도를 방해하는 삶의 방식이 있습니다.

우리가 기울여야 할 특별한 노력

베드로는 4장 7절에서 우리의 기도가 막히지 않고 더 원활하게 이루어지게 하려면 특별한 노력을 기울여야 할 필요가 있다고 말했습니다.

"만물의 마지막이 가까이 왔으니 그러므로 너희는 정신을 차리고 근신하여 기도하라."

두 가지입니다. 첫째는 기도를 위해 정신을 차려야 하고, 둘째는 기도를 위해 근신해야 합니다. 다시 말해 기도를 방해하는 생각과 삶의 방식이 있고, 기도를 돕는 생각과 삶의 방식이 있습니다.

이런 성경 본문들이 가르치는 진리

이런 성경 본문들을 통해 분명하게 알 수 있는 성경의 진리가 있습니다. 그것은 그리스도인들이 기도가 막히지 않게 하는 삶을 살려고 노력해야 한다는 것입니다. 이 말에는 세 가지 의미가 함축되어 있습니다.

첫째, 기도는 막힐 수 있습니다. 기노 생활은 방해받을 수 있습니다.

둘째, 우리의 삶, 곧 우리가 살아가는 방식이 기도를 방해하는 요인이 될 때가 많습니다. 아내나 남편과의 관계, 자녀와 부모와의 관계, 동료나 이웃과의 관계가 우리의 기도에 영향을 미칩니다.

셋째, 하나님을 향해 기도가 원활하게 이루어지려면 의식적인 노력이 필요합니다. 베드로는 이 성경 본문들을 통해 우리의 기도가 막히지 않도록 하기 위해 결심해야 할 일이 있다고 가르칩니다.

자유롭고, 참되고, 만족스러운 기도생활은 저절로 이루어지지 않습니다. 그것은 소극적인 태도로는 불가능합니다. 만일 그런 일이 저절로 이루어진다면 이 세 곳의 성경 본문은 아무 의미가 없을 것입니다. 올 한해, 우리의 기도생활은 하나님의 은혜 가운데서(고전 15:10) 가정이나 일터, 또는 혼자 있는 시간에 어떻게 사느냐에 달려 있습니다.

이 성경 본문들에서 발견되는 진리를 다르게 고쳐 표현하면, "우리가 마땅히 해야 할 일을 하면 기도가 막히지 않을 것이다."라고 말할 수 있습니다. 이 설교를 듣는 지금, 올해는 소극적인 태도가 아닌 능동적인 태도로 기도에 힘씀으로써 기도생활을 성공적으로 이끌겠다고 굳게 결심하기 바랍니다.

이것이 왜 중요한가

그런 결심을 더욱 독려하기 위해 질문을 하나 던진다면, "기도생활이 방해받지 않는 것이 왜 그토록 중요할까요?"라고 묻고 싶습니다. 이 질문에 대해서는 여러 가지로 대답할 수 있는데, 모두 매우 중요한 의미를 지닙니다. 우리의 작은 삶과 천국의 위대함을 연결시켜 줄 대답은 다음 주에 다루기로 하고, 오늘은 나의 경험과 관련된 대답을 한 가지 살펴보겠습니다.

기도가 방해받기를 원하지 않는 이유는 그것이 곧 하나님과의 교통 두절을 의미하기 때문입니다. 그럴 경우에는 하나님이 비현실인 것처럼 멀게 느껴지기 시작합니다.

하나님과 평화롭게 인격적인 교제를 나누는 것이 무엇인지 알지 못하는 불신자들에게는 그런 상태가 별로 낯설지 않습니다. 성령께서 그들의 삶 속에서 역사하지 않으시기에, 그들은 죽은 사람처럼 무감각할 뿐입니다. 그러나 하나님을 알고 사랑할 뿐 아니라 하나님과의 올바른 관계를 통해 화평한 교제의 은혜로움을 맛본 사람들에게는 그분이 더 이상 존재하지 않으시는 것처럼 느껴지는 것보다 더 두려운 것은 없습니다.

- 아침에 잠자리에서 일어나거나 밤에 잠자리에 누워 천정을 응시하며 "하나님은 듣지 않으셔."라고 생각합니다.
- 생각이 흐트러져 하나님은커녕 그 무엇에도 충분히 오랫동안 집중할 수가 없습니다. 마음이 불안스럽게 요동치며, 안정감이 사라집니다.
- 기도를 하려고 애써도 진심이 우러나지 않습니다. 세상의 것과 속된 감정과 욕망이 생각을 가득 채우고 있기에 기도로 하나님과 은혜롭고, 평화롭고, 확신 있는 교제를 나누는 것이 불가능하게 느껴집니다.

하나님과 화평을 누리며 그분과 자유롭게 교제를 나눈 경험이 있는 그리스도인에게 그런 느낌은 참으로 끔찍한 경험이 아닐 수 없습니다. 베드로는 우리가 그런 상태에 빠지지 않기를 원합니다. 나도 다른 사람들에게 그런 일이 없기를 바라고, 또 나 자신도 그렇게 되지 않기를 기도합니다.

베드로의 가르침을 진지하게 받아들이라

베드로는 기도를 방해하지 않을 삶의 방식을 추구하라고 권고합니다 (물론 그런 노력은 하나님께 무엇인가 대가를 요구할 수 있는 공로가 아니라 사랑으로 우리를 치유하는 선한 의원이신 주님을 따르려는 시도일 뿐입니다). 이제 "기도 주간"이 시작될 텐데 우리 모두 베드로의 가르침을 진지하게 받아들여 기도가 막히지 않고 자유롭게 이루어질 수 있도록 최선을 다하기로 굳게 결심합시다.

- 가정에서 변화가 필요한 것이 있을 수 있습니다. 가정에서 막힌 기도와 능력의 물줄기를 다시 터놓는 것보다 더 중요한 일은 없습니다.
- 좀 더 넓은 관계 속에서 원망이나 거짓이 없게 하기 위해 변화가 필요한 것이 있을 수 있습니다.
- 또 단순히 기도의 습관을 바꾸어야 할 필요성을 깨닫는 것이 필요할 수도 있습니다. "너희는 정신을 차리고 근신하여 기도하라"(4:7)는 베드로는 말은 삶 속에서 기도가 막히지 않게 하기 위해 생각과 정신을 새롭게 훈련해야 할 필요성을 암시합니다.

하나님은 오늘 아침에 우리가 특별히 이 메시지에 귀를 기울이기를 원하십니다. 다가오는 "기도 주간"을 삶 속에서 기도를 가로막는 요인을 찾아내고, 새로운 정신으로 기도에 임할 수 있는 주간으로 만듭시다. 모두 건전한 생각과 맑은 정신을 유지합시다.

예수님은 술 취한 신부에게 입 맞추지 않으신다

예수님은 술 취한 신부에게 입 맞추지 않으십니다. 그분은 신부를 길거리에서 다시 침실로 데려오시고, 무한한 인내로 대하시며, 그녀에게 새로운 출발을 제안하실 수는 있어도 술 취한 신부에게 입을 맞추지는 않으십니다.

이 말이 무슨 뜻일까요? 기도는 주님과의 짧은 입맞춤을 나누는 시간과도 같습니다. 그러나 그 시간에 그리스도의 신부인 교회가 세상에 취한 상태로 입에서 세상의 온갖 악취를 풍긴다면, 주님은 고개를 돌려 외면하실 것이 틀림없습니다.

저절로 근신하는 사람은 아무도 없다

베드로는 "근신하여 기도하라"고 말합니다. 그러나 아무런 노력 없이 근신할 수 있는 사람이 과연 있을 수 있겠습니까? 저절로 근신하는 사람은 아무도 없습니다. 물리적인 근신이나 영적 근신이나 모두 마찬가지입니다. 정신을 차려 자신의 삶을 옳게 판단해야만 근신할 수 있습니다. 내가 시간을 어떻게 사용하고 있는지, 가정의 영적 분위기가 어떠한지, 여가 시간을 속되게 보내고 있지는 않은지, 무슨 음악을 듣고 있는지, 어떤 영화를 관람하는지, 어떤 TV 프로그램을 보고 있는지를 맑은 정신으로 옳게 판단해야 할 필요가 있습니다.

의도적인 노력을 기울여 세속주의라는 술병을 선반과 찬장과 집안에서 모두 제거하지 않는 한, 저절로 근신하는 태도를 취하기는 불가능합니다. 그런 노력이 있어야만 영적인 숨결이 깨끗해져 기도의 입맞춤이 달콤하게 이루어질 수 있습니다.

우리 모두 서로를 도와 그런 목적을 이룰 수 있게 하자

그런 목적을 이룰 수 있도록 서로를 도울 수 있는 방법은 매우 다양합니다. 우리 교인들 가운데 최근에 하나님의 도우심으로 많은 것을 깨달은 사람들이 적지 않습니다. 그들 가운데 몇 사람이 내게 자신의 이야기를 들려주었습니다. 오늘 저녁에 우리가 서로를 가르치고, 권고하고, 독려하며, 필요하다면 책망도 할 수 있기를 바랍니다. 오늘 저녁에 모두 모여 기도하는 동안, 하나님이 우리가 서로에게 어떤 말을 하기를 원하시는지를 생각할 시간을 가졌으면 좋겠습니다. 모두 서로의 문제와 고민을 솔직하게 나누기를 바랍니다. 우리 각자가 어떤 영적 싸움을 하고 있는지를 알아야 할 필요가 있습니다.

나도 기도가 막히지 않도록 도와줄 유익한 방법을 몇 가지 제안하길 원합니다. 아울러 나는 우리 교인들이 오늘 밤에 제안할 방법들이 앞으로 하나님이 가장 즐겨 사용하시는 수단이 될 수 있기를 기대합니다. 모두 와서 연약하면 연약한 대로, 강하면 강한 대로 기탄없이 말하십시오. 아마도 하나님이 우리를 감동시켜 나누게 하시는 말을 누군가는 꼭 필요로 할 것이 틀림없습니다.

23장

동료 신자들을 복되게 하라는 부르심

베드로전서 3장 8-12절

"마지막으로 말하노니 너희가 다 마음을 같이 하여 동정하며 형제를 사랑하며 불쌍히 여기며 겸손하며 악을 악으로, 욕을 욕으로 갚지 말고 도리어 복을 빌라 이를 위하여 너희가 부르심을 받았으니 이는 복을 이어받게 하려 하심이라 그러므로 생명을 사랑하고 좋은 날 보기를 원하는 자는 혀를 금하여 악한 말을 그치며 그 입술로 거짓을 말하지 말고 악에서 떠나 선을 행하고 화평을 구하며 그것을 따르라 주의 눈은 의인을 향하시고 그의 귀는 의인의 간구에 기울이시되 주의 얼굴은 악행하는 자들을 대하시느니라 하였느니라"

베드로는 2장 13절 이후부터 소아시아 교회에 속한 여러 종류의 신자들을 격려하고, 가르치고, 인도하는 말씀을 전했습니다. 그는 2장 13-17절에서는 시민으로 살아가는 신자들에게 권위자들을 대하는 방법을 가르쳤고, 2장 18-25절에서는 종으로 일하는 신자들에게 주인을 대하는 방법을 가르쳤으며, 3장 1-6절에서는 불신자 남편과 결혼한 그리스도인 아내들에게 남편을 구원으로 인도하는 방법을 가르쳤습니다. 3장 7절에서는 그리스도인 남편들에게 아내를 배려하며, 지혜롭게 동거하라고 당부했습니다.

모든 신자들을 위한 베드로의 가르침

베드로는 오늘의 본문에서는 모든 신자들을 대상으로 가르침을 베풀었습니다. 그는 8절에서 "너희가 다 마음을 같이 하여"라고 말했습니다. "다"는 신자들 모두를 가리킵니다. 모든 신자가 함께 어울려 살아가야 합니다. 본문은 정부 당국자나 주인, 믿지 않는 남편이나 아내를 대하는 방법이 아닌 그리스도인으로 함께 살아가며 서로를 대하는 방법에 초점을 맞춥니다.

이것은 이번 주일에 우리가 강조하려는 주제와 일치합니다. 우리는 베들레헴 교회의 교인들이 소그룹에 참여해 함께 삶을 나누기를 원합니다. 소그룹은 교회의 일원으로서 서로를 섬기는 중요한 사역을 행하는 장소입니다. 본문은 건강한 소그룹 안에서 일어나는 일들을 함축적으로 묘사합니다.

새 사람이 되라 : 다섯 가지 특징

그리스도인으로서 함께 살아가는 관계에 대해 베드로는 가장 먼저 무엇을 언급했을까요? 그는 새 사람이 되어야 한다고 말했습니다. 단지 이런저런 행위를 하는 것이 아니라 새 사람이 되는 것이 중요합니다.

그것은 우리 자신의 힘으로는 할 수 없는 일입니다. 새 사람이 되는 것은 인간의 본성을 거스릅니다. 따라서 "거듭남"(벧전 1:3 참조)으로 일컬어지는 하나님의 은혜로운 사역이 없으면 불가능합니다.

베드로가 요구한 새 사람의 다섯 가지 특징을 간단히 살펴보면 다음과 같습니다. 8절에 주목하십시오.

베드로는 먼저 "다 마음을 같이하라"고 말했습니다. 취향이나 은사나 습관이 반드시 같아야 할 필요는 없지만 삶의 본질적인 요소들, 곧 하나님과 구원과 올바른 성품에 관한 생각과 관점은 같아야 합니다. 한 마디로 사고 성향이 동일해야 합니다.

두 번째는 "공감해야" 합니다. 다른 사람들이 느끼는 감정에 공감하면서 그들의 필요에 민감하게 대응해야 합니다. 참된 동정심을 지닌 사람들은 "그 심정 이해합니다."라는 식으로 말하지 않습니다. 그들은 이미 상대방의 심정을 그대로 느끼기 때문에 그런 식의 말이 그리 큰 도움이 못 된다는 것을 알고 있습니다. 참된 동정심이란 조용히 곁에서 시간을 함께 보내주는 것을 의미합니다.

세 번째는 "형제를 사랑해야" 합니다. 즉 서로를 낯선 사람이나 단순한 지인이나 먼 친척처럼 대하지 않고, 친밀한 가족처럼 대해야 합니다. 가족은 심하게 다투기도 하고, 거친 말을 주고받을 때도 있지만 그렇다고 해서 서로 등을 돌리는 경우는 거의 없습니다.

네 번째는 "불쌍히 여겨야" 합니다. 이 말은 문자대로 옮기면 "내장," 또는 "뱃속"을 뜻합니다. 이 말은 외적 행위가 아닌 속마음을 가리킵니다. 이 헬라어는 "뱃속 깊은 곳에 관대한 마음을 품으라"는 의미로 적절하게 번역할 수 있습니다. 마음 깊은 곳에서부터 서로를 불

쌓히 여기십시오. 이것은 겉으로는 친절한 척하고, 속으로는 악의를 품는 위선과 정면으로 배치됩니다.

다섯 번째는 "겸손해야" 합니다. 이 말은 단지 종처럼 행동하라는 의미가 아닙니다. 이 말은 진정성을 가지고 진심으로 스스로를 낮추어야 한다는 뜻입니다. 우리의 생명과 호흡과 지성과 감정과 믿음과 안전과 감각의 사용이 정상적으로 유지되려면 하나님을 온전히 의지해야 합니다. 우리 스스로는 상처받기 쉽고, 깨지기 쉽습니다. 하나님의 은혜가 없으면 우리는 아무런 자격이나 가치가 없는 부패한 죄인일 뿐입니다. 하나님의 은혜로 우리가 사랑받는 존재라는 사실을 깨달으면, 고집스럽게 우리 자신을 주장하는 것에서 자유로울 수 있습니다.

이 다섯 가지 특징은 우리의 외적 행위가 아닌 내적 현실을 묘사합니다. 동일한 사고 성향, 공감, 가족처럼 친밀한 사랑, 내면에서 우러나는 연민의 마음, 겸손한 태도는 자연인의 본성과는 거리가 멉니다. 베드로가 우리에게 요구하는 것은 하나님의 긍휼로 인한 거듭남의 기적 (1:3) 없이는 불가능합니다.

하나님을 의지하라

"그러나 베드로여, 나는 그런 사람이 아닙니다. 당신은 지금 내가 아닌 나른 사람이 되라고 요구하고 있어요."라고 말할 사람이 있을지도 모릅니다.

그 말에 베드로는 이렇게 대답합니다. "만일 당신이 거듭났다면, 하나님의 성령께서 당신 안에 거한다면, 당신이 하나님의 자녀로 입양되었다면, 그리스도께서 당신의 보배이시고, 하나님이 당신의 소망이시라면, 이 모든 특징이 당신 안에 씨앗처럼 심어져 있기 때문에 하나님의 은혜를 계속 의지한다면 결국 활짝 피어나게 될 것이오.”

이사야서 26장 3, 4절은 “주께서 심지가 견고한 자를 평강하고 평강하도록 지키시리니 이는 그가 주를 신뢰함이니이다”라고 말씀합니다.

하나님이 우리의 모든 필요(육체적, 도덕적, 영적 필요)를 채워주시는 영원한 반석과 같은 존재라고 믿고 그분을 계속 의지하면 성령께서 자연인으로서는 불가능한 그런 놀라운 특징을 갖출 수 있도록 도와주실 것입니다.

베드로전서 1장 3절이 가르치는 대로, 하나님의 긍휼로 거듭난 사람은 “산 소망”을 소유합니다. 그런 사람은 영원한 반석이신 하나님이 앞으로 허락하실 은혜를 끝까지 의지합니다.

따라서 우리의 목표가 오직 하나님만이 이루실 수 있는 일이라고 해도 우리 안에서 이루어지는 그분의 지속적인 사역과 관련해 우리가 스스로 할 수 있는 일이나 소그룹 안에서 서로를 위해 할 수 있는 일이 아무것도 없다고 생각해서는 안 됩니다.

악을 악으로 갚지 말고 도리어 복을 빌라

9절은 그런 일이 어떻게 일어날 수 있는지, 곧 우리가 소그룹에서 서로를 어떻게 도울 수 있는지를 깨우쳐 줍니다. 8절에 언급된 내적 변화(같은 마음, 동정, 형제 사랑, 불쌍히 여김, 겸손)로부터 “악을 악으로, 욕을 욕으로 갚지 말고 도리어 복을 빌라 이를 위하여 너희가 부르심을 받았으니 이는 복을 이어받게 하려 하심이라”라는 말씀이 묘사하는 특정한 행동 양식이 나타납니다.

9절을 주의 깊게 살펴보십시오. 이 구절을 우리 자신과 소그룹에 적용하기 전에 먼저 생각해야 할 중요한 질문이 있습니다. 9절의 “부르심”은 우리를 욕하는 자들을 축복하는 것을 의미할까요? 그것이 우리가 부르심을 받은 이유일까요? 아니면 우리가 축복을 기업으로 받는 것을 의미할까요? 문법적으로는 둘 다 가능합니다. 어느 쪽을 선택할 것인지를 결정하기 위해 이 구절을 약간 다르게 고쳐 생각해 보겠습니다.

이 구절은 “너희를 욕하는 자들을 축복하라. 너희는 그렇게 살도록 부르심을 받았기 때문이다. 그 부르심대로 행하면 복을 이어받을 것이다.”라고 의미일까요, 아니면 “너희를 욕하는 자들을 축복하라. 너희는 복을 이어받기 위해 부르심을 받았기 때문이다.”라는 의미일까요? “부르심”은 전자(다른 사람들을 축복하는 것)일까요, 후자(복을 이어받는 것)일까요?

이것이 중요한 이유는 무엇일까요? 두 경우 모두 축복해야 하고, 또 축복을 기업으로 받는다고 말하는데 대체 무슨 차이가 있는 것일까요? 그 차이는 다른 사람들을 축복하는 것과 복을 이어받을 약속 사이의 관계에 있습니다. 이 점은 매우 중요합니다.

만일 우리의 소명이 다른 사람들을 축복하는 것이라면 9절은 미래의 축복을 얻기 위한 소선을 충족시켜야 한다는 뜻으로 이해할 수 있습니다. 다시 말해, 우리가 받을 미래의 축복이 다른 사람들을 축복하는 것에 달려 있다는 의미, 곧 “복을 기업으로 받으려면 다른 사람들을 축복하라는 부르심을 이행해야 한다.”는 의미가 됩니다. 그러나 복을 기업으로 받는 것이 우리의 소명이라면 9절은 그런 의미로 이해하기 어렵습니다. 그 경우에는 조건을 명시한 것이 아니라 "다른 사람들을 축복하라. 너희는 복을 기업으로 받기 위해 부르심을 받았기 때문이다."라는 의미가 됩니다.

우리는 우리를 욕하는 사람들을 축복하기 위해 부르심을 받았다

나는 9절의 "부르심"이 우리를 욕하는 사람들을 축복하는 것을 가리킨다고 생각합니다. 우리는 그렇게 살도록 부르심을 받았습니다. 내가 그렇게 생각하는 이유는 3장 9절이 2장 20-21절과 매우 흡사하기 때문입니다. 2상 20절은 선을 행하다가 고난을 받고 참으면 하나님 앞에 아름답다고 가르칩니다. 3장 9절이 가르치는 대로, 악을 악으로 갚지 않거나 욕을 욕으로 갚지 않는 것은 선합니다.

왜 그럴까요? 2장 21절은 "이를 위하여 너희가 부르심을 받았으니 그리스도도 너희를 위하여 고난을 받으사"라고 그 이유를 설명합니다. 여기서도 "부르심"이라는 용어가 사용되었습니다. 따라서 3장 9절은 "우리를 욕하는 사람들을 축복하기 위해 악을 악으로 갚지 말고 인내로 참는 것이 우리의 소명이다."라는 의미로 이해할 수 있습니다.

우리가 세상에서 이루어야 할 소명이 무엇인지 알고 싶다면, 베드로전서의 두 본문, 곧 2장 21절과 3장 9절에서 그 대답을 발견할 수 있습니다. 우리의 소명은 부당한 고난을 참고 견디며, 우리에게 악을 행하고 우리를 비방하는 사람들을 축복하는 것입니다. 이것이 우리의 소명이자 소그룹의 목적입니다. 소그룹의 목적은 그렇게 살다가 죽으신 그리스도의 영광을 위해 우리도 그렇게 살자고 서로를 돕는 데 있습니다.

축복을 기업으로 받기 위한 조건

그러면 이번에는 9절 후반부가 전반부와 어떻게 연결되어 있는지를 살펴보기로 합시다. 베드로는 "너희는 (다른 사람들을 축복하기 위해) 부르심을 받았으니"라고 말하고 나서 "이는 복을 이어받게 하려 하심이라"라고 덧붙였습니다. 이 말은 다른 사람들을 축복하는 것이 내세의 복을 기업으로 받기 위해 충족되어야 할 조건 가운데 하나라는 의미를 지닙니다. 예수님의 팔복도 동일한 의미를 지닙니다. "긍휼히 여기는 자는 복이 있나니 그들이 긍휼이 여김을 받을 것임이요." 다른 사람들에게 긍휼을 베푸는 것이 마지막 날에 하나님의 긍휼을 받을 수 있는 조건입니다.

물론 이는 행위의 공로로 내세의 복을 얻을 수 있다는 의미와는 아무 상관없습니다. 우리를 욕하는 자들을 축복하는 것이 하나님의 복을 받는 공로가 될 수는 없습니다. 베드로는 1장 13절에서 예수님이 나타나실 때 우리에게 주어질 축복이 행위에 대한 보상이 아닌 값없이 주어지는 은혜의 선물이라고 말했습니다. 그는 1장 5절에서도 "너희는 말세에 나타내기로 예비하신 구원을 얻기 위하여 (행위가 아닌) 믿음으로 말미암아 하나님의 능력으로 보호하심을 받았느니라"라고 말했습니다.

축복은 공로를 세워 얻는 것이 아니라 기업으로 물려받습니다. 그것은 공로가 아닌 은혜의 선물입니다.

거듭남의 증거

그러나 오직 하나님께로부터 난 자들만이 은혜의 선물인 복을 기업으로 물려받을 수 있습니다(이 점을 오해하는 사람들이 많습니다). 하나님으로부터 났다는 것을 입증하는 증거는 내세의 복을 바라는 산 소망입니다. 거듭남의 증거는 미래의 은혜를 믿는 믿음입니다. 이 믿음의 본질은 복의 약속을 우리의 보배로 여겨 거기에 소망을 두고, 그 안에서 만족을 구하는 것입니다.

우리가 소중히 여기는 약속된 미래를 미리 맛보는 것은 우리의 삶속에서 그런 변화가 일어나고 있다는 증거입니다. 하나님이 약속하신 미래를 다른 무엇보다 소중히 여긴다면 삶 속에서 미래의 은혜를 미리 맛볼 수 있습니다. 우리가 악을 악으로 갚지 않는 이유는 하나님이 우리에게 악을 악으로 갚지 않으실 것이라는 사실이 우리의 가장 큰 소망이기 때문입니다. 우리가 우리를 욕하는 자들을 축복하는 이유는 우리가 보배처럼 여겨 소망을 두고, 만족을 구하는 미래의 축복이 순전히 은혜로 주어지는 축복이기 때문입니다. 우리의 삶 속에서 우리가 소중히 여기는 미래를 미리 맛보는 것이 우리가 하나님으로부터 나서 미래의 축복을 기업으로 물려받을 것이라는 증거입니다.

따라서 우리를 욕하는 자들을 축복하는 것이 우리의 거룩한 소명이고, 그 소명이 미래의 복을 기업으로 받는 조건이라는 베드로의 말은 행위의 공로로 미래의 복을 얻는다는 의미와는 아무런 상관이 없습

니다. 그가 말하려는 것은 우리가 거듭나야 하고, 또 그 복을 진정으로
믿고, 소망해야만 그 은혜로운 복이 미래에서 현재로 침투해 들어와
우리의 삶 속에 나타난다는 것입니다.

소그룹의 가장 중요한 기능

베들레헴 교회에서 이루어지는 소그룹의 가장 중요한 기능은 미래의
은혜를 온전히 확신하는 믿음을 유지하도록 서로를 돕는 것입니다. 우
리는 매주 서로에게 잘못된 소망과 거짓된 보배를 버리라고 권고해야
합니다. 우리는 날마다 예수님과 그분의 미래가 지극히 탁월한 가치를
지니고 있다는 것을 의식하면서 그분을 우리의 보배로 받아들이고, 그
분이 원하시는 백성이 되려고 노력하고, 수많은 사람들에게 축복을 가
져다주는 삶을 살라고 서로를 격려해야 합니다.

24장

그리스도께 소망을 두면
그분이 거룩히 여김을 받는다

베드로전서 3장 13-17절

"또 너희가 열심으로 선을 행하면 누가 너희를 해하리요 그러나 의를 위하여 고난을 받으면 복 있는 자니 그들이 두려워하는 것을 두려워하지 말며 근심하지 말고 너희 마음에 그리스도를 주로 삼아 거룩하게 하고 너희 속에 있는 소망에 관한 이유를 묻는 자에게는 대답할 것을 항상 준비하되 온유와 두려움으로 하고 선한 양심을 가지라 이는 그리스도 안에 있는 너희의 선행을 욕하는 자들로 그 비방하는 일에 부끄러움을 당하게 하려 함이라 선을 행함으로 고난 받는 것이 하나님의 뜻일진대 악을 행함으로 고난 받는 것보다 나으니라"

그리스도를 주로 삼아 거룩하게 하는 것은 무슨 의미인가

주기도의 첫 번째 간구는 "하늘에 계신 우리 아버지여 이름이 거룩히 여김을 받으시오며"입니다. 예수님은 하나님의 이름을 가장 우선시하셨습니다. 예수님을 믿는 우리도 마찬가지입니다. 우리는 다른 무엇보다도 "아버지여, 아버지의 이름을 거룩히 하소서. 교회 안에서와 온 세상에서 그 주권적인 능력으로 역사하시어 뭇 심령들로 하여금 아버지의 이름을 거룩히 여기게 하소서."라고 기도합니다. "베드로가 15절에서 "너희 마음에 그리스도를 주로 삼아 거룩하게 하고"라고 말하면서 사용했던 용어가 그와 똑같습니다.

그리스도를 주로 삼아 거룩하게 하는 것은 그분을 온 우주에서 가장 거룩하신 분으로 간주하는 것을 말합니다. 그리스도를 가장 특별하고, 독특한 존재, 곧 누구도 필적할 수 없을 만큼 순수하고, 참되고, 선하신 분으로 여겨야 합니다. 〈NIV 영어성경〉은 "그리스도를 주로 구별하라"고 번역했습니다. 이 말은 그분이 가장 높은 위치에서 가장 큰 가치를 지닌, 가장 귀한 보배와 같은 존재, 곧 가장 경탄스러울 뿐 아니라 온 세상 사람들과 피조물로부터 가장 큰 존귀와 영광과 사랑을 받으셔야 할 독보적인 존재라는 것을 의미합니다.

"그리스도를 주로 삼아 거룩하게 하고"라는 말씀대로, 특별히 그분의 주재권을 높이 우러러야 합니다. 그분이 온 우주를 다스리시는 주권자라는 사실을 경이로워하십시오. 그분의 주권적인 통치 앞에 절하십시오. "내 손에서 건질 자가 없도다 내가 행하리니 누가 막으리요"(사 43:13)라고 말씀하신 주님의 위엄 앞에서 떨며 기뻐하십시오. 거룩히 여긴다는 것은 위대하고, 경이롭고, 의로우신 왕을 존귀하게 여기는 것을 의미합니다. 그리스도를 주님이요 왕으로 삼아 거룩히 여기십시오.

사람을 두려워하지 말고, 그리스도를 거룩히 여기라

그리스도를 주로 삼아 거룩히 여기는 것은 본문이 가르치는 또 다른 요점(열심히 선을 행하고, 필요한 경우에는 의를 위해 고난을 받고, 두려워하지 않고, 온유하고 공손하게 처신하고, 소망을 굳게 지키는 것)과 어떤 관계가 있을까요?

14, 15절을 주의 깊게 읽어보면 그 대답을 알 수 있습니다.

> "그들이 두려워하는 것을 두려워하지 말며 근심하지 말고 너희 마음에 그리스도를 주로 삼아 거룩하게 하고."

마음속으로 그리스도를 주님으로 삼아 거룩하게 하는 것은 사람들을 두려워하지 않는다는 의미를 담고 있습니다. 사람을 두려워하지 말고, 그리스도를 주님으로 삼아 거룩하게 하십시오. 그리스도를 주님으로 삼아 거룩하게 한다는 것은 사람들의 위협을 두려워하지 않는 것을 의미합니다. 그러면, 사람들을 두려워하지 않는 것이 그리스도를 거룩하게 하는 이유는 무엇일까요?

사람들을 두려워하지 않는 것이 그리스도를 거룩하게 하는 이유

그 대답은 15절을 계속해서 읽어보면 알 수 있습니다.

> "너희 마음에 그리스도를 주로 삼아 거룩하게 하고 너희 속에 있는 소망에 관한 이유를 묻는 자에게는 대답할 것을 항상 준비하되 온유와 두려움으로

하고."

우리는 소망을 확고하게 붙잡음으로써 그리스도를 거룩하게 해야 합니다. 소망을 붙잡는 것이 그리스도를 거룩하게 하는 이유는 그분이 바로 우리의 소망이시기 때문입니다. 그리스도께서는 소망의 근거이자 목적입니다. 우리의 소망이 강하면, 소망의 근거요 목적이신 그리스도께서도 강하게 느껴지기 마련입니다. 따라서 우리의 소망이 확고부동하면 그분이 거룩히 여김을 받으실 수 있습니다.

이처럼 그리스도를 주로 삼아 거룩하게 하는 것과 두려움이 없는 것은 서로 밀접하게 관련됩니다. 베드로는 "그들이 두려워하는 것을 두려워하지 말며 근심하지 말고 너희 마음에 그리스도를 주로 삼아 거룩하게 하고"라고 말했습니다. 두려움이 없는 태도는 주님이신 그리스도를 거룩하게 합니다. 두려움이 없다는 것은 곧 우리의 소망이 확고부동하다는 것을 보여주기 때문입니다. 두려움이 없는 태도는 우리의 소망이 참되다는 것을 분명하게 증언합니다. 그리스도께서는 소망의 근거요 목적이시기 때문에 두려움이 없는 태도는 그리스도를 거룩하게 하고, 존귀하게 하며, 우리의 삶 속에서 그분의 독특한 가치와 능력을 나타냅니다.

따라서 본문은 소망이 우리의 마음속에서 그리스도를 주님으로 삼아 거룩하게 하도록 놓는 이유를 밝히는 데 조섬을 맞춥니다. 본문의 궁극적인 주제는 주님이신 그리스도를 거룩하게 하고, 영화롭게 하고, 존귀하게 하는 것입니다. 이것은 우리의 삶이 지향해야 할 궁극적인 목표이기도 합니다. 그리고 그다음으로 중요한 것은 그리스도의 주재권을 통해 그분의 지고한 가치가 분명하게 드러남으로써 우리의 마음속에서 생겨나는 소망입니다.

이 모든 내용을 네 가지로 압축하면 다음과 같습니다.

첫째, 두려움이 없는 태도는 그리스도를 거룩하게 하고, 존귀하게 합니다.

둘째, 소망을 잘 옹호할 때 그리스도께서 거룩히 여김을 받고, 존귀함을 받으십니다.

셋째, 온유한 소망은 그리스도를 거룩하게 하고, 존귀하게 합니다.

넷째, 열정적인 소망은 그리스도를 거룩하게 하고, 존귀하게 합니다.

본문의 내용을 하나로 묶는 두 개의 끈 가운데 하나는 그리스도의 가치이고, 다른 하나는 그분에 대한 우리의 소망입니다.

이 모든 내용의 요점을 간과해서는 안 됩니다. 그것은 그리스도께서 소망의 중심이 되실 때 그분이 우리의 마음속에서 거룩히 여김을 받으신다는 것입니다. 마음으로 그리스도를 바라볼 때 우리의 마음속에서 그분이 거룩히 여김을 받으십니다.

기독교의 핵심

아침에 잠에서 깨어나 "내 삶의 궁극적인 목적은 하나님의 이름을 영화롭게 하는 것이다. 하나님의 이름이 거룩히 여김을 받기를 원한다. 내가 오늘 살아 있는 가장 중요한 이유는 다른 사람들에게 예수님의 가치를 드러내는 것이다."라고 생각하면 부담감이 느껴지나요, 아니며 안도감이 느껴지나요? 그리스도의 이름이 거룩히 여김을 받게 하기 위해 살아가야 한다고 생각하면 마음이 심히 무거운가요, 아니면 날아갈 듯 가벼운가요?

우리는 지금 기독교의 핵심에 이르렀습니다. 본문은 자아를 높이지 말고, 그리스도를 높이라고 가르칩니다. 우리는 우리 영혼의 기쁨을 위해 이 가르침을 마음에 깊이 아로새겨야 합니다. 최근에 교인 중 하나가 피고용인의 입장에서 밝힌 자신의 행동 강령을 글로 적어 내게 건네준 적이 있습니다. "자긍심에 관한 나의 선언"이라는 제목의 그의 글은 그리스도를 높이는 태도와는 매우 달랐습니다. 그 내용 가운데 일부분을 인용하면 다음과 같습니다.

> 나는 나다. 온 세상에서 나와 똑같은 사람은 아무도 없다. 나에게서 비롯한 것은 모두 내 것이다. 왜냐하면 내가 스스로 선택한 것이기 때문이다…나의 소유주는 나 자신이다. 따라서 내가 내 자신을 마음대로 설계할 수 있다. 나는 나다. 나는 아무렇지도 않다.

세상에는 서로 경쟁하는 종교들이 많습니다. 그러나 나는 이것이 미국에서 기독교와 가장 치열하게 다투는 경쟁자라고 생각합니다. 기독교는 그리스도를 높이고, 이 종교는 자아를 높입니다. 어느 것이 부담스럽게 느껴집니까? 어느 것이 마음을 심히 무겁게 하고, 또 어느 것이 마음을 날아갈 듯 가볍게 합니까?

기독교는 무거운 짐이 아니라 가벼운 날개와 같다

베드로는 그리스도를 주님으로 높이려면 그분께 소망을 두어야 한다고 가르쳤습니다. 기독교의 아름다움은 무엇일까요? 자아를 높이는 인본적이고, 세속적인 종교를 비롯해 세상의 많은 종교들과 구별되는 기독교의 특징은 무엇일까요? 그것은 기독교가 소망을 통해 영광과 가치를 드러내는 구원자를 제시한다는 것입니다. 기독교는 우리에게 먼저 하나님을 위해 일하라고 요구하지 않고, 우리를 위한 하나님의 사역에 소망을 두라고 말합니다. 이것이 먼저이고, 가장 중요한 것입니다. 그리스도께서는 우리의 소망을 통해 우리 안에서 거룩히 여김을 받으십니다.

아침에 잠에서 깨어나면 하나님의 이름을 거룩히 여기는 것이 우리의 소명이라는 것과 힘든 노동이 아닌 소망을 통해 그분을 거룩히 여길 수 있다는 것을 기억하십시오. 오늘 하루 동안 하나님이 나를 도와주실 것을 믿으면 그분을 거룩히 여길 수 있습니다. 하나님이 약속을 지키실 것을 어린아이처럼 굳게 믿으면 그분이 거룩히 여김을 받으십니다. 그리스도의 가치는 힘겨운 노동이 아닌 소망을 통해 드러납니다. 기독교는 무거운 짐이 아니라 가벼운 날개와 같습니다.

그러나 자아를 숭배하는 종교, 곧 나에게서 비롯하는 모든 것을 나 스스로 선택하고, 내 안에서 새로운 것을 만들어 내고, 나를 설계하고, 나를 소유한다고 믿는 종교를 선택하면 극심한 중압감에 짓눌려 절망할 수밖에 없을 것입니다. 내 스스로 양심을 깨끗하게 하고, 죄를 용서해야 하고, 삶의 의미를 찾아야 하고, 명분을 세워야 하고, 내 짐을 짊어져야 하고, 내 생명을 보호해야 하고, 두려움을 극복해야 하고, 상처를 치유해야 하고, 미래의 안전을 확보해야 하고, 죽을 때 나를 위로해야 하기 때문입니다. 오늘날 이 종교가 수많은 사람의 등골을 무겁게 짓누르고 있습니다. 이 종교가 제시하는 구원은 저주스러운 거울 앞에서 "너는 괜찮아. 너는 괜찮아. 너는 괜찮아."라고 되풀이하는 애처로운 의식(儀式)뿐입니다.

따라서 성경적인 기독교는 그리스도를 높이는 종교라는 사실을 잊어서는 안 됩니다. 우리가 믿을 때 그분은 높임을 받으시고, 우리가 그분께 소망을 둘 때 그분은 거룩히 여김을 받으십니다. 이것은 참으로 좋은 소식이 아닐 수 없습니다.

네 가지 요점을 간단히 살펴보면 다음과 같습니다.

1. 두려움이 없는 소망

두려움이 없는 소망은 주님이신 그리스도를 거룩하게 하고, 존귀하게 합니다. 14-15절은 "그러나 의를 위하여 고난을 받으면 복 있는 자니 그들이 두려워하는 것을 두려워하지 말며 근심하지 말고."라고 말씀합니다. 그리스도께서는 마태복음 5장 10절에서 "의를 위하여 박해를 받는 자는 복이 있나니 천국이 그들의 것임이라."라고 약속하셨습니다. 우리가 마지막 날에 기뻐할 수 있는 이유는 천국의 상급이 크기 때문입니다. 이깃이 우리의 소망입니다. 이 소망은 그리스도의 신실하심과 능력에 의해 보장됩니다.

14절의 약속에 소망을 두십시오. 사람들을 두려워하지 마십시오. 그러면 마음으로 그리스도를 주로 삼아 거룩하게 할 수 있고, 그분이 세상의 그 무엇보다 귀하시다는 것을 나타낼 수 있습니다. 그리스도께 소망을 둠으로써 두려움 없이 그분을 거룩하게 하십시오.

2. 잘 옹호된 소망

소망을 잘 옹호할 때 그리스도께서 거룩히 여김을 받고, 존귀함을 받으십니다.

15절은 "너희 마음에 그리스도를 주로 삼아 거룩하게 하고 너희 속에 있는 소망에 관한 이유를 묻는 자에게는 대답할 것을 항상 준비하되 온유와 두려움으로 하고"라고 말씀합니다. 근거 없는 소망은 그리스도를 영화롭게 하지 못합니다. 누군가가 내게 "용서와 도움과 영원한 기쁨을 위해 그리스도에게 소망을 두는 이유가 무엇인가요?"라고 물었을 때 "별다른 이유는 없어요. 어렸을 때부터 그렇게 배우고 자랐을 뿐이에요."라거나 "그렇게 해서 손해 볼 것 같지 않아서요."라거나 "모두가 종교를 가지고 있는데 나는 기독교를 선택했기 때문이오."라고 대답한다면, 그리스도께서 내 마음속에서 거룩히 여김을 받으실 수 없습니다. 그런 식으로 대답하면 그분은 영화롭게 되거나 존귀함을 받으실 수 없습니다. 그것은 그분을 어리석은 바보처럼 보이게 만들 뿐입니다. 입으로는 그리스도께서 우리의 소망이시라고 말하면서 그 이유를 알지 못한다면 그분을 영화롭게 할 수 없습니다.

나는 이 본문 때문에 《하나님을 기뻐하라》(생명의 말씀사 역간)라는 책의 말미에 "성경은 지속적인 기쁨을 주는 믿을 만한 안내자인가?"라는 제목의 두 번째 부록을 쓰게 되었습니다. 이는 "우리의 소망을 옹호할 만한 근거가 있는가?"라는 질문입니다. 우리의 소망을 옹호하는 것이 필요합니다. 물론 학식 높은 학자가 되어야만 소망을 옹호할 수 있는 것은 아닙니다. 본문은 대부분 글을 읽을 줄 몰랐던 1세기의 독자들을 위해 쓰였습니다.

이론적인 책을 읽으려고 하지 말고 골방에 들어가 "제가 주님을 믿는 이유는 무엇인가요? 제가 주님을 나의 소망이요 보배로 생각하는 이유는 무엇인가요? 제 소망의 근거는 무엇인가요?"라고 하나님께 정직하게 물으면서 스스로의 마음을 살피십시오. 그러면 신약 성경의 저자들처럼 진정 어린 증언을 전할 수도 있고, 예수님의 가르침처럼 권위가 느껴지는 답변을 제시할 수도 있을 것입니다("그 사람이 말하는 것처럼 말한 사람은 이때까지 없었나이다"—요 7:46). 또한 그리스도께서 역사와 인간의 삶에 부여하신 의미를 밝힐 수도 있고, 빈 무덤과 같은 부활의 증거와 변화된 삶의 능력을 보여줄 수도 있으며, 예언의 성취와 그리스도의 영광의 빛과 살아 계신 그리스도를 개인적으로 체험한 경험을 전할 수도 있을 것입니다. 어떤 대답을 하든, 다른 사람이 아닌 본인의 대답을 제시해야 합니다. 잘 옹호된 소망은 그리스도를 영화롭게 합니다.

3. 온유한 소망

온유한 소망은 그리스도를 거룩하게 하고, 존귀하게 합니다.

15절은 "너희 속에 있는 소망에 관한 이유를 묻는 자에게는…온유와 두려움으로 하고"라고 말씀합니다. 정치인들이나 설교자나 교사들은 물론, 심지어 우리 자신도 무엇인가를 주장하려고 할 때 논지가 분명하지 않을 때는 괜스레 시끄럽게 목청만 높이는 경우가 많습니다. 물론 목청을 높이는 게 항상 잘못된 것은 아닙니다. 성경에 보면, 예수님과 선지자들도 종종 목소리를 크게 높여 진리를 외친 것을 알 수 있습니다.

그러나 근거가 확실하고, 분명하다는 확신이 있을 때에는 대개 고요한 마음을 유지할 수 있습니다. 우리의 마음속에서 주님이신 그리스도를 거룩하게 하는 것은 바로 그런 마음에서 우러나는 소망입니다. 고요함과 차분함과 침착함은 그리스도께서 우리의 삶 속에서 요동하지 않는 바위와 같은 존재이시라는 사실을 증언함으로써 그분의 이름을 거룩하게 합니다.

4. 열정적인 소망

열정적인 소망은 그리스도를 거룩하게 하고, 존귀하게 합니다.

베드로는 본문의 처음과 마지막에서 설혹 고난을 당하더라도 열심히 선을 행하라고 권고했습니다. "너희가 열심으로 선을 행하면"(13절). "너희의 선행을 욕하는 자들로 그 비방하는 일에 부끄러움을 당하게 하려 함이라"(16절). "선을 행함으로 고난 받는 것이…악을 행함으로 고난 받는 것보다 나으니라"(17절).

그리스도께 소망을 두는 것은 우리를 수동적이거나 소극적으로 만들지 않습니다. 만일 그런 태도가 우리 자신과 그리스도의 영광에 유익하다면 그분은 우리를 그렇게 만드셨을 것입니다. 그러나 우리 모두 잘 알다시피, 가장 큰 기쁨은 안일하고, 무의미한 삶을 통해 얻어지지 않습니다. 그리스도께 소망을 두고, 우리의 미래를 그분께 의탁한다고 해서 그분이 우리를 대신해 모든 일을 다 해주시는 것은 아닙니다. 오히려 그분은 우리 안에서 선한 일을 하도록 역사하십니다. 그분은 우리를 선행으로부터 자유롭게 하시는 것이 아니라 선을 행할 수 있는 자유를 부여하십니다.

그리스도께서는 사망의 쏘는 것을 없애주신 것처럼, 행위의 무익함도 없애주십니다. 고린도전서 15장 58절은 "견실하며 흔들리지 말고 항상 주의 일에 더욱 힘쓰는 자들이 되라 이는 너희 수고가 주 안에서 헛되지 않은 줄 앎이라"라고 말씀합니다. 우리의 행위는 무익하지 않습니다. 그리스도께서 그 배후에, 그 안에, 그 위에 계십니다. 그리스도께서 우리의 행위를 독려하고, 지탱하고, 상을 베푸십니다. 그분의 멍에는 쉽고, 그분의 짐은 가볍습니다. 열심히 선을 행하는 것은 그리스도의 고난에 참여하고, 그분 안에서 가장 큰 만족을 얻는 길입니다. 열정적인 소망은 그리스도의 가치를 밝히 드러냅니다.

하나님의 백성이 행복한 마음으로 예수 그리스도께 소망을 둘 때 구원자요 주님이신 그분이 거룩하게 되고, 존귀하게 되고, 높임을 받으신다는 것이 기독교의 핵심입니다. 우리가 두려움이 없고, 잘 옹호되고, 온유하고, 열심히 선을 행하는 소망을 가질 때 그분의 영광이 더욱더 밝게 빛을 발할 것입니다.

25장

고난 받을 준비를 갖추라

베드로전서 3장 18-22절

"그리스도께서 단번에 죄를 위하여 죽으사 의인으로서 불의한 자를 대신하셨으니 이는 우리를 하나님 앞으로 인도하려 하심이라 육체로는 죽임을 당하시고 영으로는 살리심을 받으셨으니 그가 또한 영으로 가서 옥에 있는 영들에게 선포하시니라 그들은 전에 노아의 날 방주를 준비할 동안 하나님이 오래 참고 기다리실 때에 복종하지 아니하던 자들이라 방주에서 물로 말미암아 구원을 얻은 자가 몇 명뿐이니 겨우 여덟 명이라 물은 예수 그리스도께서 부활하심으로 말미암아 이제 너희를 구원하는 표니 곧 세례라 이는 육체의 더러운 것을 제하여 버림이 아니요 하나님을 향한 선한 양심의 간구니라 그는 하늘에 오르사 하나님 우편에 계시니 천사들과 권세들과 능력들이 그에게 복종하느니라"

앞뒤 문맥과의 상관관계

이 본문을 이해하려면 앞뒤 문맥과의 상관관계를 파악해야 할 필요가 있습니다. 베드로는 17절에서 고난 받는 것이 하나님의 뜻이라면 기꺼이 고난을 받으라고 말했습니다. "선을 행함으로 고난 받는 것이 하나님의 뜻일진대 악을 행함으로 고난 받는 것보다 나으니라." 때로는 옳은 일을 위해 고난 받는 것이 하나님의 뜻일 수 있습니다. 듣기에 그렇게 편안한 말은 아닙니다. 옳은 일을 위해 고난 받는 것이 하나님의 뜻이라면 그에 대한 충분한 이해와 격려와 소망과 도우심이 필요할 것이 분명합니다.

이것이 베드로가 18절에서 "(왜냐하면) 그리스도께서 단번에 죄를 위하여 죽으사(고난 당하사)"라는 말로 본문을 시작한 이유입니다. 이 문장을 이끄는 "왜냐하면"이라는 접속사는 때로 옳은 일을 위해 고난을 받는 것이 하나님의 뜻인 이유를 설명하는 의미를 지닙니다. 본문은 그리스도인이 옳은 일을 위해 고난을 받아야 하는 이유를 설명합니다.

아울러 본문은 4장 1절부터 이어지는 내용과도 상호연관성을 지닙니다. "(그러므로) 그리스도께서 이미 육체의 고난을 받으셨으니 너희도 같은 마음으로 갑옷을 삼으라." 여기에서 "같은 마음"은 그리스도처럼 옳은 일을 위해 고난을 받아야 하는 목적을 가리킵니다. 이처럼 본문의 앞뒤 문맥의 요점은 옳은 일을 위해 고난을 받는 것이 하나님의 뜻이라면 기꺼이 고난을 감내하라는 것입니다.

고난 받을 준비를 갖추라는 베드로의 가르침

본문(18-22절)은 고난을 받으라는 권고들 사이에 위치합니다. 본문의 목적은 예수님과 함께 옳은 일을 위해 고난을 받을 준비를 갖추도록 돕는 데 있습니다. 이 목적을 기억하면 본문의 내용을 혼동하지 않고 잘 이해할 수 있습니다. 다시 말하지만, 베드로가 본문을 기록한 이유는 그리스도와 그분의 나라를 위해 믿음으로 고난을 받을 준비를 갖추도록 돕기 위해서입니다.

역사의 대부분에 적용되는 상황

고난에 관한 말들이 현실과 동떨어지게 들린다면, 우리가 대다수 미국인들처럼 이 작은 나라(세계 전체의 약 5퍼센트)와 이 작은 역사(지난 6,000년의 역사 가운데 약 5퍼센트) 밖의 더 큰 세상과 단절되어 살아가고 있기 때문입니다. 외부 세상과 역사의 대부분을 되돌아보면 그리스도인으로 살아가는 것이 결코 안전하지 못하다는 사실을 알 수 있습니다. 스티븐 닐은 《기독교 선교의 역사》라는 책에서 기독교가 들불처럼 번졌던 처음 3세기 동안에는 "기독교인이라면 누구나 믿음 때문에 조만간 생명을 잃게 될 것을 알았다."라고 말했습니다(p. 43). 세상의 분위기가 더 나아지리라는 보장이 없는 상황에서, 곧 복음을 믿으면 목숨을 잃을지도 모를 상황에서 복음을 전한다고 생각해 보십시오. 그런 상황을 생각하면서 우리의 복음 전도 방식과 메시지를 돌아보면 과연 어떤 생각이 들까요? 베드로전서가 기록될 당시에는 상황이 늘 그랬습니다. 이 점은 세상의 많은 곳과 역사의 대부분을 살펴보더라도 마찬가지입니다. 사실, 오늘날도 예외는 아닙니다.

그럼에도 불구하고 우리는 "문이 닫힌 국가"라는 신조어를 만들어 선교가 위험한 지역에 적용했습니다. 참으로 이상한 일입니다. 우리는 안전한 것이 정상이라고 생각하는 착각에 빠져 있습니다. 우리는 그런 착각을 근거로 선교 사역을 할 지역을 규정합니다. 아마도 베드로와 바울은 이런 우리의 태도를 납득하기 어려워할 것이 틀림없습니다.

세계의 대부분 지역에 적용되는 상황

오늘날에도 세계의 대부분 지역에서는 그리스도인의 삶에 고난이 뒤따르는 것이 정상입니다. 안전하고, 존중받는 삶은 규칙이 아닌 예외입니다. 한 가지 사례만 살펴보아도 충분합니다. 선교사들이 1920년대에 캄보디아에서 사역을 시작했습니다. 그들이 추방될 1965년 즈음에는 약 600명의 신자가 그곳에 존재했습니다. 1965년부터 1975년까지 내전이 진행되는 동안, 기독교 인구는 약 90만 명으로 급증했습니다. 참으로 놀라운 하나님의 역사였습니다. 그러나 "크메르 루주"가 정권을 장악하고, 폴 포트가 폭정을 시작하자 대다수 그리스도인들이 죽거나 망명길에 올랐습니다.

수 세기 동안 이런 과정은 세계 전역에서 수없이 반복되었습니다. 그리스도인이 미움을 당하는 것은 비정상이 아닌 정상적인 일입니다. 예수님은 마태복음 24장 9절에서 "너희가 내 이름 때문에 모든 민족에게 미움을 받으리라"라고 말씀하셨습니다. 이것은 미국에 살고 있는 우리를 위한 경고이기도 합니다. 미국에서 그리스도인으로서 살아가는 우리는 사실 온갖 비난과 반발의 분위기에 휩싸여 있습니다. 자유주의, 인도주의, 세속주의, 상대주의를 표방하는 문화 엘리트들이 기독교 세계를 완전히 와해시키기라도 할 것처럼 행동합니다. 사회 전반에 걸쳐 사납고, 저열한 적대적 분위기가 팽배합니다.

이제 베드로전서의 가르침을 가슴에 더욱 깊이 새겨야 할 때가 되었다고 생각됩니다.

"너희를 연단하려고 오는 불 시험을 이상한 일 당하는 것 같이 이상히 여기지 말고"(벧전 4:12).

베드로의 말에 따르면, 우리는 세상에서 거류민이요 나그네입니다. 세상이 기독교를 비방하는 것은 비정상적인 일이 아니기 때문에 놀라워할 필요가 없습니다. 예수님은 "집 주인을 바알세불이라 하였거든 하물며 그 집 사람들이랴"(마 10:25)라고 말씀하셨습니다. 베드로는 오늘의 본문은 물론 베드로전서 전체를 통해 하나님이 원하신다면 언제라도 고난을 기꺼이 감수할 준비를 갖추라고 당부했습니다. 이것이 본문의 기록 이유입니다.

고난 받을 준비를 갖추기 위해 기억해야 할 다섯 가지

베드로는 고난을 받을 준비를 갖추려면 다섯 가지를 기억해야 한다고 말했습니다.

1. 그리스도께서 고난 받으신 것을 기억하십시오.

첫째, 베드로는 우리의 위대한 왕이요 구원자이신 그리스도께서 고난 받으신 것을 기억하라고 강조했습니다.

17, 18절은 "선을 행함으로 고난 받는 것이 하나님의 뜻일진대 악을 행함으로 고난 받는 것보다 나으니라."라고 말씀합니다. "주님이 고난

을 받으셨으니 우리도 그분을 따라 고난을 받아야 한다."는 것이 신약 성경이 가르치는 기독교의 정신입니다.

바울은 "내가 그리스도와 그 부활의 권능과 그 고난에 참여함을 알고자 하여 그의 죽으심을 본받아"(빌 3:10)라고 말했습니다. 히브리서 저자도 "예수도…성문 밖에서 고난을 받으셨느니라 그런즉 우리도 그의 치욕을 짊어지고 영문 밖으로 그에게 나아가자"(히 13:12-13)라고 말했으며, 예수님도 "누구든지 나를 따라오려거든 자기를 부인하고 자기 십자가를 지고 나를 따를 것이니라"(막 8:34)라고 말씀하셨습니다. 우리도 각자 자기 십자가를 짊어져야 합니다.

가장 사랑스럽고, 가장 위대하며, 가장 진실하고, 가장 자애롭고, 가장 거룩하신 예수님이 고난을 받으셨다는 것을 기억하면, 옳은 일을 위해 고난을 받을 수 있는 준비를 갖출 수 있습니다.

2. 그리스도께서 승리하셨고, 우리를 하나님께 안전하게 인도하셨다는 것을 기억하십시오.

베드로는 그리스도께서 우리의 가장 큰 원수를 정복하셨고, 우리를 하나님께 안전하게 인도하셨다는 말로 고난을 감내할 수 있는 힘을 제공합니다.

아마도 사람들은 "세상에서 힘들게 살아야 하고, 목숨이 위태로울 수도 있는데 왜 굳이 그리스도인이 되려고 하는 것인가요?"라고 물을 것입니다. 그 이유는 세상에서 안락하게 오래 사는 것이 인간의 가장 큰 필요가 아니기 때문입니다. 인간의 가장 큰 필요는 죄를 용서받고, 하나님과의 단절된 관계를 극복하고, 비참한 지옥이 아닌 하나님 앞에서 영원히 행복을 누리는 것입니다. 이것이 세상에서 수만 년 동안 편안하게 사는 것보다 몇 십만 배 더 중요합니다.

예수님은 우리의 그런 필요를 채워주기 위해 죽으셨습니다.

"그리스도께서 단번에 죄를 위하여 죽으사 의인으로서 불의한 자를 대신하셨으니 이는 우리를 하나님 앞으로 인도하려 하심이라"(18절).

1) 그리스도께서는 **"죄를 위해"** 죽으셨습니다. 죄는 우리와 하나님 사이의 관계를 단절시켰습니다. 이것이 우리의 가장 큰 필요입니다. 우리의 가장 큰 원수는 사탄이 아니라 죄입니다. 이사야서 59장 2절은 "오직 너희 죄악이 너희와 너희 하나님 사이를 갈라놓았고"라고 말씀합니다. 죄를 용서받지 못한 탓에 하나님의 진노를 당하는 것이 의를 위해 고난 받는 것보다 훨씬 더 두려운 일입니다. 그러나 예수님이 "죄를 위해" 죽으셨습니다. 세상에서 이보다 더 위대한 현실은 없습니다. 우리는 죄 가운데서 죽을 필요가 없습니다. 죄 사함의 길이 열렸습니다. 사람들이 설령 목숨을 잃더라도 기꺼이 예수님을 믿으려는 이유가 바로 이것입니다.

2) 그리스도께서는 **"의인으로서 불의한 자를 대신해"** 죽으셨습니다. 그리스도의 죽음은 대리적인 죽음이었습니다. 그분은 우리를 대신해 죽으셨습니다. 그분은 우리가 감당해야 마땅한 진노와 형벌을 당하셨습니다. 그분은 온전히 죄가 없으셨습니다. 그분은 자신의 죄가 아닌 다른 사람들의 죄를 위해 죽으셨습니다.

3) 그리스도께서는 **"단번에"** 죽으셨습니다. 그리스도의 죽음은 그

분을 믿는 모든 사람의 죄를 용서할 수 있는, 충분하고도 최종적인 효력을 지닙니다. 그분은 또 다른 희생 제사를 드릴 필요가 없습니다. 한 번의 죽음으로 모든 것이 끝났습니다. 우리가 지은 죄의 책임을 짊어지는 데 필요한 모든 것이 완료되었습니다. 죄의 빚이 온전히 청산되었습니다.

4) 이 모든 것의 목적은 **우리를 하나님 앞으로 인도하기 위해서입니다.** "그리스도께서 단번에 죄를 위하여 죽으사 의인으로서 불의한 자를 대신하셨으니 이는 우리를 하나님 앞으로 인도하려 하심이라."

이런 사실은 순교자들과 고난 당하는 그리스도인들에게 큰 위로가 됩니다. 우리의 가장 큰 원수인 죄가 온전히 정복되었습니다. 우리가 하나님과 함께 안전하게 거할 수 있도록 예수님이 모든 것을 이루셨습니다. 그분은 우리를 하나님께로 인도하셨습니다. 단절된 관계가 회복되었습니다. 하나님은 우리 곁에 계시고, 우리를 위하십니다. 우리의 삶은 하나님 안에 감추어져 있습니다.

이런 사실이 고난 당할 때 힘이 되는 이유는 우리가 고난 당할 때 마귀가 하나님이 우리를 버리셨다고 생각하도록 부추기기 때문입니다. 베드로는 고난은 하나님이 우리를 버리셨고, 등을 돌리셨다는 증거가 아니라고 말합니다. 그는 그리스도께서 우리의 죄를 담당하셨고, 하나님의 진노를 감당하셨으며, 우리를 하나님께로 인도하셨다고 강조했습니다.

3. 노아의 때를 기억하십시오.

베드로는 고난을 감내할 수 있는 힘을 제공하기 위해 노아의 때에 있었던 일을 예로 들었습니다.

그는 예수님이 영으로 살리심을 받으셨다고 말하고 나서(18절) "그가 또한 영으로 가서 옥에 있는 영들에게 선포하시니라."(19-20절)라고 말했습니다.

이 구절과 관련해 많은 논쟁이 있습니다. 내 생각을 간단하게 밝히고, 이 구절이 본문의 요점과 어떻게 관련되는지 잠시 설명하면 다음과 같습니다. 나는 이 구절이 노아 당시의 사람들이 불순종을 일삼으며, 하나님께 복종한 의로운 노아를 조롱하던 때(그때는 베드로 당시의 신자들이 처한 상황과 비슷했다)에 예수님이 영으로 하나님의 보내심을 받아 노아를 통해 사람들에게 말씀을 전하게 하셨다는 의미라고 생각합니다.

예수님의 영이 구약 시대의 선지자들을 통해 자신의 초림을 예언하게 하셨던 것처럼(벧전 1:11), 그분의 영은 노아 시대에도 불순종하는 사람들에게 말씀을 전하셨습니다. 지금 그들은 모두 "옥," 곧 마지막 심판을 기다리며 고통을 받는 장소에 머물고 있습니다(눅 16:24). 나는 이 구절이 예수님이 죽은 자들이 있는 장소에 가서 그곳에 영의 형태로 존재하는 사람들에게 말씀을 전하셨다는 의미라고 생각하지 않습니다(지혜롭고, 선한 사람들 중에도 그렇게 생각하는 사람이 적지 않지만 나의 생각은 다릅니다). 왜냐하면 예수님이 죽은 자들에게 말씀을 전하셨다는 것을 밝힐 의도였다면, 굳이 노아의 때에 불순종했던 사람들만 언급할 이유가 없기 때문입니다. 옥에는 노아 당시의 사람들 외에도 셀 수 없이 많은 사람들이 존재합니다.

따라서 나는 이 구절을 예수님이 영으로서 노아 시대에 말씀을 전하셨지만 당시 사람들은 그 말씀을 거절했고, 그 결과 옥에 갇힌 채로 마지막 심판을 기다리고 있다는 의미로 이해하는 것이 적절하다고 생각합니다.

이런 사실이 고난을 감내할 수 있는 힘을 제공하는 이유는 세 가지입니다.

첫째, **그리스도의 위대하심을 상기시켜 주기 때문**입니다. 그리스도께서는 시간과 공간에 구애받지 않으십니다. 그분은 수천 년 전에도 말씀을 전하셨고, 지금도 여전히 말씀을 전하십니다. 그리스도께서는 스스로 말씀하신 대로 중국이든 기니든 콩고든 방콕이든 카자흐스탄이든 우즈베키스탄이든 파푸아뉴기니든 시베리아든 필리핀이든 아이보리코스트든 오스트리아든 사이프러스든 독일이든 미니애폴리스든, 우리가 고난을 당하는 어디서든 마지막 때까지 항상, 영원토록 우리와 함께 계실 것입니다.

둘째, **불순종하다가 옥에 갇히는 것보다는 그리스도께 복종하며 고난을 당하는 것이 더 낫다**는 점을 상기시켜 주기 때문입니다. 노아 시대의 사람들은 그런 불행한 종말을 맞이했습니다. 그들은 노아처럼 하나님께 복종하며 사는 것을 어리석게 여겼습니다. 그들은 비가 내리기 시작하기 전까지 편안하게 삶을 즐겼습니다. 이것이 고난의 메시지가 이따금 사람들을 회심으로 이끄는 이유입니다. 고난은 영원한 옥에 갇히지 않도록 도와줍니다.

셋째, **세상에서 배척받는 소수의 무리에 속하는 것이 조금도 불리하지 않다**는 점을 상기시켜 주기 때문입니다. 20절은 "방주에서 물로 말미암아 구원을 얻은 자가 몇 명뿐이니 겨우 여덟 명이라"라고 말씀합니다. 그렇게 적은 무리에 속하는 것은 어리석어 보이겠지요. 그러나 하나님과 함께하는 소수가 된다면 언젠가는 상황이 반전되어 온전한 구원을 얻게 될 것입니다. 따라서 고난이 닥치더라도 믿음을 저버리지 말고, 장차 큰 보상을 받게 될 것을 기억해야 합니다.

4. 세례의 의미를 기억하십시오.

베드로는 고난을 감내할 수 있는 힘을 제공하기 위해 세례의 의미를 설명했습니다.

노아 당시의 사람들을 심판했던 홍수는 베드로에게 기독교의 세례를 상기시켰습니다.

> "물은 예수 그리스도께서 부활하심으로 말미암아 이제 너희를 구원하는 표니 곧 세례라 이는 육체의 더러운 것을 제하여 버림이 아니요 하나님을 향한 선한 양심의 간구니라"(21절).

18절은 그리스도께서 죄를 위해 죽으셨고, 우리를 하나님께로 인도하셨다고 말씀합니다. 그리스도께서는 우리를 구원하셨습니다. 그러면 우리는 누구인가요? 그리스도의 죽음은 누구를 구원했나요? 21절은 "세례받은 자들"이라고 대답합니다. 그러나 베드로는 세례의 의미를 옳게 설명하지 않으면 오해의 소지가 있을 수 있다는 것을 알고, "물은…너희를 구원하는 표니"라고 말하고 나서 "이는 육체의 더러운 것을 제하여 버림이 아니요 하나님을 향한 선한 양심의 간구니라"라고 덧붙였습니다. 이 말씀은 세례를 정의합니다. 세례는 하나님께 양심을 깨끗하게 해달라고 부르짖는 내면의 호소를 외적으로 표현한 것입니다. 세례는 "주님이 예수님의 죽음을 죄인인 제게 적용하심으로 제가 죄와 심판을 모면하고, 예수님의 부활을 통해 영생을 얻게 되었습니다."라고 고백하는 의미를 지닙니다.

세례(또는 침례)는 침수의 형태로 이루어지기 때문에 몸을 깨끗이 하는 역할을 할 수도 있습니다. 그러나 베드로가 세례를 구원의 표라고 말한 이유는 그것이 아닙니다. 세례가 구원의 표인 이유는 믿음의 표현이기 때문입니다. 곧 믿음에서 우러난 호소이기 때문입니다. 바울은 로마서 10장 13절에서 "누구든지 주의 이름을 부르는 자는 구원을 받으리라"라고 말했습니다. 세례는 그렇게 주의 이름을 부르는 행위에 해당합니다. 세례는 하나님을 향한 호소입니다. 그렇다면 이런 사실이 그리스도와 함께 고난을 감내할 수 있는 힘을 제공하는 이유는 무엇일까요?

우리는 물세례를 받음으로 죄와 사망을 통과합니다. 우리는 그리스도와 함께 장사되었고, 그분과 함께 다시 살아납니다. 우리는 죽음에서 생명으로 옮겨집니다. 심판은 지나갔습니다. 현재의 고난은 하나님의 징벌이 아닙니다. 그리스도께서 이미 우리를 위해 모든 징벌을 감당하셨습니다. 우리는 그 사실을 믿음으로 받아들이고, 세례를 통해 그 믿음을 표현합니다. 세례는 가장 혹독한 고난이 사라졌다는 것을 상기시킵니다. 그리스도께서 우리를 위해 그 고난을 짊어지셨습니다. 우리는 심판을 받지도 않고, 정죄를 당하지도 않습니다. 우리는 그리스도 안에서 죽었고, 그분 안에서 다시 살아났습니다. 따라서 현재의 고난은 하나님의 진노의 결과가 아니라 영원한 영광을 누릴 준비를 갖추게 하기 위한 사랑의 징계입니다.

5. 그리스도께서 하나님의 오른편에서 만물을 다스리신다는 것을 기억하십시오.

마지막으로 베드로는 고난을 감내할 수 있는 힘을 제공하기 위해 그리스도께서 하나님의 오른편에 앉아 천사들과 권세들과 능력들을 다스리신다고 말했습니다.

"그는 하늘에 오르사 하나님 우편에 계시니 천사들과 권세들과 능력들이 그에게 복종하느니라"(22절).

고난을 감당할 준비를 갖추려면 반드시 기억해야 할 사실이 하나 있습니다. 우리를 괴롭히고, 속이고, 압제하고, 비난하는 마귀가 원하는 대로 자유롭게 그런 일을 할 수 없다는 것입니다. 천사들과 권세들과 능력들과 마귀와 악한 영들과 귀신들이 모두 예수 그리스도께 복종합니다.

베드로가 편지의 마지막 부분에서 마귀가 우는 사자 같이 두루 다니며 삼킬 자를 찾고 있으니 믿음을 굳건하게 하여 그를 대적하라고 말했을 때(5:8-9), 그가 말한 믿음은 곧 천사들과 권세들과 능력들이 예수님께 복종한다는 것을 믿는 믿음을 가리킵니다. 우리는 이 믿음으로 마귀를 대적하고, "너는 예수님께 복종한다. 예수님은 하나님의 오른편에 앉아 계시고, 너는 그분의 지배를 받는다. 그분의 허락이 없이는 너는 아무것도 할 수 없다. 너는 사슬에 묶인 사자에 불과하다. 그분이 허락하시지 않는 한, 너는 나를 건드릴 수 없다. 설령 네가 그분의 허락을 받아 나를 건드린다고 해도 오히려 나를 유익하게 하고, 그분을 영화롭게 할 뿐이다."라고 꾸짖어 물리쳐야 합니다.

　신자들이여, 굳게 서십시오. 이 큰 믿음 안에 굳건히 서십시오. 그리스도의 뜻으로 무장하십시오. 인자이신 주님은 섬김을 받기 위해서가 아니라 도리어 섬기려 하고, 자기 목숨을 많은 사람의 대속물로 주기 위해 오셨습니다. 우리 모두 그분을 따릅시다.

26장

고난의 갑옷

베드로전서 4장 1-6절

"그리스도께서 이미 육체의 고난을 받으셨으니 너희도 같은 마음으로 갑옷을 삼으라 이는 육체의 고난을 받은 자는 죄를 그쳤음이니 그 후로는 다시 사람의 정욕을 따르지 않고 하나님의 뜻을 따라 육체의 남은 때를 살게 하려 함이라 너희가 음란과 정욕과 술취함과 방탕과 향락과 무법한 우상 숭배를 하여 이방인의 뜻을 따라 행한 것은 지나간 때로 족하도다 이러므로 너희가 그들과 함께 그런 극한 방탕에 달음질하지 아니하는 것을 그들이 이상히 여겨 비방하나 그들이 산 자와 죽은 자를 심판하기로 예비하신 이에게 사실대로 고하리라 이를 위하여 죽은 자들에게도 복음이 전파되었으니 이는 육체로는 사람으로 심판을 받으나 영으로는 하나님을 따라 살게 하려 함이라"

지상명령과 고난

고난이 없이는 지상명령을 완수할 수 없습니다. 성경을 살펴보면 그 이유가 여러 곳에서 발견됩니다. 예수님은 복음이 모든 민족에게 전파될 것을 언급하시면서 "너희가 내 이름 때문에 모든 민족에게 미움을 받으리라"(마 24:9, 14)라고 말씀하셨습니다. 세상 어느 곳에 가서 복음을 전해도 기뻐하며 환영하는 사람들만 있는 것이 아닙니다. 분노를 표출하는 사람들도 있습니다. 이것이 첫 번째 이유입니다.

고난이 없이는 지상명령을 완수할 수 없다고 생각할 수밖에 없는 두 번째 이유는, 복음 전도가 "그리스도의 남은 고난을…채우는" 것이기 때문입니다(골 1:24). 우리의 구원을 이루기 위해 예수님이 고난을 받으셨습니다. 구원의 복음을 전할 때 예수님을 본받아 기꺼이 고난을 감수해야 합니다. 이것이 하나님의 뜻입니다.

고난이 없이는 지상명령을 완수할 수 없다고 생각할 수밖에 없는 세 번째 이유는, 예수님이 최초의 복음전도자들을 보내면서 "아버지께서 나를 보내신 것 같이 나도 너희를 보내노라"(요 20:21), "집 주인을 바알세불이라 하였거든 하물며 그 집 사람들이랴"(마 10:25)라고 말씀하신 데서 찾을 수 있습니다.

이밖에도 바울은 에베소에 교회를 세우는 사역과 아시아에 복음을 전하는 사역을 행하면서(행 19:10), 디모데에게 이렇게 당부합니다. "부끄러워하지 말고 오직 하나님의 능력을 따라 복음과 함께 고난을 받으라…그리스도 예수의 좋은 병사로 나와 함께 고난을 받으라…고난을 받으며 전도자의 일을 하며"(딤후 1:8, 2:3, 4:5). 이것이 그 네 번째 이유입니다.

이 네 가지 이유가 모두 성경에서 발견됩니다. 하나님의 구원 사역

(바울이 사도행전 26장 18절에서 "어둠에서 빛으로, 사탄의 권세에서 하나님께로 돌아오게 하

)을 널리 전하고자 할 때 고난을 예상할 수밖에 없는 이유는 이외에도 많습니다. 나는 그런 사역에 동참하기를 원하고, 다른 사람들도 그럴 것이라고 믿습니다. 이것이 베드로전서가 오늘날 우리에게 매우 적절한 이유입니다. 베드로전서의 주된 목적은 신자들이 죄와 침묵보다는 고난을 선택하게 하고, 또 그 고난을 기꺼이 감내하도록 돕는 데 있습니다.

고난의 갑옷을 구성하는 다섯 가지 장비

베드로는 오늘의 본문에서 증인의 삶을 살기 위해 고난을 감내하는 데 격려가 되는 다섯 가지 말을 전합니다. 본문의 핵심이 1절에 잘 드러나 있습니다. "그리스도께서 이미 육체의 고난을 받으셨으니 너희도 같은 마음으로 갑옷을 삼으라."

생각과 결심으로 무장하십시오. 생각과 결심은 우리를 보호하고, 승리를 돕습니다. 베드로가 말하는 결심은 하나님이 원하시면(3:17) 의를 위해 기꺼이 고난을 받겠다는 결심을 가리킵니다. 그런 결심을 가지면 우리 자신을 단단하게 무장할 수 있습니다. 왜냐하면 이미 각오를 단단히 해두면 고난이 닥쳤을 때 놀라지 않을 수 있기 때문이고, 또 앞으로 닥칠 일에 미리 대비할 수 있기 때문입니다.

이것이 오늘의 본문과 설교의 목적입니다. 오늘의 본문과 설교의 목적은 고난이 닥칠 때를 대비해 준비를 잘 갖추도록 돕는 데 있습니다. 다섯 가지 격려의 말, 곧 고난의 갑옷을 구성하는 다섯 가지를 하나씩 살펴보겠습니다.

첫 번째 무장 : 그리스도께서 고난 당하셨다

"그리스도께서 이미 육체의 고난을 받으셨으니 너희도 같은 마음으로 갑옷을 삼으라."

기꺼이 고난을 받도록 격려해 주는 첫 번째 사실은 그리스도께서 고난을 받으셨다는 것입니다. 그분은 우연히 고난 당하신 것이 아니라 스스로 고난을 선택하셨습니다. "이를 내게서 빼앗는 자가 있는 것이 아니라 내가 스스로 버리노라"(요 10:18).

18년 동안 옥중 생활을 했던 루마니아의 리차드 범브란트 목사는 《감옥에서 보내는 설교 100편》이라는 책에서 이렇게 말했습니다.

> 나는 제안을 받아들였다. 그리스도인들은 십자가를 짊어지신 그들의 왕과 같은 부르심을 받고 있다. 이 고귀한 부르심과 예수님의 길을 걷는 것에 대한 의식이 환난 가운데서도 기쁨을 주고, 마치 신랑이 신부의 방에 들어갈 때처럼 즐거운 마음으로 믿음을 위해 기꺼이 투옥되게 만든다.

우주의 창조주요 만물의 유지자요 세상의 구원자이신 무죄한 하나님의 아들께서 고난을 자신의 소명으로 받아들이셨을 뿐 아니라 우리에게 각자 자기 십자가를 지고 따라오면 참되고, 영원한 생명을 얻을 것이라고 말씀하셨다는 사실이 이 갑옷의 가장 중요한 중심부를 차지합니다. 우리의 목석은 예수님과 함께 고난을 받는 것입니다.

두 번째 무장 : 죄와 깨끗하게 결별한 증거이다

"너희도 같은 마음으로 갑옷을 삼으라 이는 육체의 고난을 받는 자는 죄를 그쳤음이니."

고난을 선택했다는 것은 곧 죄의 속박에서 벗어났다는 증거입니다. 그리스도를 위해 고난을 받을 가치가 충분하다는 각오와 생각을 가지고 살다가 고난과 죄 가운데 한쪽을 선택해야 할 상황에 직면하면 그런 신념을 선뜻 실천에 옮겨야 합니다. 고난을 선택하면 죄를 물리치고 승리할 수 있습니다. 의를 위해 고난을 받는 것은 죄를 그쳤다는 것, 곧 비록 완전하지는 않더라도 죄와 결별했다는 증거입니다.

2절은 "그 후로는 다시 사람의 정욕을 따르지 않고 하나님의 뜻을 따라 육체의 남은 때를 살게 하려 함이라"는 말씀으로 그런 결별의 결과를 구체적으로 묘사했습니다. 옳은 일을 위해 고난을 받는다는 것은 인간의 부패한 욕망을 버리고 하나님의 뜻을 가장 큰 가치로 여겨 추구한다는 증거입니다. 따라서 죄로부터의 자유와 의를 위해 기꺼이 고난을 받겠다는 각오로 우리 자신을 무장해야 할 필요가 있습니다.

세 번째 무장 : 지난날에 죄를 지은 것만으로 족하다

"너희가 음란과 정욕과 술 취함과 방탕과 향락과 무법한 우상 숭배를 하여 이방인의 뜻을 따라 행한 것은 지나간 때로 족하도다"(3절). 간단하면서도 의미심장한 말씀이 아닐 수 없습니다. 죄를 짓는 생활은 이미 지나간 때로 충분합니다. 따라서 더 이상 죄를 짓지 마십시오. 죄를 짓지 않기 위해 고난을 받아야 한다면 차라리 고난을 받으십시오. 과거의 죄만으로도 이미 충분하다는 생각으로 무장하십시오. 회심하기 전에 죄를 조금 지었다면 그것으로 족합니다. 회심하기 전에 오랫동안 죄를 많이 지었다면 그것으로 족합니다. "죄를 지을 시간이 좀 더 필요하다."라고 말할 수 있을 만큼 죄를 적게 지은 사람은 아무도 없습니다. 그런데도 "죄와 결별하고 하나님과 올바른 관계를 회복해야 한다는 것을 잘 알아. 그러나 시간이 좀 더 필요해. 죄를 지을 시간이 좀 더 필요해."라는 식으로 생각하는 사람이 얼마나 많은지 모릅니다. 베드로는 "죄를 지은 것은 지난날로 족하다. 죄와 결별하고 하나님의 뜻을 따르자. 이를 위해 필요하다면 고난을 기꺼이 감수하자."라는 생각으로 무장하라고 권고합니다.

베드로가 여기에서 염두에 둔 고난이 4절에 구체적으로 언급되었습니다. "이러므로 너희가 그들과 함께 그런 극한 방탕에 달음질하지 아니하는 것을 그들이 이상히 여겨 비방하나." 그렇습니다. 사람들은 우리를 비방하고, 비난합니다. 그들은 우리를 어리석어 보이게 만듭니다. 그러나 예수님이 그러셨던 것처럼 하나님의 뜻이라면 죄를 짓기보다 그런 비웃음을 기꺼이 감수해야 합니다. 우리가 죄를 지은 것은 지난날로 충분합니다.

네 번째 무장 : 적대자들이 정의의 심판을 받을 것이다

의를 위해 고난을 받을 때는 복수하겠다는 앙심을 품을 필요가 없습니다. 우리가 모든 것을 결정하려고 할 필요도 없고, 눈을 부릅뜨고 노려볼 필요도 없습니다. 하나님이 모든 것을 옳게 매듭지으실 것입니다. 그분은 우리보다 그 일을 훨씬 더 잘하실 것입니다.

5절은 "그들이 산 자와 죽은 자를 심판하기로 예비하신 이에게 사실대로 고하리라"라고 말씀합니다. 옳은 일을 위해 고난을 받을 때 우리가 쉽게 빠지기 쉬운 유혹 가운데 하나는 스스로 책임을 묻는 것입니다. 물론 그렇게 하는 것이 옳을 때도 있습니다. 예를 들어 부모는 불순종하는 자녀를 징계해야 하고(잠 13:24), 경찰관은 법을 어긴 사람들을 처벌해야 하며(롬 13:4), 고용주는 게으른 일꾼에게 책임을 물어야 하고(살후 3:10), 장로들은 교회에서 권징을 실시해야 합니다(히 13:17). 그러나 대개의 경우 의를 위해 고난을 받을 때는 스스로 책임을 물으려고 하기보다 "공의로 심판하시는 이에게 부탁하시며"(벧전 2:23)라는 말씀대로 모든 것을 의롭게 심판하시는 하나님께 맡기는 것이 그분의 뜻입니다. 우리는 공정함을 바라는 성향이 있기 때문에 그런 식으로 하나님께 모든 것을 일임하려면 정의가 반드시 이루어질 것이라는 확신이 필요합니다. 베드로는 5절을 통해 바로 그런 확신을 심어줍니다. 그의 말에는 "그들은 언젠가는 심판을 받게 될 것이다. 그 무엇도 감추지 못할 것이고, 잊히지 않을 것이다. 하나님이 재판관이 되실 것이다."라는 의미가 담겨 있습니다.

베드로는 죽음이 심판을 면하게 해줄 것이라고 착각하지 않도록 하나님이 산 자와 죽은 자를 심판하실 것이라고 말했습니다. 죽음은 죄인의 도피처가 될 수 없습니다. 히브리서 9장 27절은 "한번 죽는 것은 사람에게 정해진 것이요 그 후에는 심판이 있으리니"라고 말씀합니다. 사람들은 죄를 짓고도 뉘우치지 않았는데도 그 일을 쉽게 잊고, 오랫동안 안락하게 죄의 삶을 즐기다가 죽음을 맞이합니다. 그러나 죽은 후에는 모든 것을 빠짐없이 기억하고 계시는 하나님 앞에서 심판을 받아야 합니다. 따라서 부당하게 고난을 받았거나 살인을 저지르고서도 벌을 받지 않은 사람이 있더라도 하나님의 손에 모든 것을 맡기십시오. 그분이 산 자와 죽은 자를 공의로 심판하실 것입니다. 따라서 하나님께 심판을 맡기고 옳은 일을 위해 고난을 받아야 한다는 생각으로 우리 자신을 무장해야 합니다.

다섯 번째 무장 : 우리는 죽음을 이기고 승리할 것이다

6절은 이해하기가 좀 어렵습니다만, 죽고 나서 복음을 들은 사람들이 아니라 복음을 듣고 죽어 영으로 그리스도와 함께 거하는 사람들을 가리킨다고 생각합니다.

> "이를 위하여 죽은 자들(복음을 들을 때 죽은 상태에 있는 사람들이 아니라 복음을 듣고 나서 지금 죽은 상태에 있는 사람들)에게도 복음이 전파되었으니 이는 육체로는 사람으로 심판을 받으나 영으로는 하나님을 따라 살게 하려 함이라."

이 구절의 요점은 "죽은 뒤에는 심판이 있을 것이고, 우리는 모두 죽게 될 테지만 복음을 듣고 믿는 사람은 영으로는 하나님의 뜻을 따라 살 것이다."라는 격려의 말을 전하는 데 있습니다.

아마도 적대자들은 그리스도인들을 이렇게 비방할 것입니다. "하하! 그토록 좋은 소식을 가지고 있다고? 심판을 모면할 수 있다고? 하나님은 위대하시며, 구원과 기쁨을 허락하신다고? 그런 말은 많은 즐거움을 포기한 채 다른 모든 사람처럼 죽게 될 것이라는 소리로밖에 들리지 않아. 당신도 죽어 썩게 되고, 우리도 죽어 썩게 될 텐데, '내일 죽을 터이니 먹고, 마시고, 즐거워하자'라고 말해야 옳지 않은가?"

베드로가 그런 비방을 막고, 예수님처럼 고난을 선택하도록 돕기 위해 제시한 다섯 번째 격려의 말은 간단합니다. 그는 "지금 죽은 상태에 있는 신자들에게 전파되었던 복음은 헛되지 않았다.”는 것입니다. 지금 죽은 상태에 있는 신자들은 복음을 전해 들은 덕분에 비록 겉으로는 다른 모든 사람들처럼 심판을 받아 죽은 것처럼 보일지 몰라도 사실은 심판을 받지 않았습니다. 그들은 지금 영으로 살아 있습니다. 그들은 주님과 함께 거합니다. 따라서 그들이 세상에서 경험한 고난은 장차 그들에게 나타날 영광과 족히 비교할 수 없습니다(롬 8:17, 18).

고난을 받겠다는 각오로 스스로를 무장하라

오늘 아침, 주님은 우리에게 “하나님의 뜻이라면 기꺼이 의를 위해 고난을 받겠다는 각오로 너희 자신을 무장하라”고 말씀하십니다. 우리를 도와주고, 격려하고, 지탱해 줄 갑옷의 장비를 다시 간단하게 요약하면 다음과 같습니다.

첫 번째 무장 : 우리가 사랑하고, 따르는 그리스도께서 고난을 받으셨다.

두 번째 무장 : 우리는 고난을 받음으로써 죄와 깨끗하게 결별한 증거이다.

세 번째 무장 : 지난날에 죄를 지은 것만으로 충분하다.

네 번째 무장 : 적대자들이 정의의 심판을 받을 것이다.

다섯 번째 무장 : 복음을 받아들인 우리는 죽음을 이기고 승리할 것이다.

그리스도 예수 안에 있는 자들에게는 정죄함이 없습니다. 이번 한 주 동안, 주님이 어디로 인도하시든, 또 어떤 희생이 뒤따르든 기꺼이 그분을 따라갑시다.

27장

말세를 살아가는 법

베드로전서 4장 7-11

"만물의 마지막이 가까이 왔으니 그러므로 너희는 정신을 차리고 근신하여 기도하라 무엇보다도 뜨겁게 서로 사랑할지니 사랑은 허다한 죄를 덮느니라 서로 대접하기를 원망 없이 하고 각각 은사를 받은 대로 하나님의 여러 가지 은혜를 맡은 선한 청지기 같이 서로 봉사하라 만일 누가 말하려면 하나님의 말씀을 하는 것 같이 하고 누가 봉사하려면 하나님이 공급하시는 힘으로 하는 것 같이 하라 이는 범사에 예수 그리스도로 말미암아 하나님이 영광을 받으시게 하려 함이니 그에게 영광과 권능이 세세에 무궁하도록 있느니라 아멘"

내가 베늘레헴 교회에 부임한 뒤로 이 본문에 근거해 최소한 시니 빈 설교를 전한 기억이 납니다. 한 번은 7절을 중심으로 기도에 관해, 한 번은 8, 9절을 중심으로 사랑과 관대함에 관해, 한 번은 10절을 중심으로 영적 은사에 관해 각각 말씀을 전했고, 마지막으로 11절을 중심으로 하나님을 섬겨 그분을 영화롭게 하는 법을 전했습니다.

따라서 이번에는 무엇에 초점을 맞춰 말씀을 전할지 고민하던 중에 전에 다루지 않았던 주제를 다루는 것이 좋겠다는 생각이 들었습니다. 두 가지가 시기적절한 것처럼 느껴졌습니다. 하나는 7절의 "만물의 마지막이 가까웠으니"라는 문구와 관련이 있고, 다른 하나는 주님이 하나의 교회로서 이 시기(즉 어려운 한때를 지나고, 삶의 근본 목적을 향해 나아가는 시기)를 함께 살아가는 우리에게 하나님이 특별히 허락하신 말씀으로 여겨지는 것입니다.

이것이 내가 오늘 아침에 전하고 싶은 말씀입니다. 나는 먼저 "만물의 마지막이 가까이 왔으니"라는 말씀의 의미를 설명하고, 그런 다음에는 어제 주님이 내게 매우 강력하게 떠오르게 하신 말씀을 전할 생각입니다.

만물의 마지막이 가까이 왔다

베드로는 "만물의 마지막이 가까이 왔으니"라는 말로 7절을 시작했습니다. 그는 무슨 의도로 그렇게 말했을까요? 그는 예수님이 몇 달 혹은 몇 년 안에 다시 오셔서 세상의 역사를 끝내고 나라를 건설하실 것이라고 믿고 그렇게 주장했을까(이 경우라면 그의 예언은 틀렸다)? 아니면 예수님이 오시기 전에 일어나야 할 일이 모두 일어나면 그분이 언제라도 다시 오실 수 있다고 가르친 것일까(이 경우라면 예수님의 재림이 항상 임박한 상태에 있다는 뜻에서 가까이 왔다고 말한 셈이 된다)? 이것도 아니라면 다른 무슨 의도가 있었던 것일까?

베드로는 틀리지 않았다

성경을 온전히 믿지 못하는 해석자들은 사도들이 "만물의 마지막이 가까이 왔다"라고 말한 것은 오류라고 결론짓습니다. 그들은 사도들이 마지막이 가까이 왔다고 말했지만 벌써 2천 년이 지났다고 말하면서 그들의 말이 틀렸다고 주장합니다.

그러나 성경을 하나님의 말씀으로 믿고, 하나님이 교회에 오류를 가르치도록 허용하지 않으셨다고 확신하는 우리는 그런 결론에 동의할 수 없습니다. 그렇게 동의할 수 없는 이유가 몇 가지 있습니다. 그 중에 하나는 사도들이 예수님께 "주께서 이스라엘 나라를 회복하심이 이때니이까"(행 1:6)라고 물었을 때 베드로도 그 자리에 함께 있었다는 사실입니다. 그 당시에 베드로는 "때와 시기는 아버지께서 자기의 권한에 두셨으니 너희의 알 바 아니요"(행 1:7)라는 예수님의 가르침을 직접 들었습니다. 예수님이 다시 오셔서 나라를 세우실 때를 아는 것은 그의 소관이 아니었습니다. 그는 그 점을 잘 알고 있었습니다. 그의 임무는 주님이 다시 오실 때까지 예루살렘과 유대와 사마리아와 땅 끝까지 복음을 전하라는 명령을 이행하는 것이었습니다.

기도에 관한 말에서 발견되는 실마리

그렇다면 베드로가 7절에서 만물의 마지막을 언급한 이유는 무엇일까요? 그 실마리를 기도를 언급한 말에서 찾을 수 있습니다. "그러므로 너희는 정신을 차리고 근신하여 기도하라." 베드로는 마지막 때와 기도를 연관시켰습니다. 나는 이것이 예수님의 가르침을 상기시켜 준다고 생각합니다. 예수님도 누가복음 21장 36절에서 이와 똑같은 가르침을 베푸신 적이 있습니다.

잠시 그 말씀을 찾아 전후 문맥을 살펴보겠습니다. "이러므로 너희는 장차 올 이 모든 일을 능히 피하고 인자 앞에 서도록 항상 기도하며 깨어 있으라." 여기에서 "피하고"라는 말은 그리스도인들이 세상에서 떠나 예수님이 예고하신 환난을 겪지 않을 것이라는 의미가 아닙니다. 우리는 그렇게 할 수 있는 능력을 원하지 않습니다. 우리는 단지 말세의 중압감에 짓눌려 영적으로나 도덕적으로 무너지지 않도록 우리를 지켜줄 능력을 간구할 뿐입니다. 예수님은 그보다 두 구절 앞선 34절에서 방탕함과 술 취함과 생활의 염려로 마음이 둔해진 사람들에게 마지막 날이 "덫"과 같이 임할 것이라고 경고하셨습니다. 우리에게 필요한 것은 말세가 가까이 다가오는 동안, 세상의 덫에 걸리지 않도록 우리를 지켜줄 능력입니다.

이처럼 예수님과 베드로는 말세가 임박한 것과 기도의 긴급한 필요를 연관시켜 말했습니다. 베드로는 예수님이 그렇게 가르치시는 것을 듣고, 그분에게서 교훈을 배웠습니다. 따라서 누가복음 21장의 문맥을 조금 더 살펴보면서 예수님이 베드로를 비롯해 다른 제자들에게 말세를 어떻게 생각하도록 가르치셨는지를 파악해야 할 필요가 있습니다.

말세에 관한 예수님의 가르침

예수님은 누가복음 21장 6절에서 예루살렘 성전의 파괴를 예고하셨습니다. "돌 하나도 돌 위에 남지 않고 다 무너뜨려지리라." 제자들은 그 말씀을 듣고 그런 일이 일어날 때에 나타날 징조에 관해 물었습니다(7절).

예수님은 그런 일이 일어날 때부터 세상의 종말에 이르는 동안에 일어날 일을 몇 가지 언급하셨습니다. "난리와 소요의 소문을 들을 때에 두려워하지 말라 이 일이 먼저 있어야 하되 끝은 곧 되지 아니하리라"(9절). 예수님은 그런 징조들(전쟁과 소요)이 있고 나서 즉시 종말이 온다고 말씀하지 않았습니다. 종말의 시기는 확실하게 정해지지 않았습니다. 예수님은 특정 시간을 언급하지 않으셨습니다.

예수님은 10절과 11절에서 다시 전쟁과 지진과 기근을 비롯해 하늘에서 무서운 징조들이 나타날 것이라고 말씀하셨습니다. 그러고 나서 예수님은 12절에서 뭔가 시기와 관련된 중요한 말씀을 이어가셨습니다. 그분은 전쟁과 격변과 기근과 지진을 언급하시고 나서 "이 모든 일 전에 내 이름으로 말미암아 너희에게 손을 대어 박해하며"라고 말씀하셨습니다.

"전에"라는 말에 주목하십시오. 다시 시간이 뚜렷하게 정해지지 않은 시기가 언급되었습니다. 베드로와 제자들이 경험하게 될 박해가 언급되었습니다. "이 모든 일 전에," 곧 전쟁과 기근과 지진 전에 그런 일이 먼저 일어나고, 그 후 종말이 올 것입니다. 그런 일과 종말 사이의 기간은 명확하게 언급되지 않았습니다.

예수님은 종말에 이르는 과정에서 일어나게 될 징조를 몇 가지 더 언급하셨을 뿐, 그런 일이 언제 일어날 것인지, 그 일들이 서로 어떤 연관을 맺고 있는지에 대해 구체적으로 말씀하지 않으셨습니다. 예를 들어 20절은 "너희가 예루살렘이 군대들에게 에워싸이는 것을 보거든 그 멸망이 가까운 줄 알라"라고 말씀하고, 24절은 "예루살렘은 이방인의 때가 차기까지 이방인들에게 밟히리라"라고 말씀합니다. 예루살렘의 멸망은 종말이 오기 전에 일어날 일들 가운데 하나입니다. 그 일이 일어난 뒤에는 다시 특별하게 정해지지 않은 기간이 계속될 것입니다. 예수님은 이를 "이방인의 때"로 일컬으셨습니다.

베드로는 예수님이 언제라도 재림하실 것이라고 말하지 않았다

베드로가 베드로전서를 기록할 무렵, 예루살렘은 아직 멸망하지 않았습니다. 그는 65년경에 죽었고, 예루살렘은 70년에 로마인들에 의해 멸망했습니다. 따라서 "만물의 마지막이 가까이 왔으니"라는 베드로의 말이 예수님이 언제라도 재림하실 수 있다는 의미라는 해석에 동의하기 어렵습니다. 예수님은 예루살렘이 먼저 멸망하고, 그 뒤에 특별히 정해지지 않은 이방인의 때가 지속되다가 종말이 임하고, 자신의 재림이 있을 것이라고 말씀하셨습니다.

예수님은 예루살렘의 멸망 외에도 종말이 오기 전에 온 세상에 복음이 전파될 것이라고 말씀하셨습니다. 예를 들어 마태복음 24장 14절은 "이 천국 복음이 모든 민족에게 증언되기 위하여 온 세상에 전파되리니 그제야 끝이 오리라"라고 말씀합니다(행 1:8 참조).

그뿐 아니라 예수님은 베드로가 노년에 겪게 될 일도 언급하셨습니다. 그분은 베드로가 늙을 때까지 살 것이라고 예언하셨습니다. "네가…늙어서는 네 팔을 벌리리니 남이 네게 띠 띠우고 원하지 아니하는 곳으로 데려 가리라"(요 21:18). 따라서 베드로는 자신이 중년의 나이로 사역을 행하는 동안 예수님이 다시 오실 것이라고 생각하지 않았을 것이 틀림없습니다. 예수님은 그가 늙어서 어떻게 죽게 될 것인지를 암시하셨습니다.

바울도 예수님이 언제라도 오실 수 있다고 믿는 견해에 대해 진지하게 경고했습니다. 그는 데살로니가 신자들에게 "먼저 배교하는 일이 있고 저 불법의 사람 곧 멸망의 아들이 나타나기 전에는 그 날이 이르지 아니하리니"(살후 2:3)라고 말했습니다. 그는 주님의 날이 이미 왔을 수도 있다는 견해가 널리 확산되는 것을 경계했습니다. 그는 주님의 날이 이르기 전에 먼저 일어나야 할 일들이 있다고 강조했습니다.

"만물의 마지막이 가까이 왔으니"에 대한 해석

나는 "만물의 마지막이 가까이 왔으니"라는 베드로의 말이 다음과 같은 의미를 지닌다고 생각합니다.

"주님이 말씀하신 대로 도처에서 박해가 심해지고, 전쟁의 소문이 있을 것이다. 이스라엘의 미래가 암울하고, 예루살렘에 대한 심판이 가까웠다. 그뿐 아니라 성령께서 임하셔서 복음이 들불처럼 번질 것이다. 바울은 짧은 시간에 갈라디아의 주요 도시에 교회들을 세웠고, 지금은 예루살렘에서부터 멀리 이달리야 북무까지 선교 전선을 확대했다(롬 15:19). 그는 서바나에 갈 계획을 세우고 있다. 수백, 아니 어쩌면 수천 명의 복음전도자들이 일어나 불신자들에게 복음을 전하게 될 것이다. 세상이 얼마나 큰지는 알지 못한다. 그러나 오순절 성령 강림과 바울 사역의 성공을 증거로 삼는다면 하나님의 위대하신 능력에 의해 온 세상에 복음이 전파될 날이 머지않은 듯하다. 형제들이여, 종말이 가까이 다가왔다. 물론 그 날이 언제인지 정확히 알 수는 없다. 주님이 자신의 재림 이전에 일어날 것이라고 말씀하신 일들이 지금 우리 주변에서 일어나고 있다. 이 모든 일은 너희의 생전에 신속하게 이루어질 수도 있다. 따라서 정신을 차리고 기도하라. 왜냐하면 이 세상을 사랑하며 영적으로 둔감해져 있을 때 그 날이 도적 같이 이르러 멸망하게 될 위험이 크기 때문이다. 형제들이여, 기도하라. 하나님 나라의 도래를 위해 모든 어려움을 능히 견딜 수 있는 능력을 얻고, 또 영적으로 무감각해지지 않기 위해 기도하라. 인자이신 주님 앞에 담대히 설 수 있게 해달라고 기도하라."

이것이 내가 오늘 주님의 재림에 관해 말하고 싶은 내용입니다. 재림이 임박했습니다. 종말이 가까이 다가왔습니다. 누구든지 "아직 시간이 많아."라고 생각하며 죄악 가운데 세상과 어울린다면, 스스로 어리석음을 자초하는 셈이 될 것입니다. 재판관이신 주님이 문밖에 서 계십니다. 따라서 세상의 근심과 염려로 마음이 둔해지지 않도록 남아 있는 시간을 열심히 기도하는 일에 사용해야 합니다.

베들레헴 교회를 위한 말씀 :
사랑으로 다른 사람들에게 경고의 말을 전하라

어제 브라질에서 집으로 돌아오는 내내 이 생각이 나를 무겁게 짓눌렀습니다. 나는 상파울루 공항, 마이애미 공함, 시카고 공함, 미니애폴리스 공항에서 종말이 가까이 왔다고 믿지 않는 수많은 사람을 목격했습니다. 그들은 심판과 구원의 날을 정해 놓고 만사를 이끄시는 역사의 주인이 존재하신다는 사실을 알지 못합니다. 그동안에도 오랫동안 잃어버린 자들을 염려하는 마음이 있었지만 그런 마음이 더욱 절실하게 느껴졌습니다. 주님께서 될 수 있는 대로 많은 사람들에게 사랑과 진지함과 담대함으로 경고의 말을 전할 수 있는 마음을 허락해 주시기를 기도합니다.

이것이 오늘 아침에 주님이 우리에게 허락하신 말씀입니다. 이외에도 주님의 말씀은 한 가지 더 있습니다. 그리고 이 자리에 있는 사람들은 내가 미저 깨닫지 못한 또 다른 무엇인가를 발견할 수 있을지도 모릅니다.

베들레헴 교회를 위한 또 하나의 말씀 : 사랑은 죄를 덮어준다

우리를 위한 또 하나의 말씀이 8절과 9절에서 발견됩니다. 이 말씀은 종말의 긴박감 속에서 함께 살아가는 방법을 가르칩니다. "무엇보다도 뜨겁게 사랑할지니 사랑은 허다한 죄를 덮느니라"(8-9절).

8절은 서로의 죄를 덮어줄 수 있는 사랑이 필요하다고 가르칩니다. 이 말씀은 죄에도 불구하고 교제를 가능하게 하는 사랑의 힘에 초점을 맞춥니다. 참으로 놀랍지 않습니까?

그러고 나서 베드로는 9절에서 서로 대접하기를 "원망 없이" 하라고 가르쳤습니다. 무엇에 대한 원망일까요? 음식을 장만하고, 집안을 정리하는 데 소요되는 시간과 노력에 대한 불평일 수도 있습니다. 그러나 사람들에 대한 불평을 염두에 두고 말했을 수도 있습니다. 사랑은 죄를 덮어줍니다. 대접은 불평 없이 베풀어야 합니다. 사랑이 있는 사람은 "불평이나 불만을 토로할 수 있는 일을 언급하지 않겠다."고 생각합니다.

주님은 우리에게 말씀을 허락하십니다. 베드로전서를 살펴보는 동안, 주님은 본문을 통해 우리에게 말씀하십니다. 우리가 불평과 불만을 토로할 이유는 많습니다. 우리 중에는 딘과 레아에게 권징이 주어진 방식에 대해 불만을 느끼는 사람들도 있고, 장로들의 문제를 처리하는 과정에서 잘못이 있었다고 생각하는 사람들도 있을 것입니다. 또이 두 가지를 모두 생각하지 않거나 둘 다 생각하는 사람들도 있을 것입니다.

그러나 오늘 아침에 하나님은 놀랍게도 사랑은 죄를 덮는다는 말씀을 우리에게 허락하셨습니다. "대접," 곧 진실한 마음에서 우러나는 교제가 얼마든지 가능한 이유는 우리가 그 죄가 어떤 죄인지에 대해 의견을 같이 하고, 그 죄의 진상을 옳게 파악해 결정을 내렸기 때문이 아니라 사랑이 죄를 덮어주기 때문입니다. 이것이 오늘의 본문에서 발견되는 놀라운 사실입니다.

베드로는 죄를 덮어주어야만 진실하고, 참된 사랑과 교제가 이루어질 수 있다고 말했습니다. 물론 이것은 죄를 은폐하라거나 은밀한 죄를 감추라거나 교회의 권징을 포기하라는 뜻이 아닙니다. 이것은 일단 죄를 꾸짖어 잘잘못을 따지고, 권고의 말을 전한 후에는 더 이상 거론하지 말라는 뜻입니다. 즉 죄를 지은 쪽이든 죄를 견책하는 쪽이든 더는 그 일을 문제 삼아 불평하지 말고, 덮어두어야 합니다.

그리고 나서는 함께 하나님이 앞으로 허락하실 은혜를 바라보고, 삶의 근본 목적을 향해 나아가야 합니다. "이는 범사에 예수 그리스도로 말미암아 하나님이 영광을 받으시게 하려 함이니 그에게 영광과 권능이 세세에 무궁하도록 있느니라 아멘"(11절)이라는 말씀대로, 항상 하나님의 영광을 위해 살아가야 합니다.

28장

고난 속에서도 기뻐할 수 있는 이유

베드로전서 4장 12-19절

"사랑하는 자들아 너희를 연단하려고 오는 불 시험을 이상한 일 당하는 것 같이 이상히 여기지 말고 오히려 너희가 그리스도의 고난에 참여하는 것으로 즐거워하라 이는 그의 영광을 나타내실 때에 너희로 즐거워하고 기뻐하게 하려 함이라 너희가 그리스도의 이름으로 치욕을 당하면 복 있는 자로다 영광의 영 곧 하나님의 영이 너희 위에 계심이라 너희 중에 누구든지 살인이나 도둑질이나 악행이나 남의 일을 간섭하는 자로 고난을 받지 말려니와 만일 그리스도인으로 고난을 받으면 부끄러워하지 말고 도리어 그 이름으로 하나님께 영광을 돌리라 하나님의 집에서 심판을 시작할 때가 되었나니 만일 우리에게 먼저 하면 하나님의 복음을 순종하지 아니하는 자들의 그 마지막은 어떠하며 또 의인이 겨우 구원을 받으면 경건하지 아니한 자와 죄인은 어디에 서리요 그러므로 하나님의 뜻대로 고난을 받는 자들은 또한 선을 행하는 가운데에 그 영혼을 미쁘신 창조주께 의탁할지어다"

고난과 기독교 희락주의

베드로전서가 내가 좋아하는 성경 가운데 하나라는 것이 좀 이상하게 들릴는지도 모르겠습니다. 왜냐하면 베드로전서는 대부분 적대적인 문화 속에서 살아가는 법과 고난을 주로 가르치고 있는데 나는 확고한 신념으로 뼛속에서부터 기독교 희락주의를 추구하는 사람이기 때문입니다. 그러나 인도에서 의료 선교사로 활동한 폴 브랜드가 《*Pain: The Gift Nobody Wants*》라는 책에서 쓴 내용을 이해할 수 있을 만큼 긴 세월을 살아온 사람이라면 이를 조금도 이상하게 생각하지 않을 것이 틀림없습니다.

> 나는 우리에게 다가오는 고통과 즐거움이 서로를 배척하지 않고, 마치 샴쌍둥이처럼 기이하게 얽혀 결합되어 있다는 것을 깨달았다. 내가 가장 큰 기쁨을 느꼈던 순간들을 되돌아보면 항상 어느 정도는 고통과 갈등이 뒤섞여 있었던 것을 알 수 있다.

나는 지금까지 "세상의 즐거움과 위로가 넘칠 때 가장 깊고, 귀하고, 만족스러운 삶의 기쁨을 느껴 보았소."라고 말하는 사람을 한 번도 본 적이 없습니다. 그렇게 말하는 사람은 아무도 없습니다. 왜냐하면 그것은 사실이 아니기 때문입니다. 새뮤얼 러더포드가 고난이라는 어두운 지하 저장고에 머물면서 했던 말이야말로 진정한 사실입니다. 그는 햇빛이 밝게 비치는 저택의 뜰이 아니라 "그곳(고난이란 지하 저장고)에 위대한 왕께서 포도주를 보관하고 계십니다."라고 말했습니다. 찰스 스

펄전 역시 "고난의 바다에 깊이 잠수한 사람만이 진귀한 진주를 얻을 수 있습니다."라고 말했습니다. 그의 말도 정확히 사실입니다.

기독교 희락주의자들은 왕의 포도주와 진귀한 진주를 얻기 위해서라면 고난의 지하 저장고에 갇히거나 고난의 바다에 뛰어드는 것을 마다하지 않습니다. 이런 사실을 알면 내가 박해와 순교의 안내서라고 할 수 있는 베드로전서를 좋아하는 것이 조금도 이상하지 않을 것입니다.

기쁨을 구했던 선교사 가족에 관한 이야기

버니 메이가 '위클리프 성경 번역 선교회'의 대표로 있을 때의 일입니다. 그는 무슬림 국가에 있는 한 젊은 부부의 가정을 방문했습니다. 그들 부부는 그곳에서 그리스도를 알지 못하는 10만 명의 사람들을 상대로 3년 동안 사역을 행하는 중이었습니다. 그들의 슬하에는 다섯 살이 채 안 된 어린 자녀가 셋 있었습니다.

갓난아이의 얼굴은 온통 수두 자국이었고, 그 가운데 더러는 감염된 흔적이 역력했습니다. 그는 아이가 수두에 걸렸었느냐고 물었습니다. 그러자 아이의 어머니는 "아뇨. 개미에게 물린 상처입니다. 개미들이 무는 것을 막을 수가 없어요. 나중에는 개미에 대한 면역이 생길 거예요."라고 대답했습니다.

버니 메이는 이렇게 말했습니다.

그녀는 스트레스가 심한 상태이기 때문에 죄책감을 느낀다고 솔직한 심정을 토로했습니다. 그녀와 그녀의 젊은 남편은 미국의 중부 지역에서 그곳으로 왔습니다. 그들은 거의 일 년 내내 기온이 38도를 웃도는 지역에서 살고 있습니다. 어린 자녀들은 온몸이 물린 자국 투성이입니다. 근처에서는 전쟁이 계속되고 있고, 그들을 돕는 사람들은 그들의 친구라는 이유로 많은 위험을 각오해야 하고, 마을 사람들은 대부분 기아와 질병에 시달리고 있습니다. 그들은 심지어는 자기들을 돕는 자들에게조차 자신들이 무슨 일을 하고 있는지를 알려 "위험한" 지역에서 활동하는 자신들을 위해 기도해 달라고 부탁할 수도 없는 처지입니다. 그래서 그녀는 극심한 스트레스에 시달리고 있는 탓에 죄책감을 느낀다고 말했습니다.

나는 그녀에게 스트레스를 받을 이유가 충분하다고 말했습니다. 나 같으면 그런 곳에서 사흘만 살아도 반쯤 미쳐버리고 말았을 것입니다.

그러나 이 헌신적인 젊은 부부는 웃으면서 농담을 주고받았습니다. 그들은 주님의 기쁨으로 충만했습니다.(1990년 1월에 쓴 버니 메이의 편지)

베드로전서는 그렇게 살아가는 방식에 관해 가르치는 서신입니다. 오늘의 본문은 그렇게 살라고 명령합니다. 우리가 그렇게 살아야 하고, 또 살 수 있는 이유는 최소한 여섯 가지입니다.

즐거워하라 : 그렇게 해야 할 여섯 가지 이유

즐거워하라는 명령은 13절에서 발견됩니다. "오히려 너희가 그리스도의 고난에 참여하는 것으로 즐거워하라." 기뻐하라는 명령입니다. 고난이라는 지하 저장소에 내던져졌더라도 즐거워하십시오. 고난의 바다에 깊이 잠겼더라도 즐거워하십시오. '고난에도 불구하고'가 아니라 '고난 때문에' 즐거워하십시오. 이것은 긍정적인 사고의 힘을 일깨우기 위한 조언이 아닙니다. 이것은 고난에 대한 비범하고도 초자연적이며 혁신적인 대응 방식입니다. 그런 능력은 우리에게서 비롯하지 않습니다. 이것은 영적 이방인이자 나그네인 사람들이 스스로의 영광을 위해서가 아니라 위대한 왕이신 주님의 영광을 위해 살아가는 방식입니다.

"여러 가지 시험을 당하거든 온전히 기쁘게 여기라"(약 1:2)는 말은 하나님을 고려하지 않으면 참으로 어리석은 조언이 아닐 수 없습니다. 베드로는 고난이 닥쳤을 때 즐거워할 수 있는 여섯 가지 이유를 제시했습니다. 이 이유들은 모두 하나님과 관련이 있습니다.

1. 고난은 느닷없는 재앙이 아니고 계획된 것이기 때문에

"사랑하는 자들아 너희를 연단하려고 오는 불 시험을 이상한 일 당하는 것 같이 이상히 여기지 말고"(12절).

고난은 이상하지 않습니다. 고난은 부조리하지 않습니다. 고난은 무의미하지 않습니다. 고난에는 목적이 있습니다. 우리를 연단하기 위해서입니다. 19절은 "그러므로 하나님의 뜻대로 고난을 받는 자들은… 그 영혼을 미쁘신 창조주께 의탁할지어다"라고 말씀합니다. "하나님의 뜻대로"라는 말씀에 주목하십시오. 고난은 하나님의 뜻에서 벗어나지 않고, 그 안에서 이루어집니다. 사탄이 고난의 직접적인 원인자일 때도 마찬가지입니다. 하나님은 사탄과 고난마저 다스리는 주권자이십니다.

고난의 목적을 좀 더 자세히 알기 위해 12절과 17절을 비교해 보겠습니다. 12절은 "너희를 연단하려고 오는 불 시험"이라고 말씀했고, 17절은 "하나님의 집에서 심판을 시작할 때가 되었나니 만일 우리에게 먼저 하면 하나님의 복음을 순종하지 아니하는 자들의 그 마지막은 어떠하며"라고 말씀했습니다. 세상에서 하나님의 심판이 이루어지고 있습니다. 교회도 피하지 못합니다. 심판의 불이 교회를 불사르는 이유는 교회를 연단하고, 시험하고, 정화하기 위해서고, 세상을 불사르는 이유는 경각심을 일깨우거나 파괴하기 위해서입니다.

또한 18절은 "또 의인이 겨우 구원을 받으면 경건하지 아니한 자와 죄인은 어디에 서리요"라고 말씀합니다. 신자들이 하나님의 심판이라는 불 시험을 통과해야 하는 이유는 그분이 우리를 미워하기 때문이 아니라 우리를 사랑하고, 또 우리의 정결함을 원하시기 때문입니다. 하나님은 죄를 미워하고 우리를 사랑하시기 때문에 자신이 미워하는 것을 우리에게서 제거하기 위해 고난을 허락하십니다

기뻐해야 할 첫 번째 이유는 고난이 느닷없는 재앙이 아니라 계획된 것이기 때문입니다. 고난의 목적은 우리를 시험하는 데 있습니다. 고난은 정화의 불입니다. 고난은 참 신앙을 입증하고, 강화합니다. 고난은 형식적인 믿음을 태워 없앱니다.

알렉산더 솔제니친은 러시아 신자들의 끈질긴 인내에 오랫동안 깊은 인상을 받았습니다. 어느 날 밤, 시베리아의 삼옥에서 보리스 콘벨트라는 한 유대인 의사가 솔제니친과 대화를 나누면서 자신이 기독교로 개종한 이야기를 들려주었습니다. 바로 그날 밤에 콘펠트는 몽둥이에 맞아 죽었습니다. 솔제니친은 콘펠트가 "내가 이 더러운 감옥에 누

워 있을 때 나의 내면에서 난생 처음 선한 것이 느껴졌습니다…너 감옥이여, 그동안 내 삶이 되어주었으니 참으로 복되도다."라는 말을 마지막으로 남겼다고 말했습니다.

우리는 우리의 고난이 많은 사람에게 순결함과 생명을 줄 것이라는 강한 희망을 품을 수 있습니다. 고난은 느닷없는 재앙이 아닙니다. 고난에는 목적이 있습니다.

2. 그리스도와 연합했다는 증거이기 때문에

"오히려 너희가 그리스도의 고난에 참여하는 것으로 즐거워하라"(13절). 우리의 고난은 단지 우리 자신의 것이 아닙니다. 그것은 또한 그리스도의 것이기도 합니다. 우리가 기뻐해야 할 이유는 우리의 고난이 우리가 그리스도와 연합했다는 증거이기 때문입니다.

기독교를 억압한 차우세스쿠 정권에 맞섰던 루마니아 목회자 조셉 티손은 이렇게 말했습니다.

> "그리스도와의 연합은 가장 아름다운 기독교의 진리다. 이것은 내가 여기에서 홀로 외롭게 싸우지 않다는 뜻이다. 예수 그리스도께서 내 안에 거하신다. 내가 루마니아에서 폭행을 당할 때 그분은 나의 육체 안에서 고난을 당하셨다. 그것은 나의 고난이 아니었다. 나는 단지 그분의 고난에 참여하는 영광을 누렸을 뿐이다."(티손의 "순교자의 신학"에서)

우리가 그리스도인으로서 당하는 고난이 단지 우리의 고난이 아닌 그리스도의 고난이고, 우리가 그분과 연합했다는 증거이기 때문에 우리는 기뻐할 수 있습니다.

3. 영광 중에서 더 큰 기쁨을 누리기 위한 수단이기 때문에

"이는 그의 영광을 나타내실 때에 너희로 즐거워하고 기뻐하게 하려 함이라"(13절). 지금 기뻐하면 그때에도 기뻐할 수 있습니다. 지금 고난 속에서 기뻐하는 것은 그때에 영광 중에서 수천 배나 더 큰 기쁨을 누리기 위해서입니다.

먼저 고난이 있고, 그다음에 영광이 있습니다. 베드로전서 1장 11절은 "그리스도의 영이 그 받으실 고난과 후에 받으실 영광을 미리 증언하여"라고 말씀합니다(벧전 5:1 참조). 바울도 "우리가 그와 함께 영광을 받기 위하여 고난도 함께 받아야 할 것이니라"(롬 8:17)라고 말했습니다. 예수님도, 그분과 연합한 신자들도 모두 고난을 먼저 받고, 그다음에 영광을 누립니다.

삶을 불평하고, 그 고통을 못마땅하게 여기면 그리스도의 영광이 나타날 때에 기뻐할 수 없습니다. 그리스도의 영광이 나타날 때 기뻐하려면 지금 고난 속에서 기뻐해야 합니다.

4. 영광의 영, 곧 하나님의 영이 우리에게 임하시기 때문에

"너희가 그리스도의 이름으로 치욕을 당하면 복 있는 자로다 영광의 영 곧 하나님의 영이 너희 위에 계심이라"(14절).

가장 힘든 시련을 겪을 때 가장 큰 위로가 주어집니다. 세상에서 큰 고난을 당할 때 하늘로부터 큰 도움이 임합니다. 시련을 도저히 감당할 수 없을 것이라고 생각할지 모르지만, 그리스도께 속한 사람이라면 누구나 능히 감당할 수 있습니다. 왜냐하면 주님이 우리 위에 임하여 계시기 때문입니다. 러더포드가 말한 대로, 우리의 위대한 왕께서는 고난이라는 지하 저장고에 가장 좋은 포도주를 보관하고 계십니다. 그분은 날씨가 화창할 때 포도주를 꺼내 즐기지 않으십니다. 그분은 가장 힘든 때를 위해 그것을 아껴두십니다.

영광의 영이 고난 중에 내게 임하신다는 것이 무엇을 의미하는지는 그런 은혜가 필요할 때 직접 알게 될 것입니다. 성령께서는 하나님의 영광을 충분히 나타내 우리의 영혼을 만족시키고, 시련을 극복하도록 도와주실 것입니다.

거룩해지려고 노력하십시오. 진리를 전하려고 애쓰십시오. 힘써 복음을 전하십시오. 위험을 겁내지 마십시오. 그러면 머지않아 영광의 영, 곧 하나님의 영이 고난 중에 임하시는 것을 경험하게 될 것입니다.

5. 하나님을 영화롭게 하기 때문에

"만일 그리스도인으로 고난을 받으면 부끄러워하지 말고 도리어 그 이름으로 하나님께 영광을 돌리라"(16절).

하나님을 영화롭게 한다는 것은 하나님이 우리에게 지극히 영광스러운 존재시라는 것, 곧 그분이 귀하고, 보배롭고, 만족을 주는 존재시라는 것을 우리의 행위와 태도로 나타내 보이는 것을 의미합니다. 누군가가 우리의 마음을 만족하게 한다는 것을 나타내 보일 수 있는 방법은 우리에게 만족을 주던 것들이 모두 사라졌을 때도 여전히 그 사람 때문에 기뻐하고 즐거워하는 것입니다. 따라서 고난 중에서도 하나님을 즐거워한다면, 그것은 곧 다른 것이 아닌 그분이 기쁨의 원천이시라는 것을 드러내는 것입니다.

앞서 인도에서 활동한 의료 선교사 폴 브랜드를 잠시 언급한 바 있습니다. 그는 인도 선교사로 일했던 자신의 어머니에 관한 이야기도 함께 들려줍니다. 그녀는 고난 중에서도 자아가 아닌 하나님을 영화롭게 함으로써 헌신적인 삶의 본보기를 보여주었습니다. 폴 브랜드는 이렇게 말했습니다.

"어머니는 많은 고통을 늘 짊어지고 살다시피 했다. 진정 크나큰 희생이었다. 나이가 들어서는 육체적인 아름다움이라곤 거의 아무것도 남아 있지 않을 정도였다(어머니를 사랑하고, 또 애틋하게 여기는 마음으로 하는 말이다). 넘어져서 크게 다칠 때도 많았고, 장티푸스와 이질과 말라리아를 앓은 적도 있는데다, 환경조차 몹시 불결했기 때문에 나이가 들면서 허리가 굽은 깡마른 할머니로 변했다. 오랜 세월 동안 햇빛과 바람에 노출된 탓에 얼굴의 피부는 가죽처럼 단단해졌고, 내가 본 그 어떤 사람의 주름보다도 더 깊은 주름이 얼굴을 가득 뒤덮고 있었다. 어머니는 마지막 20년을 보내면서는 집 안에 거울을 놔두지 않았다"(1994년 1월 10일자 〈크리스천 투데이〉 23쪽).

그녀는 거울도 없이 20년 동안 사역했습니다. 무슨 말인지 알겠습니까? 그녀 자신이 곧 거울이었습니다. 그곳에서 하나님의 빛과 영광이 환하게 비쳤습니다.

6. 하나님이 우리의 영혼을 신실하게 보살피시기 때문에

마지막으로, 고난 속에서도 기뻐해야 하는 이유는 창조주께서 우리의 영혼을 신실하게 보살피시기 때문입니다.

"그러므로 하나님의 뜻대로 고난을 받는 자들은 또한 선을 행하는 가운데에 그 영혼을 미쁘신 창조주께 의뢰할지어다"(19절).

고난의 강도나 형태는 저마다 제각기 다릅니다. 그러나 예수님이 오시기 전까지 우리 모두에게 한 가지 공통된 것은 모두가 죽는다는 사실입니다. 모든 것을 진지하게 생각할 수밖에 없는 시간이 우리에게 찾아옵니다. 그때에 시간이 조금 남아 있다면, 지나온 세월을 돌아보며 인생을 잘 살았는지 생각하게 될 것입니다. 잠시 후에 하나님을 만나게 될 것이라는 두려운 현실에 온몸이 떨릴 것입니다. 그때에는 영혼의 운명을 다시 돌이킬 수 없습니다.

그 순간에 기뻐할 수 있겠습니까? 신실하신 창조주께 영혼을 맡긴다면 기뻐할 수 있을 것입니다. 그분은 자신의 영광을 위해 우리의 영혼을 창조하셨습니다. 그분은 자신의 영광과 그 영광을 사랑하고, 또 그것을 위해 살아가는 사람들에게 신실하십니다. 이제 우리의 보화를 어디에 두었는지, 하늘에 두었는지 땅에 두었는지를 보여줄 때가 되었습니다. 지금은 하나님의 영광을 환하게 비출 때입니다. 그분을 믿고, 항상 기뻐하십시오.

29장

작은 목자인 장로들이여, 목자장을 만날 준비를 갖추라

베드로전서 5장 1-4절

"너희 중 장로들에게 권하노니 나는 함께 장로된 자요 그리스도의 고난의 증인이요 나타날 영광에 참여할 자니라 너희 중에 있는 하나님의 양 무리를 치되 억지로 하지 말고 하나님의 뜻을 따라 자원함으로 하며 더러운 이득을 위하여 하지 말고 기꺼이 하며 맡은 자들에게 주장하는 자세를 하지 말고 양 무리의 본이 되라 그리하면 목자장이 나타나실 때에 시들지 아니하는 영광의 관을 얻으리라"(벧전 5:1-4).

고난 당하는 교회를 목양하는 법

본문은 고난 당하는 교회를 목양하는 법을 가르칩니다. 앞 단락의 가르침을 기억해 보십시오. 그것은 4장 12절에서부터 시작합니다.

"사랑하는 자들아 너희를 연단하려고 오는 불 시험을 이상한 일 당하는 것

같이 이상히 여기지 말고 오히려 너희가 그리스도의 고난에 참여하는 것으로 즐거워하라."

아울러 17절은 하나님의 심판이 하나님의 집에서부터 시작되어 불신 세계로 확대되어 나간다는 말로 고난의 이유를 설명합니다.

"하나님의 집에서 심판을 시작할 때가 되었나니 만일 우리에게 먼저 하면 하나님의 복음을 순종하지 아니하는 자들의 그 마지막은 어떠하며."

그리고 나서 베드로는 "(그러므로) 너희 중 장로들에게 권하노니"라는 말로 오늘의 본문을 시작합니다. "그러므로"는 "세상을 정화하기에 앞서 먼저 교회를 정화하는 하나님의 심판과 교회가 당하는 고난에 비춰볼 때"라는 의미를 지닙니다. 간단히 말해, 본문은 그런 사실에 비춰 고난 당하는 양 떼를 목양하는 법을 가르칩니다. 작은 목자인 장로들이 고난 당하는 교회를 돌본다는 사실을 기억하면 본문의 요지를 쉽게 파악할 수 있습니다.

세 가지 사실

간단하면서도 중요한 사실을 몇 가지 살펴보면 다음과 같습니다.

첫째, 교회 안에는 장로들이 있습니다. 베드로전서는 본도, 갈라디아, 갑바도기아, 아시아, 비두니아에 흩어져 있는 교회들에게 보낸 것입니다. 그곳은 방대하고도 다양한 지역입니다. 아마도 그 지역에는 교회가 수백 개나 흩어져 있었을 것으로 추정됩니다. 베드로는 그 교회들에 속해 있는 장로들을 향해 거리낌 없이 말하기 시작했습니다. 이런 사실은 신약 성경의 시대에 장로들이 교회의 지도자로 활동했다는 것을 보여줍니다.

둘째, 장로들은 목자들이었습니다. 그들은 "목사"였습니다. "목자," 또는 "목사"는 신약 성경에서 교회의 지도자들을 가리키는 의미로 단 한 차례 사용되었습니다(엡 4:11). 그러나 "목양한다"라는 표현은 여러 번 사용되었습니다. 본문 2절도 "너희 중에 있는 하나님의 양 무리를 치되"라고 말씀합니다. 예수님은 베드로에게 "내 양을 치라"(요 21:16)고 말씀하셨고, 바울은 에베소 교회의 장로들에게 "하나님이 자기 피로 사신 교회를 (목자처럼) 보살피게 하셨느니라"(행 20:28)라고 말했습니다. 이처럼 장로들은 양떼를 보살피는 목자들입니다(목사는 목자를 뜻하는 또 다른 표현이다).

셋째, 목자인 장로들에게는 감독의 임무가 주어졌습니다. 베드로는 2절에서 장로들에게 "너희 중에 있는 하나님의 양 무리를 치되 억지로 (감독)하지 말고"라고 말했습니다. 교회를 감독하는 것만이 목자의 의무는 아니지만, 베드로는 고난을 당하는 상황에서 바로 그 의무를 언급했습니다. 이 헬라어는 영어처럼 두 단어로 이루어져 있습니다. "감독"을 뜻하는 영어 "oversight"는 "위에서"를 뜻하는 "over"와 "보는 것"을 뜻하는 "sight"의 합성어입니다. 목자인 장로는 감독의 기능을 행사합니다. 그들은 "감독"입니다(딤전 3:1, 2). 그들은 양떼를 지켜봅니다. 하나님은 그들에게 모든 것을 감독하며 양떼 전체를 유익하게 하는 임무를 부여하셨습니다. 어떤 점에서 목자인 장로들은 다른 모든 그리스도인들과 마찬가지로 목자장이신 그리스도의 보살핌을 받는 양입니다(4절). 그러나 그들은 은사와 소명을 받았고, 교회 안에서 임직되었기 때문에 나머지 양들과는 다르게 특별한 책임을 감당합니다. 여기에서 핵심 용어는 '책임'입니다. 목자장인 주님은 그들에게 책임을 물으실 것입니다. 주님은 장차 그들에게 감독의 기능을 잘 수행했느냐고 물으실 것입니다. 나머지 양들은 감독의 기능에 대한 책임을 짊어질 필요가 없습니다. 그 책임은 오직 목자인 장로들에게만 주어집니다. 그들은 "너는 모든 것을 잘 감독했느냐? 적절히 행동했느냐? 감독의 기능을 잘 수행했느냐?"라는 질문을 받게 될 것입니다.

지금까지 간단하면서도 중요한 세 가지 사실을 살펴보았습니다.

교회 안에는 장로들이 있습니다.

장로들은 목자들이었습니다.

목자인 장로들에게는 감독의 임무가 주어졌습니다.

이것이 초대 교회의 보편적인 상황이었습니다. 교회마다 상황이 다르지 않았습니다. 고난 당하는 교회는 독특한 현상이 아니었습니다. 본문의 이어지는 내용은 교회들이 고난 당하는 상황과 특별히 관련됩니다.

장로들이 교회를 목양하는 세 가지 방식

베드로는 고난의 상황을 언급하고 나서 목자인 장로들이 수행해야 할 감독의 기능에 관해 세 가지를 언급했습니다. 거기에는 각각 부정적인 명령과 긍정적인 명령이 포함되어 있습니다.

2절은 "억지로 (감독)하지 말고"라고 말씀합니다.

부정적인 명령 : 억지로 하지 말라.

긍정적인 명령 : 하나님의 뜻을 따라 자원함으로 하라.

부정적인 명령 : 더러운 이득을 위하여 하지 말라.

긍정적인 명령 : 기꺼이 하라.

3절은 "맡은 자들에게 주장하는 자세를 하지 말고 양무리의 본이 되라"고 말씀합니다.

부정적인 명령 : 주장하는 자세를 하지 말라.

긍정적인 명령 : 양 무리의 본이 되라.

억지로 하지 말고, 자원함으로 하라.

베드로가 장로들에게 가장 먼저 감독의 임무를 "억지로 하지 말고, 자원함으로 하라"고 당부한 이유는 무엇일까요? 어떤 상황이었기에 사람들이 장로가 되기를 원하지 않았을까요? 상황이 문제가 되었던 것 같습니다. 장로들이 사역을 하고 싶어 하지 않을 정도의 위협적인 상황이 존재했을 것이 분명합니다. 장로들은 실제로는 다른 일을 하고 싶은데도 부득불 그 일을 해야 하는 상황에 처했습니다.

나는 베드로가 그렇게 말한 이유가 교회의 고난 때문이라고 생각합니다. 사실 그 이유는 매우 단순했습니다. 사람들은 위험하고, 어려운 상황에서는 장로와 목자가 되기를 원하지 않습니다. 고난 당하는 양떼를 이끄는 목자가 되는 것이 위험한 이유는 최소한 두 가지입니다.

하나는 박해가 시작되었을 때 양 무리의 지도자들이 가장 눈에 잘

띠고, 또 때로는 위험에 처할 가능성이 가장 높기 때문입니다. 고난 당하는 양 무리의 목자는 최초의 표적이 될 수밖에 없습니다. 앞서 말한 대로, 루마니아의 리차드 범브란트와 조셉 티손도 그랬습니다. 초대 교회의 스데반과 베드로와 야고보도 마찬가지였습니다. 아마도 스데반은 헬라파 유대인 중에서 가장 언변이 뛰어난 사람이었던 듯합니다. 야고보와 베드로는 교회의 지도자들이었습니다. 스데반은 사도행전 7장에서 순교했고, 야고보는 사도행전 12장에서 순교했으며, 베드로는 기적적인 도움으로 헤롯의 칼을 가까스로 피했습니다.

이처럼 교회가 박해를 당할 때 지도자가 되는 것은 위험합니다. 교회가 바야흐로 불 시험을 통과하게 될 상황에서 목자인 장로의 직무를 자원해서 맡을 사람은 그다지 많지 않을 것입니다.

목자인 장로들이 직무를 회피하려고 하는 두 번째 이유는 사람들의 적대적인 행위에 희생될 위험이 클 뿐 아니라 하나님의 심판을 당할 위험마저 크기 때문입니다. 베드로전서 4장 17절은 심판이 하나님의 집에서부터 시작될 것이라고 말씀합니다. 이 말씀은 장로들에게 에스겔서 9장의 두려운 현실을 떠오르게 만듭니다. 에스겔서 9장은 하나님이 자기 백성을 심판하신 일을 언급합니다. 하나님은 자신의 집에서부터, 특히 장로들에게서부터 심판을 먼저 시작하셨습니다.

"여호와께서 이르시되 너는 예루살렘 성읍 중에 순행하여 그 가운데에서 행하는 모든 가증한 일로 말미암아 탄식하며 우는 자의 이마에 표를 그리라 하시고"(겔 9:4-6).

하나님의 심판이 성전 앞에 있는 장로들에게서부터 시작된 것을 분명하게 알 수 있습니다. 성전에서부터 시작하고, 또 그 안에서는 장로들에게서부터 먼저 심판을 시작하는 것이 자기 백성을 심판하시는 하나님의 방식입니다.

따라서 본도, 갈라디아, 갑바도기아, 아시아, 비두니아 등지에 있는 장로들이 감독의 직무를 맡기를 주저했던 것은 당연했습니다. 이것이 베드로가 그들에게 감독의 직무를 "억지로 하지 말고…자원함으로 하라"고 당부했던 이유였습니다.

참된 장로를 구별하는 시금석

이런 점을 고려하면 시련과 위험이 참된 장로를 구별하는 시금석이라는 것을 알 수 있습니다. 이번 주에 우리는 요한복음 10장을 읽었습니다. 나는 그곳에서 매우 유익한 교훈을 깨달았습니다. 예수님은 요한복음 10장 12-13절에서 "삯군은 목자가 아니요 양도 제 양이 아니라 이리가 오는 것을 보면 양을 버리고 달아나나니 이리가 양을 물어 가고 또 헤치느니라"라고 말씀하셨습니다. 이처럼 시련과 위험은 삯꾼과 목자를 가려내는 기능을 합니다.

한편, 베드로는 마음이 없는데도 세속적 동기로 장로의 직무를 맡으려고 하는 경우에 대해서도 경고했습니다. 세속적 동기는 두 가지, 곧 돈과 권력입니다. 경제적인 이득을 통해 편안하게 살 수 있고, 권력을 통해 자만심을 충족시킬 수 있다면 잠깐 동안은 위험도 마다하지 않을 사람들이 있을 것이 틀림없습니다.

더러운 이득을 위해 하지 말고, 기꺼이 하라.

2절은 감독의 직무를 "더러운 이득을 위하여 하지 말고 기꺼이 하라"고 가르칩니다. "더러운 이득"이란 사역을 재물 획득 수단으로 삼는 것을 의미합니다. 구체적으로 말하면 돈을 바라고 사역을 하는 것, 영혼의 가치와 진리의 보배로움과 성령의 능력과 목자장의 영광스러운 재림을 생각하기보다 휴가와 휴일과 퇴직 후의 각종 혜택을 생각하는 것이 이 경우에 해당합니다. 바울이 디모데전서 6장 5절에서 말한 대로, 경건을 이익의 방도로 삼는 사람은 잠시 동안은 큰 위험도 기꺼이 감수합니다.

주장하는 자세를 하지 말고, 양 무리의 본이 되라.

베드로는 3절에서 마음은 없는데 세속적 동기로 장로의 직무를 유지하려는 태도에 대해 또다시 경고했습니다. 그는 "맡은 자들에게 주장하는 자세를 하지 말고 양 무리의 본이 되라"고 당부했습니다.

"주장하다"라는 말은 목자인 장로가 권력욕에 사로잡혀 행동하는 것을 의미합니다. 그런 지도자는 권위와 위용과 지배력을 과시함으로써 자만심을 한껏 부풀립니다. 예수님이 말씀하신 대로 회당에서 상석에 앉기를 좋아하는 사람들이 대표적인 경우입니다. 그들은 감투를 좋아하고, 사람들의 인정과 칭찬을 받기를 좋아합니다. 난폭하게 굴며 거들먹거리는 유형도 있을 수 있고, 상처 입은 영웅처럼 거짓 고통을 호소해 사람들의 동정심을 자아내는 유형도 있을 수 있습니다. 또 교묘한 말로 힘 있는 사람들의 지지를 이끌어내 자신의 입지를 견고하게 만드는 정치꾼 같은 유형도 있을 수 있습니다.

베드로는 그런 사람들을 판단하는 기준이 그들의 삶에 있다고 암시합니다. 양 무리의 본이 되고 있는가? 3절은 양들에게 주장하는 자세를 취하지 말고, "양 무리의 본이 되라"고 가르칩니다. 감독으로서 행하는 직무가 모두 겉으로만 보여주려는 쇼는 아닌가? 삶이 그 진정성을 입증하는가? 공적인 장소와 사적인 장소에서 이루어지는 태도나 행동이 서로 다른가? 경건한 신자들은 물론, 외부 사람들 사이에서 어떤 평판을 받고 있는가? 가정생활과 경제생활은 어떠한가? 얼마나 관대하고, 얼마나 신중하게 살아가는가?

분별의 필요성

때로 우리는 고난의 시기를 거치면 교회와 지도자들이 저절로 정화된다고 생각합니다. 일반적으로는 그렇지만. 베드로는 여기에서 그 문제가 그렇게 단순하지 않다고 암시합니다. 그는 고난의 때를 대비하게 하려고 편지를 썼지만 위험과 시련이 장로들을 저절로 정화할 것이라고 생각하지 않았습니다. 그는 하나님의 양떼를 보살피는 위대한 사역에는 큰 관심이 없고 위험과 시련을 감수하면서까지 돈과 권력에 대한 욕심 때문에 장로의 직무를 수행하는 사람들이 있을 수 있다고 경고했습니다.

교회는 분별해야 합니다. 목자인 장로들은 양떼는 물론, 스스로를 주의 깊게 살펴야 합니다. 스스로를 살피고, 시험해 악한 마음을 품고 있지 않은지 확인해야 합니다. 장로들이 그렇게 하지 않으면, 하나님이 하실 것입니다.

목자인 장로들이 뜨거운 사랑을 잃지 않으려면 어떻게 해야 하는가

감독의 직무를 "기꺼이 하라"는 가르침대로, 마음에서 우러나는 뜨거운 사랑을 유지하려면 어떻게 해야 할까요? 2절의 말미에 사용된 문구를 다시 읽어보겠습니다. "(양 무리를 치되) 기꺼이 하며." 그렇습니다. 자원하는 마음, 사랑하는 마음, 즐거운 마음이 있어야 합니다. 양떼를 진정으로 사랑해야 합니다. 돈이나 권력이 아닌 기꺼운 마음으로 목양해야 합니다.

어떻게 그런 사랑을 유지할 수 있을까요? 베드로는 4절에서 말합니다. "목자장이 나타나실 때에 시들지 아니하는 영광의 관을 얻으리라."

나는 전국에 흩어져 있는 많은 목회자와 장로들과 연락을 주고받습니다. 그들 가운데 자신의 직무가 쉽다고 말하는 사람은 아무도 없습니다. 그러나 내가 잘 아는 사람들은 모두 다 훌륭합니다. 그들이 주어진 임무를 계속해서 감당하는 이유는 돈이나 권력을 사랑해서가 아닙니다. 그들은 목자장이신 주님이 오셔서 자신과 결산하면서 "내 양들을 잘 먹였느냐? 부지런히 내 양들의 영혼을 보살폈느냐? 잃어버린 양들을 찾았느냐? 진리의 도리를 잘 지켰느냐? 늑대들을 잘 경계했느냐? 내 양들을 사랑했느냐?"라고 물으실 것을 생각하고, 주어진 임무에 정성을 다합니다.

목자장이신 주님이 오실 때는 영원한 상급, 곧 "시들지 아니하는 영광의 면류관"이 주어질 것입니다. 목자인 장로들에게는 그 상이면 충분합니다. 하나님은 지금 베들레헴 교회에서 놀라운 일을 이루고 계십니다. 목사와 장로와 집사를 비롯해 다양한 직분자들이 모두 그 일에

참여하고 있습니다. 기도하며 비전을 갖고 준비하십시오. 하나님이 일
하시며 일꾼들을 부르고 계십니다. 그분의 말씀에 귀를 기울이십시오.

30장

누가 양떼를 돌볼 것인가?

베드로전서 5장 1-4절

"너희 중 장로들에게 권하노니 나는 함께 장로된 자요 그리스도의 고난의 증인이요 나타날 영광에 참여할 자니라 너희 중에 있는 하나님의 양 무리를 치되 억지로 하지 말고 하나님의 뜻을 따라 자원함으로 하며 더러운 이득을 위하여 하지 말고 기꺼이 하며 맡은 자들에게 주장하는 자세를 하지 말고 양 무리의 본이 되라 그리하면 목자장이 나타나실 때에 시들지 아니하는 영광의 관을 얻으리라"

양 무리를 위해 장로가 짊어져야 할 책임의 중대성

지난 몇 년 동안 우리 교회 장로들의 시간을 가장 많이 쏟아붓게 만든 문제는 "트윈시티(미니애폴리스와 세인트폴 두 도시를 가리키는 별칭—역자주)"에 흩어져 사는 약 1,100명의 교인들을 돌보고, 감독하는 일이었습니다. 4절은 언젠가 "목자장"이 나타나서 작은 목자들, 곧 장로들과 결산을 하실 것이라고 말씀합니다. 이것은 지도자의 위치에 있는 사람들의 정신을 바짝 들게 만드는 현실이 아닐 수 없습니다.

우리는 히브리서 13장 17절과 같은 성경 본문의 중요성을 더욱 실감하게 되었습니다.

"너희를 인도하는 자들에게 순종하고 복종하라 그들은 너희 영혼을 위하여 경성하기를 자신들이 청산할 자인 것 같이 하느니라 그들로 하여금 즐거움으로 이것을 하게하고 근심으로 하게 하지 말라 그렇지 않으면 너희에게 유익이 없느니라."

바울은 사도행전 20장 28절에서 에베소 교회의 장로들에게 이렇게 말했습니다.

"여러분은 자기를 위하여 또 온 양떼를 위하여 삼가라 성령이 그들 가운데 여러분을 감독자로 삼고 하나님이 자기 피로 사신 교회를 보살피게 하셨느니라."

참으로 진지하고, 준엄한 말씀이 아닐 수 없습니다. 장로들은 "하나님이 자기 피로 사신 교회를" 보살피는 일을 합니다. 이 말씀을 결코 가볍게 받아들여서는 안 됩니다. 이 막중한 책임 앞에서 무덤덤하고, 안일하고, 오만한 태도를 취해서는 곤란합니다.

각 구역을 위한 목회적 돌봄의 비전

우리의 연구과 기도와 사역의 결과로 각 구역을 위한 목회적 돌봄의 비전(장로들과 각 구역의 집사들과 소그룹 지도자들이 한 팀을 이루어 베들레헴 교회라는 하나님의 양떼를 돌보며 각자가 하나님 앞에서 책임 있는 삶을 살도록 독려하는 것)을 형성했습니다.

이 비전의 목표는 하나님의 말씀과 기도, 그리고 각 구역을 중심으로 하는 다양한 목회적 돌봄을 통해 위대하고, 영광스럽고, 은혜롭고, 지혜로우시고, 부족함 없이 자충족적이시고, 주권자이신 하나님을 마음으로 바라는 신자들, 곧 예배를 통해 그런 하나님을 높이고, 상호간의 격려를 통해 그분에 대한 비전을 강화하고, 사랑의 사역과 복음 전도와 세계 선교를 통해 그분에 관한 비전을 널리 알릴 수 있는 신자들을 양육하는 데 있습니다.

잠시 후에 톰 셀러가 장로들의 목회적 돌봄에 관해 좀 더 자세히 설명할 것입니다.

나는 베드로전서 5장을 중심으로 이 비전을 성경적으로 밝히는 데 주력할 생각입니다. 성경을 살펴본 결과, 그런 비전이 내가 처음에 생각했던 것보다 우리의 상황에 훨씬 더 적절한 것으로 드러났습니다.

베드로가 장로들을 향한 권고의 말을 전한 이유

본문은 "너희 중 장로에게 권하노니"라는 말로 시작합니다. "베드로가 편지의 말미에서 장로들에게 권고의 말을 기록한 이유는 무엇인가?"

라는 질문 앞에서, "그러므로"라는 말이 그 대답의 실마리를 제공합니다. 이 말은 "이러이러한 일이 일어날 것이다. 그러므로 장로들에게 권하노니"라는 의미를 지닙니다.

"불 시험"이 닥칠 것에 대한 경고

베드로는 교회를 향해 "너희를 연단하려고 오는 불 시험"에 대해 경고했습니다(4:12). 그는 그리스도인들이 그리스도의 고난에 동참하다가 그분이 오실 때에 그 영광을 즐거워하고 기뻐하게 될 것이라고 말했습니다(4:13). 그리고 베드로가 5장 1절에서 스스로를 다른 장로들과 동일시하면서 "그리스도의 고난에 대한 증인이요 장차 나타날 영광에 참여할 자"라고 자신을 소개합니다. 이것은 "불 시험"이 장로들과 깊은 관계를 맺고 있다는 점을 암시합니다.

4장 17절을 읽어보면 그 의미가 좀 더 분명해집니다. 베드로는 "불 시험"이 교회에 닥치게 될 이유를 설명했습니다. 그는 17절과 18절에서 "하나님의 집에서 심판을 시작할 때가 되었나니 만일 우리에게 먼저 하면 하나님의 복음을 순종하지 아니하는 자들의 그 마지막은 어떠하며"라고 말했습니다.

이 말씀은 온 교회와 관계가 있습니다. 불신자들을 징벌하기 위한 불 시험이 정화와 연단의 불이 되어 교회에 먼저 닥치게 될 것입니다(벧전 1:7 참조).

그렇다면 왜 장로들이 언급된 것일까요? 그들과 특별히 관련된 것이 있기 때문일까요? 구약 성경을 살펴보면, 두어 곳에서 그런 것을 암시하는 대목이 발견됩니다. 하나는 에스겔서 9장입니다. 하나님의 백성은 가증스러운 일을 저질렀고, 하나님은 예루살렘을 심판하기로 결심하셨습니다. 하나님은 자신의 사자에게 이렇게 명령하셨습니다.

> "너는 예루살렘 성읍 중에 순행하여 그 가운데에서 행하는 모든 가증한 일로 말미암아 탄식하며 우는 자의 이마에 표를 그리라 하시고…내 성소에서 시작할지라"(4-7절).

심판은 성전 앞에 있는 장로들로부터 시작되었습니다.

이처럼 베드로가 다가올 불 시험을 염두에 두고 장로들에게 특별한 권고의 말을 전한 이유는 하나님의 집에서부터 심판이 시작될 것이라는 사실을 기억했기 때문입니다.

또 하나의 대목은 말라기서 3장 1-3절입니다. 베드로가 말한 것처럼, 하나님은 자신의 사자가 성전에게 임할 것이라고 말씀하셨습니다.

> "그가 임하시는 날에 누가 능히 당하며 그가 나타나는 때에 누가 능히 서리요 그는 금을 연단하는 자의 불과 표백하는 자의 잿물과 같을 것이라 그가 은을 연단하여 깨끗하게 하는 자 같이 앉아서 레위 자손을 깨끗하게 하되 금, 은 같이 그들을 연단하리니 그들이 공의로운 제물을 나 여호와께 바칠 것이라"(말 3:2, 3).

"레위 자손"은 제사장들이었습니다. 베드로전서 2장 9절은 모든 신자가 제사장이라고 말씀합니다. 따라서 이런 말씀을 대하는 교회 지도자들은 불 시험이 다른 누구보다도 자신들에게 먼저 닥치게 될 것을 간과하기 어려울 것입니다.

"하나님의 집에서 심판을 시작할 때가 되었나니"(4:17)라는 말씀을 기억하면 베드로가 "그러므로 너희 중 장로들에게 권하노니"(5:1)라고 말한 이유를 충분히 짐작할 수 있습니다.

"베드로가 장로들에게 권고의 말을 전한 이유는 무엇일까요?"라는 질문에 대한 대답은 "불 시험이 하나님의 집에서부터, 특히 지도자인 장로들에게서부터 먼저 시작될 것이기 때문에"입니다.

하나님의 집에서 장로가 되어 일하는 것은 두렵고도 경이로운 일입니다. 장로들이 교회를 굳세고 영광스럽게 이끈다는 것은 곧 교회를 하나님의 정화의 불길 속으로 이끈다는 것을 의미합니다. 장로들은 교회 위에서나 밖에서 불 시험에 대처하는 방법을 제시하는 것이 아니라 교회를 이끌고 불 속으로 나아가야 할 사명이 있습니다.

베드로는 자신이 가르친 것을 직접 실천했다

베드로는 5장 1절에서 자신을 "함께 장로 된 자"로 일컬었습니다. 그는 "사도"라는 고귀한 칭호를 사용하지 않았습니다. 그는 다른 장로들과 함께 정화의 불을 기꺼이 감내하고자 했습니다. 그가 자신을 "그리스도의 고난의 증인이요 나타날 영광에 참여할 자"로 묘사한 데는 그런 의미가 담겨 있습니다.

여기에서 "증인"이라는 용어는 "나는 그곳에 있었습니다. 나는 그들을 보았습니다."라는 것 이상의 의미를 지닙니다. 이 말은 "나는 말과 삶으로 그들에게 증언했습니다. 나는 그들과 함께 고난을 받았습니다.

나는 하나님의 백성을 이끄는 장로들을 정화하고, 연단하는 불 시험에 동참했습니다."라는 의미를 지닙니다.

3절에서 알 수 있는 대로, 베드로는 자신이 가르친 것을 직접 실천했습니다. 장로들은 양떼를 제멋대로 주장하지 말고, 본을 보여 이끌어야 합니다.

베드로는 편지를 마무리하기 전에 장로들을 특별히 권고해야 할 필요성을 느꼈습니다. 불 시험은 고통스럽습니다. 심판은 중대합니다. 심판은 하나님의 집, 특히 장로들에게서부터 시작됩니다. 그런 상황에서 장로들은 경고의 말과 소망이 필요했습니다. 베드로는 그들에게 그 두 가지를 제공했습니다.

장로들을 위한 세 가지 경고

장로들이 흔히 저지르기 쉬운 세 가지 잘못에 대한 경고가 주어졌습니다. 그 세 가지는 나태와 탐욕과 교만입니다. 바꾸어 말하면, 안일함과 재물과 권세를 탐하는 정욕입니다.

첫째는 **나태에 대한 경고입니다.** 나태는 안일함과 편안함을 좋아하는 태도를 가리킵니다. 2절은 "너희 중에 하나님의 양 무리를 치되 억지로 하지 말고 하나님의 뜻을 따라 자원함으로 하며"라고 말씀합니다. 베드로는 나태에 빠지거나 다른 일에 관심을 기울여 사역을 억지로 하는 일이 없어야 한다고 경고했습니다. 이는 "게으르거나 무관심하지 말라. 재갈과 고삐를 채워야 할 노새처럼 되지 말라. 자원하는 마음으로 하라."라는 뜻입니다.

아울러 베드로는 게으름이 아닌 두려움을 경고했을 수도 있습니다. 장로들이 선뜻 나서서 섬기지 못하게 만드는 두려움이 있을 수 있습니다. 이 경우라면 베드로의 경고는 "너희가 부르심을 받은 일을 하는 것을 두려워하지 말라. 자원해서 행하라."라는 의미를 지닙니다.

이것이 우리가 베들레헴 교회에서 아무나 억지로 장로로 세우기를 원하지 않는 이유입니다. 하나님은 외적인 강요에 떠밀려 억지로 행동하는 사람이 아니라 진심으로 사역을 행하려는 사람을 원하십니다.

둘째, 베드로는 장로들에게 **탐심, 곧 재물에 대한 욕심을 경고했습니다**. 2절은 "더러운 이득을 위하여 하지 말고 기꺼이 하며"라고 말씀합니다. 이 말씀은 특별히 사역을 생계 수단으로 삼는 사람들에게 적용됩니다. 장로직을 단지 생계 수단으로 삼지 않도록 주의해야 합니다. 바울이 디모데후서 6장 5절에서 경고한 대로, "경건을 이익의 방도로" 삼으려는 유혹을 경계해야 합니다.

장로들은 기꺼운 마음으로 사역에 임해야 합니다. 장로는 자신의 사역을 사랑하고, 즐거워해야 합니다. 바울은 에베소 교회의 장로들에게 "주는 것이 받는 것보다 복이 있다 하심을 기억해야" 한다고 말했습니다(행 20:35). 히브리서 13장 17절도 "그들(장로들)로 하여금 즐거움으로 이것을 하게 하고 근심으로 하게 하지 말라 그렇지 않으면 너희에게 유익이 없느니라"라고 말씀합니다.

셋째, 베드로는 장로들에게 **교만**(권력과 명성을 탐하는 욕망)**에 대해 경고**

했습니다. "맡은 자들에게 주장하는 자세를 하지 말고 양 무리의 본이 되라"(3절). 교만은 그리스도 없이는 아무것도 할 수 없다는 것을 깨닫지 못하는 데서 생겨납니다. 교만한 마음은 자기 자신을 의지합니다. 교만은 자기가 없으면 아무것도 안 된다고 생각합니다. 교만은 자기를 높이며 사람들의 칭찬을 구합니다.

그러나 베드로는 장로들에게 스스로를 높이지 말고, 종처럼 겸손히 섬기며 본을 보이라고 당부했습니다.

불 시험이 장로들에게 닥칠 때 그들은 본을 보여야 합니다. 장로는 불 시험을 피하거나 그것으로부터 도망치려고 해서는 안 됩니다. 장로는 양 떼를 이끌고 불 시험을 뚫고 나가야 합니다.

이것은 우리에게 필요한 경고입니다. 우리에게도 안일한 삶을 추구하고, 돈을 사랑하고, 권력과 명성과 칭찬을 바라는 말라는 경고가 필요합니다.

장로들을 위한 소망

그러나 그런 불 시험의 와중에서 장로들에게는 또한 소망이 필요했습니다. "그리하면 목자장이 나타나실 때에 시들지 아니하는 영광의 관을 얻으리라"(4절).

어제 도시 빈민에 관한 세미나에서 비브 그릭은 가난한 자를 위한 사역을 논하면서 누가복음 14장 13-14절에 기록된 예수님의 말씀을 언급했습니다. 예수님도 베드로가 말한 것과 같은 소망을 제시하셨습니다.

우리가 행하는 사역은 이 세상에서는 아무런 보상을 받지 못할 수도 있습니다. 많은 칭찬을 바란다면 예수님이 부탁하신 일을 이루지 못할 것입니다. 그런 일은 힘이 많이 들 뿐 아니라 세상에서는 충분한 보상을 받기 어렵습니다.

그러나 의인들이 부활할 날에 보상을 받게 될 것을 믿는다면, 즉 "목자장이 나타나실 때에 시들지 아니하는 영광의 관을 얻으리라"는 것을 믿는다면, 하나님이 부탁하신 일을 행할 수 있는 힘과 동기를 얻을 것입니다.

우리 장로들은 때때로 정화의 불이 지나치게 뜨겁다고 느낍니다. 그런 때면 우리의 나태와 탐욕과 교만을 태우기 위해 과연 그렇게 강력한 불을 사용할 가치가 있는지 의아해합니다. 그러나 그럴 가치는 충분합니다. 우리가 영원을 외면한 채 온전한 만족을 주시는 주 예수 그리스도, 곧 우리의 목자장을 바라보지 못했기 때문에 그런 정화의 불이 주어진 것입니다.

이제 톰 셀러가 베들레헴 교회의 목회적 돌봄을 위한 장로직에 대해 설명할 것입니다. 아무쪼록 은사와 자격을 갖춘 베들레헴 교회의 일꾼들이 하나님의 소명을 깊이 의식할 수 있기를 기도합니다. 해야 할 일도 너무 많고, 싸워야 할 불 시험도 너무 많습니다. 그러나 장차 상상을 초월하는 큰 보상이 주어질 것입니다.

31장

모든 근심에서 자유로울 만큼 겸손한가?

베드로전서 5장 5-7절

"젊은 자들아 이와 같이 장로들에게 순종하고 다 서로 겸손으로 허리를 동이라 하나님은 교만한 자를 대적하시되 겸손한 자들에게는 은혜를 주시느니라 그러므로 하나님의 능하신 손 아래에서 겸손하라 때가 되면 너희를 높이시리라 너희 염려를 다 주께 맡기라 이는 그가 너희를 돌보심이라"

시작하는 말

겸손은 현대 사회에서 그다지 인기 있는 덕목이 아닙니다. 겸손을 토크쇼에서 적극 권장하거나 졸업생 대표의 고별사에서 높이 칭송하거나 다양한 세미나에서 적극 추천하는 경우는 거의 없습니다. 유명한 서점들 안에 커다랗게 마련된 자기 계발 도서 코너에서도 겸손에 관한 책을 발견하기는 매우 어렵습니다.

그 이유를 짐작하기는 그리 어렵지 않습니다. 왜냐하면 겸손은 단지 하나님 앞에서만 인정 받기 때문입니다. 하나님이 움직이시면 겸손도 따라서 움직입니다. 겸손은 하나님을 그림자처럼 따라다닙니다. 하나님이 겸손을 칭찬하시는 것만큼 우리 사회가 그것을 칭송하기를 기대한다면 그 기대는 결코 이루어지지 않을 것입니다.

한 객원 논설위원은 9월 12일자 〈스타 트리뷴〉에서 겸손을 무시하는 사회적 분위기를 이렇게 묘사했습니다.

> 순진하게도 하나님에 대한 향수에 젖어 사는 사람들이 더러 있다. 교회에 다니는 사람들은 일주일에 몇 시간을 신성한 것을 경험하는 데 할애한다…그러나 그 나머지 시간은 더 이상 하나님을 사랑을 바쳐 경배해야 할 전지전능한 주권자로 인정하지 않는 사회 속에 매몰되어 살아간다…오늘날 우리는 하나님을 믿기에는 아는 것이 너무 많다. 우리는 스스로 설 수 있다. 우리는 우리의 실존을 선택하고, 규정할 준비가 되어 있다.

이런 분위기 속에서 겸손은 존재할 수 없습니다. 겸손은 하나님과 더불어 사라졌습니다. 하나님이 무시되면, 그다음 존재인 인간이 그 자리를 차지하기 마련입니다. 이것이 곧 겸손과 정반대되는 교만입니다.

우리가 살고 있는 사회는 겸손에 대해 적대적입니다. 오늘의 본문은 오늘날의 시대에 매우 낯설 뿐 아니라 절대적으로 필요합니다. 본문의 가르침이 우리의 삶 속에 뿌리를 내리지 않는다면 우리는 그리스도인도 될 수 없고, 또 멸망해 가는 세상을 위한 빛과 소금도 될 수 없습니다.

겸손은 그리스도인의 삶에 반드시 필요하다

본문의 요점은 그리스도인은 겸손한 사람이어야 한다는 것입니다. 본문은 세 가지를 명령합니다.

5절 : "젊은 자들아 이와 같이 장로들에게 순종하라(겸손하라)."

5절 : "다 서로 겸손으로 허리를 동이라."

6절 : "하나님의 능하신 손 아래서 겸손하라."

이 명령들은 겸손이 그리스도인의 삶을 위한 필수 요소라는 본문의 요지를 분명하게 드러냅니다. 겸손은 참된 그리스도인을 입증하는 증표입니다.

겸손해야 할 네 가지 이유

5절 : "하나님은 교만한 자를 대적하시되." 거룩하고, 전능하신 하나님이 우리를 대적하시는 것보다 더 두려운 일은 없습니다. 따라서 교만해서는 안 됩니다.

5절 : "겸손한 자들에게는 은혜를 주시느니라." 지혜롭고, 전능하신 하나님이 우리를 은혜롭게 대하시는 것보다 더 좋은 것은 없습니다. 하나님은 겸손한 자들에게 은혜를 베푸십니다. 겸손이 은혜를 얻는 공로이기 때문이 아니라 스스로 아무것도 가지고 있지 않다는 고백이기 때문입니다. 심령이 가난한 자는 복이 있습니다. 천국이 그런 사람의 것이기 때문입니다.

6절 : 하나님은 능하신 손을 사용해 겸손한 자들을 높이십니다. "그

러므로 하나님의 능하신 손 아래에서 겸손하라 때가 되면 너희를 높이
시리라."

7절 : 하나님은 능하신 손을 사용해 겸손한 자들을 보살피십니다.
"너희 염려를 다 주께 맡기라 이는 그가 너희를 돌보심이라."

겸손한 사람이 되십시오. 왜냐하면 하나님이 교만한 사람은 대적하
시지만, 겸손한 사람은 때가 되면 높여 주시고, 은혜를 베푸시고, 아무
것도 걱정할 필요가 없도록 보살펴 주시기 때문입니다.

두 가지 질문

이것이 본문의 핵심입니다. 그렇다면 이 가르침이 우리의 마음 속에
깊이 뿌리 내려 변화를 일으킴으로써 하나님을 영화롭게 하는 삶을 살
려면 어떻게 해야 할까요? 다음 두 가지 질문을 생각해 보십시오.

첫째, 무엇이 교만이고, 무엇이 겸손인가?

둘째, 근심으로부터 자유로운 삶은 겸손과 어떻게 관련되는가?

근심으로부터 자유로운 삶은 겸손과 어떻게 관련되는가

두 번째 질문부터 먼저 생각해 보겠습니다. 6절과 7절이 문법적으
로 어떤 관계를 맺고 있는지 주목하십시오.

"그러므로 하나님의 능하신 손 아래에서 겸손하라 때가 되면 너희를 높이
시리라 너희 염려를 다 주께 맡기라 이는 그가 너희를 돌보심이라."

7절은 앞의 문장에 연결된 종속절입니다. 이 두 구절은 "너희 염려를 다 주께 맡기고 겸손하라"는 의미로 압축될 수 있습니다. 하나님께 염려를 모두 맡기는 것이 겸손함의 표현입니다. 이것은 "입을 다물고 음식을 얌전하게 씹어 먹어라,"라거나 "눈을 똑바로 뜨고 조심해서 운전하라."라거나 "추수감사절에 사람들을 초대해 너그럽게 베풀어라."라는 말과 비슷합니다.

"너희 염려를 다 주께 맡기고 겸손하라." 겸손할 수 있는 한 가지 방법은 염려를 하나님께 맡기는 것입니다. 염려를 하나님께 맡기지 않는 것은 교만입니다. 미래에 관해 불필요한 염려를 일삼는 것은 교만의 한 형태입니다.

이 점에 관해서는 할 말이 더 있지만 그 의미를 온전히 이해하려면 첫 번째 질문을 잠시 생각해 보고 나서, 다시 교만과 염려의 관계를 살펴보는 것이 좋을 듯합니다.

무엇이 교만이고, 무엇이 겸손인가

무엇이 교만이고, 무엇이 겸손인가요?

교만에 관한 성경의 가르침을 열 가지로 나눠 살펴보면 다음과 같습니다. 교만은 겸손의 반대입니다.

1. 교만은 자기만족입니다.

하나님은 호세아서 13장 4-6절에서 이스라엘 백성을 향해 이렇게 말씀하셨습니다. "그러나 애굽 땅에 있을 때부터 나는 네 하나님 여호와라…그들이 먹여 준 대로 배가 불렀고 배가 부르니 그들의 마음이 교만하여 이로 말미암아 나를 잊었느니라"(렘 49:4 참조).

2. 교만은 자아를 의지하는 것입니다.

모세는 하나님의 백성이 약속의 땅에서 안식을 누릴 때 일어나게 될 일에 관해 이렇게 경고했습니다. "네 하나님 여호와를 잊어버리지 않도록 삼갈지어다"(신 8:11-17). 하나님의 선하심을 의지하는 대신에 스스로의 능력과 힘을 자랑하는 것을 경고한 것입니다.

3. 교만은 하나님의 가르침을 무시합니다.

하나님은 유다 백성에게 "내가 유다의 교만과 예루살렘의 큰 교만을 이같이 썩게하리라"(렘 13:9, 10)라고 말씀하셨습니다. 교만은 하나님의 길에 관해 배우는 것을 완강하게 거부하며, 자신의 욕망을 진리의 척도로 삼습니다.

4. 교만은 불순종을 일삼습니다.

시편 119편 21절은 "교만하여 저주를 받으며 주의 계명들에서 떠나는 자들을 주께서 꾸짖으셨나이다"라고 말씀합니다. 교만은 하나님의 계명을 듣고도 외면하며 순종하지 않습니다. 교만은 하나님의 명령권과 권위를 거부합니다.

5. 교만은 하나님께 돌려야 할 영광을 가로챕니다.

바벨론 왕 느부갓네살은 이 점을 가장 생생하게 보여주는 사례 가운데 하나입니다.

"나 왕이 말하여 이르되 이 큰 바벨론은 내가 능력과 권세로 건설하여 나의 도성으로 삼고 이것으로 내 위엄의 영광을 나타낸 것이 아니냐 하였더니"(단 4:30-32).

느부갓네살은 그렇게 말하고 나서 들판에서 풀을 뜯는 소와 같은 신세로 전락했다가 다시 회복한 뒤에 이렇게 고백했습니다.

"그러므로 지금 나 느부갓네살은 하늘의 왕을 찬양하며 찬송하며 경배하노니 그의 말이 다 진실하고 그의 행하심이 의로우시므로 교만하게 행하는 자를 그가 능히 낮추심이라"(단 4:37, 사 10:12 참조).

6. 교만은 높임 받는 것을 좋아합니다.

예수님은 예루살렘의 종교 지도자들에 대해 "잔치의 윗자리와 회당의 높은 자리와 시장에서 문안 받는 것과 사람에게 랍비라 칭함을 받는 것을 좋아하느니라"(마 23:6-7)라고 말씀하셨습니다.

7. 교만은 하나님의 자리에 오르기를 원합니다.

나는 최근에 가정 예배를 드리면서 사도행전 12장에 나오는 교만한 헤롯에 관한 이야기를 읽었습니다.

"헤롯이 날을 택하여 왕복을 입고 단상에 앉아 백성에게 연설하니"(행 12:21-23, 사 14:12-14 참조).

8. 교만은 하나님의 존재를 부인합니다.

시편 10편 4절은 "악인은 그의 교만한 얼굴로 말하기를 여호와께서 이를 감찰하지 아니하신다 하며 그의 모든 사상에 하나님이 없다 하나이다"라고 말씀합니다.

교만은 하나님이 없다는 주장을 자신의 생존을 위한 가장 간단한 해결책으로 삼습니다. 나치가 유태인 말살을 "최종 해결책"으로 채택한 것처럼, 교만도 스스로의 생존을 위해 하나님을 지워 없애려고 합니다.

9. 교만은 하나님을 신뢰하지 않습니다.

잠언 28장 25절은 "욕심이 많은(교만한) 자는 다툼을 일으키나 여호와를 의지하는 자는 풍족하게 되느니라"라는 말씀으로 교만과 신뢰를 대조했습니다.

교만은 하나님을 신뢰할 수 없습니다. 교만은 신뢰를 무력하고, 의존적이며, 다른 사람의 힘과 지혜에 지나친 관심을 기울이는 것으로 생각합니다. 그러나 교만의 반대인 겸손의 핵심은 하나님을 신뢰하는 데 있습니다.

교만으로 인해 하나님이 우리를 돌보신다는 것을 신뢰하지 못하면 두 가지 결과가 발생합니다. 하나는 우리에게 불행을 극복할 수 있는 능력과 지혜가 있다고 상상하며 그릇된 안전 의식을 갖는 것이고, 다른 하나는 스스로의 안전을 보장할 수 없다고 생각하여 염려하고 불안해하는 것입니다. 이것은 베드로전서 5장 6절과 7절의 관계를 설명해줄 교만의 열 번째 특징과 자연스레 연결됩니다.

10. 교만은 미래를 걱정하고, 염려합니다.

하나님은 이사야서 51장 12-13절에서 불안해하는 이스라엘 백성에게 그들의 문제가 교민에 있다고 말씀히셨습니다.

"너희를 위로하는 자는 나 곧 나이니라 너는 어떠한 자이기에 죽을 사람을 두려워하며 풀 같이 될 사람의 아들을 두려워하느냐."

무엇이 두렵습니까? 좀 이상하게 들릴는지 모릅니다. 그러나 교만은 매우 미묘합니다. 우리가 느끼는 불안의 뿌리는 바로 교만입니다.

본문의 요점

이제 본문의 요점을 분명하게 이해할 수 있을 것입니다. "그러므로 하나님의 능하신 손 아래에서 겸손하라 때가 되면 너희를 높이시리라."

어떻게 겸손할 수 있을까요? 7절은 "염려를 다 주께 맡김으로써" 겸손할 수 있다고 대답합니다. 세상에서 가장 겸손한 태도는 "그 영혼을 미쁘신 창조주께 의탁하는" 것입니다(벧전 4:19). 하나님께 염려를 맡긴다는 것은 가장 영광스러운 방법으로 우리를 보살필 수 있는 능력과 지혜를 지니고 계신 하나님이 우리를 보살피겠다고 약속하신 것을 신뢰하는 것입니다.

신뢰는 교만의 반대입니다. 신뢰는 겸손의 본질입니다. 겸손은 하나님이 우리를 짓뭉개기 위해서가 아니라 약속대로 우리를 돌보기 위해 그 능하신 손을 사용하신다는 확신을 의미합니다. 교만하지 말고, 모든 염려를 하나님께 맡기십시오. 왜냐하면 그분이 우리를 보살펴 주실 것이기 때문입니다.

미래에 대한 불안으로 마음이 요동하기 시작할 때면 스스로의 마음을 향해 "마음아, 네가 무엇이관대 미래를 두려워하고, 하나님의 약속을 파기하려 하느냐? 나는 스스로를 높여 불안해하지 않을 것이다. 나는 스스로를 낮춰 평화와 기쁨을 누리고, 하나님의 크고, 보배로운 약속, 곧 그분이 나를 돌보신다는 약속을 의지할 것이다."라고 말하십시오.

32장

모든 은혜의 하나님이 다스리신다

베드로전서 5장 8-14절

"근신하라 깨어라 너희 대적 마귀가 우는 사자 같이 두루 다니며 삼킬 자를 찾나니 너희는 믿음을 굳건하게 하여 그를 대적하라 이는 세상에 있는 너희 형제들도 동일한 고난을 당하는 줄을 앎이라 모든 은혜의 하나님 곧 그리스도 안에서 너희를 부르사 자기의 영원한 영광에 들어가게 하신 이가 잠깐 고난을 당한 너희를 친히 온전하게 하시며 굳건하게 하시며 강하게 하시며 터를 견고하게 하시리라 권능이 세세무궁하도록 그에게 있을지어다 아멘 내가 신실한 형제로 아는 실루아노로 말미암아 너희에게 간단히 써서 권하고 이것이 하나님의 참된 은혜임을 증언하노니 너희는 이 은혜에 굳게 서라 택하심을 함께 받은 바벨론에 있는 교회가 너희에게 문안하고 내 아들 마가도 그리하느니라 너희는 사랑의 입맞춤으로 서로 문안하라 그리스도 안에 있는 너희 모든 이에게 평강이 있을지어다"

사자는 왜 으르렁거리는가

8절의 "우는 사자"와의 싸움에 관해 먼저 생각해 보겠습니다. 베드로는 대적자인 마귀가 우는 사자처럼 돌아다니며 삼킬 자를 찾는다고 말했습니다. 사자는 왜 으르렁거릴까요? 사자는 먹이를 사냥할 때는 으르렁거리지 않고 살며시 먹잇감에게 다가가는 것이 보통입니다. 사실, 성경의 다른 곳에서는 마귀가 그렇게 행동하는 것으로 묘사되어 있습니다. 마귀는 뱀처럼 교활하게 행동합니다. 우리가 미처 알아차리기도 전에 발꿈치를 물릴 수 있습니다. 마귀는 으르렁거리지 않고, 자신을 숨긴 채 은밀하게 행동합니다.

신자들에게 고난을 가하는 마귀의 능력

마귀는 그렇게 행동합니다. 그가 위험한 이유는 스스로를 숨긴 채 은밀하고, 조용하게 움직이기 때문입니다. 그러나 본문에서는 그렇지 않습니다. 그가 위험한 또 다른 이유가 있습니다. 사자가 위험한 이유는 강력한 힘을 지니고 있기 때문입니다. 사자가 근처에 있다는 것을 알아도 총이나 큰 그물이나 하나님처럼 우리 자신보다 더 큰 능력을 지닌 것을 의지하지 않으면 살아날 가망이 없습니다.

여기서 베드로가 말하려는 요점은 마귀의 교묘함이나 교활함이 아니라 그의 능력입니다. 그렇다면 그것은 구체적으로 무슨 능력을 가리킬까요? 9절은 "너희는 믿음을 굳건하게 하여 그를 대적하라 이는 세상에 있는 너희 형제들도 동일한 고난을 당하는 줄 앎이라"라고 말씀

합니다. 이 말씀은 으르렁대는 사자의 입이 신자들의 고난을 가리킨다
는 것을 의미합니다. 9절을 다시 주의 깊게 읽으면 그 점을 이해할 수
있을 것입니다. "그를 대적하라 이는 세상에 있는 너희 형제들도 동일
한 고난을 당하는 줄을 앎이라." "동일한"은 무엇이 동일하다는 뜻일
까요? 이는 사자를 통해 직면하게 되는 현실이 동일하다는 뜻입니다.
사자를 대적해야 하는 이유는 그리스도인들이 도처에서 고난의 싸움
을 싸우고 있기 때문입니다. 으르렁대는 사자의 입은 성도들의 고난,
곧 마귀가 그들을 삼키려고 계획한 고난을 가리킵니다.

마귀는 단지 우리를 죽일 수 있을 뿐이다

우리는 요한계시록 2장 10절에서 이 점을 분명하게 확인할 수 있습니
다. 예수님은 서머나 교회를 향해 "너는 장차 받을 고난을 두려워하지
말라 볼지어다 마귀가 장차 너희 가운데에서 몇 사람을 옥에 던져 시
험을 받게 하리니 너희가 십 일 동안 환난을 받으리라 네가 죽도록 충
성하라 그리하면 내가 생명의 관을 네게 주리라"고 말씀하셨습니다.
　사탄은 몇 사람을 감옥에 집어넣어 그곳에서 죽게 만들 수 있습니
다. 그러나 죽도록 충성하면(곧 "믿음을 굳건하게 하여 그를 대적하면") 영원히
살 것입니다. 베드로도 본문 10절에서 "잠깐 고난을 당한 너희를 친히
온전하게 하시며 굳건하게 하시며 강하게 하시며 터를 견고하게 하시
리라"라고 말했습니다.
　마귀를 대적한다고 해서 그가 우리를 죽일 수 없는 것은 아닙니다.
다만 그는 우리에게 궁극적인 해를 끼칠 수 없습니다. 마귀는 단지 우

리의 목숨을 빼앗을 수 있을 뿐입니다. 그마저도 하나님의 허락 없이 자의로 할 수 없습니다(벧전 4:19).

뱀 같은 사탄과 사자 같은 사탄

이제 뱀 같은 사탄과 사자 같은 사탄의 차이를 이해할 수 있을 것입니다. 사탄이 뱀 같을 때는 간접적으로 은밀하게 행동합니다. 그러나 사자 같을 때는 고난을 통해 직접적인 공격을 가합니다. 고난의 가장 힘든 측면은 그 은밀성이 아닙니다(물론 때로는 그 은밀함이 고난을 더 힘들게 만들 수도 있습니다. 벧전 4:12 참조). 고난의 가장 힘든 측면은 두려움과 고통으로 우리의 믿음을 짓뭉개는 것입니다. 고난은 하나님이 우리를 돌보시며, 도울 수 있는 능력을 지니고 계신다는 확신은 물론이고, 심지어는 그분의 존재에 대한 믿음마저도 깨뜨릴 수 있습니다. 이것이 베드로가 사자가 으르렁거린다고 말한 이유입니다. 으르렁대는 사자의 입은 우리의 믿음을 파괴하는 고난의 강력한 힘을 나타냅니다.

따라서 "근신하라 깨어라"라고 명령한 이유는 사자가 은밀하게 접근하기 때문이 아니라 으르렁대며 다가오기 때문입니다. 굶주림으로 으르렁대는 사자와 싸울 때는 헛된 생각을 하지 말고 정신을 바짝 차려야 합니다. 다시 말해, 우리의 영적 기능을 모두 활용해야 합니다.

고난의 원인자는 누구인가

그러나 이런 사실은 한 가지 중요한 질문을 제기합니다. 나는 앞선 설교에서 그리스도인의 고난은 하나님의 심판이라고 말한 바 있습니다. 베드로전서 4장 16, 17절은 "만일 그리스도인으로 고난을 받으면 부끄러워하지 말고 도리어 그 이름으로 하나님께 영광을 돌리라"고 말씀합니다.

그리스도인의 고난은 정화를 위한 하나님의 심판입니다. 그것은 베드로전서 1장 6, 7절의 말씀대로, 신자들을 연단하기 위한 불입니다. 그러나 지금 나는 고난을 사탄의 공격으로 설명했습니다. 그렇다면 어느 쪽인가요? 고난은 하나님의 심판일까요, 으르렁대는 사자의 입일까요? 대답은 둘 다입니다. 이것은 새로운 사실이 아닙니다. 욥의 고난에도 이 두 가지가 다 적용되었고(욥 1:12, 21, 2:7, 10), 바울의 고난도 마찬가지였습니다. 바울은 자신을 겸손하게 만들기 위해 "육체의 가시"가 주어졌다고 말했고(이 말에는 하나님이 주셨다는 의미가 함축되어 있다), 또한 그것을 "사탄의 사자"로 일컬었습니다(고후 12:7). 하나님이 사탄을 포함해 만물을 다스리는 주권자이시라면(사실 그렇다), 고난을 통해 사탄이 이루려는 목적과는 다른 목적을 지니고 계신다는 것을 알 수 있습니다. 그리스도인들이 고난을 당할 때, 사탄은 고통을 가하는 파괴적인 목적을 지향하지만 하나님은 정화와 거룩함과 능력이라는 건설적인 목적을 지향하십니다. 마귀의 목적은 삼키는 것이고, 하나님의 목적은 능력을 주고, 정결하게 만들어 영광을 누릴 준비를 갖추게 하는 것입니다.

이 싸움은 단지 허구인가

여기에서 또 하나의 중요한 문제가 제기됩니다. 과연 마귀는 그리스도인들을 삼킬 수 있는가? 베드로는 8절에서 "너희 대적 마귀가 우는 사자 같이 두루 다니며 삼킬 자를 찾나니"라고 말했습니다. 마귀의 목적은 삼키는 것입니다. 삼키는 것은 상처를 입히거나 부상을 입히는 것이 아니라 씹어서 뱃속으로 넘기는 것을 의미합니다. 나는 이것이 궁극적인 파멸을 의미한다고 생각합니다. 마귀의 목적은 사람들을 데리고 함께 지옥 불에 들어가는 것입니다.

베드로는 바로 그것이 그를 대적해야 할 이유라고 말합니다. "너희는 믿음을 굳건하게 하여 그를 대적하라"(9절). 마귀가 우리를 삼키려고 하니 그를 대적해야 합니다. 우리는 이 말을 어떻게 이해해야 할까요? 이것은 단순한 허구일까요? 삼키는 것은 실제로 불가능하지 않을까요? 과연 마귀가 그리스도인들을 먹어치울 수 있을까요? 그리스도인들이 지옥에 갈 수 있을까요? 혹시 전쟁놀이와 같은 것은 아닐까요? 총알이 모두 공포탄인데 마치 진짜인 것처럼 싸우는 것은 아닐까요?

나는 그렇게 생각하지 않습니다. 삼키는 것은 사실이고, 대적하는 것도 사실입니다. 이것은 천국과 지옥이 걸려 있는 사안입니다. 즉 이것은 지옥으로 삼켜 들어가느냐, 단지 옥에 갇히는 정도의 상처를 입은 후에 영광을 누리느냐 하는 문제입니다.

마귀는 참된 그리스도인들을 삼킬 수 있는가

마귀가 거듭난 참 신자를 삼키는 것이 가능할까요? 불가능합니다. 왜냐하면 진정으로 거듭난 신자는 믿음으로 굳세게 마귀를 대적하기 때문입니다. 진정으로 거듭난 참 신자는 그럴 수밖에 없습니다. 성령께서 그들 안에서 역사하심으로써 믿음의 싸움을 싸우도록 독려하십니다.

베드로전서 1장 5절이 가르치는 대로, 참 신자는 믿음으로 말미암아 하나님의 능력으로 영원히 보호하심을 받습니다. 따라서 믿음이 없어도 영원히 안전할 수 있다는 것은 교만하고, 어리석은 생각입니다. 하나님이 참 신자를 보호하신다는 약속은 성경의 여러 곳에 기록되어 나타납니다(빌 1:6, 고전 1:8, 살전 5:23, 24, 히 13:20, 21, 롬 8:30). 하나님은 우리가 마귀에게 먹히지 않고 정글과 같은 이 세상을 안전하게 통과할 수 있도록 인도하실 것입니다. 그분은 믿음으로 말미암은 능력으로 그렇게 하실 것입니다. 따라서 "나는 영원히 안전할거야. 그러니 믿음으로 굳세게 마귀를 대적할 필요가 없어."라는 생각은 하나님의 사역과 모순을 일으켜 그런 확신에 대한 보장을 외면하는 것과 같습니다. 하나님의 부르심을 받은 사람들은 그렇게 하지 않습니다. 그들은 끝까지 싸웁니다. 그것이 그들이 하나님에게서 났다는 증표입니다.

우리의 확신은 어디에서 발견되는가

10절은 우리의 확신을 어디에서 발견할 수 있는지를 보여 줍니다.

> "모든 은혜의 하나님 곧 그리스도 안에서 너희를 부르사 자기의 영원한 영광에 들어가게 하신 이가 잠깐 고난을 당한 너희를 친히 온전하게 하시며 굳건하게 하시며 강하게 하시며 터를 견고하게 하시리라."

이 구절은 "하나님이 우리를 영광으로 부르셨다면 그분이 우리를 영광으로 인도하실 것입니다. 잠시 고난이 있더라도 그분을 멈추게 할 수는 없습니다."라고 약속합니다.

그리스도인이 되었다는 것은 영원한 영광으로 부르심을 받았다는 것을 의미합니다(벧전 1:15, 2:9 참조). 이것은 "부르신 그들을 의롭다 하시고 의롭다 하신 그들을 또한 영화롭게 하셨느니라"(롬 8:30)라는 바울의 말을 베드로의 방식으로 표현한 것입니다. 베드로는 우리를 자신의 영광으로 부르신 이가 우리를 자신의 영광에 이르게 하실 것이라고 간단하게 말했습니다. 그분은 우리를 온전하게 하고, 굳건하게 하고, 강하게 하고, 견고하게 하실 것입니다. 이것은 약속입니다. 오늘 아침, 이 약속을 믿고 의지하면 이 약속이 우리의 것이 됩니다.

이 약속을 자신의 것으로 받아들이라고 권하고 싶습니다. 베드로가 "모든 은혜의 하나님"이 이 약속을 하셨다고 말한 것은 그것이 우리를 위한 약속이라는 것을 믿도록 돕기 위해서입니다. "이 약속은 나를 위한 것일 리가 없어. 나는 자격이 없어. 나는 경건하지 않아."라고 말할는지 모르지만, 베드로는 자격을 논하지 않았습니다. 그는 "모든 은혜의 하나님"을 언급했습니다. 은혜가 자격에 선행합니다. 만일 모든 은혜의 하나님을 믿는다면 이 약속을 값없이 소유할 수 있습니다.

베드로는 11절에서 마지막으로 다시 한번 약속을 믿어야 할 이유를 밝힙니다. "권능이 세세무궁하도록 그에게 있을지어다 아멘." 권능의 하나님이 모든 것을 다스리십니다. 그분은 마귀를 다스리십니다. 그분은 사탄보다 무한히 더 강하십니다. 따라서 하나님은 정글과 같은 이 세상을 안전하게 통과해 영광에 이르게 하겠다고 약속하신 것을 능히 이루실 수 있고, 또 이루실 것입니다. 하나님이 모든 것을 다스리십니다.

믿음을 굳건하게 하여 마귀를 대적하라

따라서 사탄이 고난으로 우리를 위협하고, 우리를 삼키려 달려들더라도 "나는 영원히 안전할 거야. 이것은 실질적인 위협이 아니야."라고 말하지 말고, "모든 은혜의 하나님이 나를 그리스도 예수 안에서 영원한 영광으로 부르셨어. 잠시 동안 네 발톱과 송곳니에 의해 고난을 당하고 나면 그분이 나를 온전하게 하고, 굳건하게 하고, 견고하게 하실 거야. 그분은 모든 은혜의 하나님이셔. 그분은 절대적인 권능을 지닌 하나님이셔. 너는 내게 상처를 입히고, 나를 죽일 수 있을지 몰라도 나를 삼킬 수는 없어. 하나님은 나를 영광으로 부르셨고, 영광으로 인도하실 거야."라고 말하십시오.

이것이 믿음을 굳건하게 해 마귀를 대적하는 것입니다. 이번 대림절에 이 약속을 굳게 붙잡으십시오. 이 약속을 믿으십시오. 이 약속을 통해 구원을 얻으십시오. 이 약속 안에서 안심하십시오. 이 약속으로 힘써 싸우십시오. 이 약속으로 인내하십시오. 모든 은혜의 하나님이 이 약속을 값없이 우리에게 주셨습니다.

개혁된 실천 시리즈 ————————

1. 깨어 있음
깨어 있음의 개혁된 실천

브라이언 헤지스 지음 | 조계광 옮김

성경은 모든 그리스도인에게 신분이나 인생의 시기와 상관없이 항상 깨어 경계할 것을 권고한다. 브라이언 헤지스는 성경과 과거의 신자들의 가르침을 바탕으로 깨어 있음의 "무엇, 왜, 어떻게, 언제, 누가"에 대해 말한다. 이 책은 반성과 자기점검과 개인적인 적용을 돕기 위해 각 장의 끝에 "점검과 적용" 질문들을 첨부했다. 이 책은 더 큰 깨어 있음, 증가된 거룩함, 삼위일체 하나님과의 더 깊은 교제를 향한 길을 발견하고자 하는 사람을 위한 책이다.

2. 기독교적 삶의 아름다움과 영광
그리스도인의 삶의 개혁된 실천

조엘 R. 비키 편집 | 조계광 옮김

본서는 그리스도인의 삶에서 정말로 중요한 요소들을 압축적으로 담고 있다. 내면적 경건생활부터 가정, 직장, 전도하는 삶, 그리고 이 땅이 적대적 환경에 대응하며 살아가는 삶에 대해 정확한 성경적 원칙을 들어 말하고 있다.

이 책은 주제들을 잘 선택해 주의 깊게 다루는데, 주로 청교도들의 글에서 중요한 포인트들을 최대한 끌어내서 핵심 주제들을 짚어준다. 영광스럽고 아름다운 그리스도인의 삶의 청사진을 맛보고 싶다면 이 책을 읽으면 된다.

3. 장로 핸드북
모든 성도가 알아야 할 장로 직분

제랄드 벌고프, 레스터 데 코스터 공저 | 송광택 옮김

하나님은 복수의 장로를 통해 교회를 다스리신다. 복수의 장로가 자신의 역할을 잘 감당해야 교회 안에 하나님의 통치가 제대로 편만하게 미친다. 이 책은 그토록 중요한 장로 직분에 대한 성경의 가르침을 정리하여 제공한다. 이 책의 원칙에 의거하여 오늘날 교회 안에서 장로 후보들이 잘 양육되고 있고, 성경이 말하는 자격요건을 구비한 장로들이 성경적 원칙에 의거하여 선출되고, 장로들이 자신의 감독과 목양 책임을 잘 수행하고 있는가? 우리는 장로 직분을 바로 이해하고 새롭게 실천하여야 할 것이다. 이 책은 비단 장로만을 위한 책이 아니라 모든 성도를 위한 책이다. 성도는 장로를 선출하고 장로의 다스림에 복종하고 장로의 감독을 받고 장로를 위해 기도하고 장로의 직분 수행을 돕고 심지어 장로 직분을 사모해야 하기 때문에 장로 직분에 대한 깊은 이해가 필수적이다.

4. 집사 핸드북
모든 성도가 알아야 할 집사 직분

제랄드 벌고프, 레스터 데 코스터 공저 | 황영철 옮김

하나님의 율법은 교회 안에서 곤핍한 자들, 외로운 자들, 정서적 필요를 가진 자들을 따뜻하고 자애롭게 돌볼 것을 명한다. 거룩한 공동체 안에 한 명도 소외된 자가 없도록 이러한 돌봄이 잘 이루어져야 한다. 이 일은 기본적으로 모든 성도가 힘써야 할 책무이지만 교회는 특별히 이 일에 책임을 지고 감당하도록 집사 직분을 세운다. 오늘날 율법의 명령이 잘 실천되어 교회 안에 사랑과 섬김의 손길이 구석구석 미치고 있는가? 우리는 집사 직분을 바로 이해하고 새롭게 실천하여야 할 것이다. 그것은 교회 공동체를 향한 하나님의 거룩한 뜻이다.

5. 지상명령 바로알기
지상명령의 개혁된 실천

마크 데버 지음 | 김태곤 옮김

이 책은 지상명령의 바른 이해와 실천을 알려준다. 지상명령은 복음전도가 전부가 아니며 예수님이 분부하신 모든 것을 가르쳐 지키게 하는 것까지 포함하는 포괄적인 명령이다. 따라서 이 명령 아래 살아가고 있는 그리스도인들은 모든 것을 가르쳐 지키게 하는 그러한 시스템을 구축하고 이를 실천해야 한다. 이 책은 예수님이 이 명령을 교회에게 명령하셨다고 지적하며 지역

교회가 이 일을 수행할 수 있는 실천적 방법들을 구체적으로 다루고 있다. 삶으로 그리스도를 따르는 제자들로 가득 찬 교회를 꿈꾼다면 이 책이 큰 도움이 될 것이다.

6. 목사와 상담
목회 상담의 개혁된 실천

제레미 피에르, 디팍 레주 지음 | 차수정 옮김

이 책은 목회 상담이라는 어려운 책무를 어떻게 수행해야 하는지 차근차근 단계별로 쉽게 가르쳐준다. 상담의 목적은 복음의 적용이다. 이 책은 이 영광스러운 임무를 효과적으로 수행할 수 있도록 첫 상담부터 마지막 상담까지 상담 프로세스를 어떻게 꾸려가야 할지 가르쳐준다.

7. 예배의 날
제4계명의 개혁된 실천

라이언 맥그로우 지음 | 조계광 옮김

제4계명은 십계명 중 하나로서 삶의 골간을 이루는 중요한 계명이다. 하나님의 뜻을 따르는 우리는 이를 모호하게 이해하고, 모호하게 실천하면 안 되며, 제대로 이해하고, 제대로 실천해야 한다. 이를 위해 우리는 이 계명의 참뜻을 신중하게 연구해야 한다. 이 책은 가장 분명한 논증을 통해 제4계명의 의미를 해석하고 밝혀준다. 하나님은 그날을 왜 제정하셨나? 그날은 얼마나 복된 날이며 무엇을 하면서 하나님의 복을 받는 날인가? 교회사에서 이 계명은 어떻게 이해되었고 어떤 학설이 있고 어느 관점이 성경적인가? 오늘날 우리는 이 계명을 어떻게 지킬 것인가?

8. 단순한 영성
영적 훈련의 개혁된 실천

도널드 휘트니 지음 | 이대은 옮김

본서는 단순한 영성을 구현하기 위한 영적 훈련 방법에 대한 소중한 조언으로 가득하다. 성경 읽기, 성경 묵상, 기도하기, 일시 쓰기, 주일 보내기, 가정 예배, 영적 위인들로부터 유익 얻기, 독서하기, 복음전도, 성도의 교제 등 거의 모든 분야의 영적 훈련에 대해 말하고 있다. 조엘 비키 박사는 이 책의 내용의 절반만 실천해도 우리의 영적 생활이 분명 나아질 것이라고 한다. 그리고 한 장씩 주의하며 읽고, 날마다 기도하며 실천하라고 조언한다.

9. 힘든 곳의 지역 교회
가난하고 곤고한 곳에 교회가 어떻게 생명을 가져다 주는가

메즈 맥코넬, 마이크 맥킨리 지음 | 김태곤 옮김

이 책은 각각 브라질, 스코틀랜드, 미국 등의 빈궁한 지역에서 지역 교회 사역을 해 오고 있는 두 명의 저자가 그들의 실제 경험을 바탕으로 쓴 책이다. 이 책은 그런 지역에 가장 필요한 사역, 가장 효과적인 사역, 장기적인 변화를 가져오는 사역이 무엇인지 가르쳐준다. 힘든 곳에 사는 사람들을 긍휼히 여기는 마음이 있다면 꼭 참고할 만한 책이다.

10. 생기 넘치는 교회의 4가지 기초
건강한 교회 생활의 개혁된 실천

윌리엄 보에케스타인, 대니얼 하이드 공저

이 책은 두 명의 개혁과 목사가 교회에 대해 저술한 책이다. 이 책은 기존의 교회성장에 관한 책들과는 궤를 달리하며, 교회의 정체성, 권위, 일치, 활동 등 네 가지 영역에서 성경적 원칙이 확립되고 '질서가 잘 잡힌 교회'가 될 것을 촉구한다. 이 4가지 부분에서 성경적 실천이 조화롭게 형성되면 생기 넘치는 교회가 되기 위한 기초가 형성되는 셈이다. 이 네 영역 중 하나라도 잘못되고 무질서하면 그만큼 교회의 삶은 혼탁해지며 교회는 약해지게 된다.

11. 마음을 위한 하나님의 전투 계획
청교도가 실천한 성경적 묵상

데이비드 색스톤 지음 | 조엘 비키 서문 | 조계광 옮김

묵상하지 않으면 경건한 삶을 살 수 없다. 우리 시대에 일어나고 있는 일이 바로 이것이다. 오늘날은 명상에 대한 반감으로 묵상조차 거부한다. 그러면 무엇이 잘못된 명상이고 무엇이 성경적 묵상인가? 거기는 방대한 청교도 문헌을 조사하여 청교도들이 실천한 묵상을 정리하여 제시하면서, 성경적 묵상이란 무엇이고, 왜 묵상을 해야 하며, 어떻게 구체적으로 묵상을 실천하는지 알려준다. 우리는 다시금 이 필수적인 실천사항으로 돌아가야 한다.

12. 북미 개혁교단의 교회개척 매뉴얼
URCNA 교단의 공식 문서를 통해 배우는 교회개척 원리와 실천

이 책은 북미연합개혁교회(URCNA)라는 개혁 교단의 교회개척 매뉴얼로서, 교회개척의 첫 걸음부터 그 마지막 단계까지 성경의 원리에 입각한 교회개척 방법을 가르쳐준다. 모든 신자는 함께 교회를 개척하여 그리스도의 나라를 확장해야 한다.

13. 아이들이 공예배에 참석해야 하는가
아이들의 예배 참석의 개혁된 실천
대니얼 R. 하이드 지음 | 유정희 옮김

아이들만의 예배가 성경적인가? 아니면 아이들도 어른들의 공예배에 참석해야 하는가? 성경은 이에 대해 무엇을 말하는가? 아이들의 공예배 참석은 어떤 유익이 있으며 실천적인 면에서 주의할 점은 무엇인가? 이 책은 아이들의 공예배 참석 문제에 대해 성경을 토대로 돌아보게 한다.

14. 신규 목회자 핸드북
제이슨 헬로포올로스 지음 | 리곤 던컨 서문 | 김태곤 옮김

이 책은 새로 목회자가 된 사람을 향한 주옥같은 48가지 조언을 담고 있다. 리곤 던컨, 케빈 드영, 앨버트 몰러, 알리스테어 베그, 팀 챌리스 등이 이 책에 대해 극찬하였다. 이 책은 읽기 쉽고 매우 실천적이며 유익하다.

15. 개혁교회 공예배
공예배의 개혁된 실천
대니얼 R. 하이드 지음 | 이선숙 옮김

많은 신자들이 평생 수백 번, 수천 번의 공예배를 드리지만 정작 예배에 대해서 제대로 이해하지 못하는 경우가 많다. 당신은 예배가 왜 지금과 같은 구조와 순서로 되어 있는지 이해하고 예배하는가? 신앙고백은 왜 하는지, 목회자가 왜 대표로 기도하는지, 말씀은 왜 읽는지, 축도는 왜 하는지 이해하고 참여하는가? 이 책은 분량은 많지 않지만 공예배의 핵심 사항들에 대하여 알기 쉽게 알려준다.

16. 마크 데버, 그렉 길버트의 설교
설교의 개혁된 실천
마크 데버, 그렉 길버트 지음 | 이대은 옮김

1부에서는 설교에 대한 신학을, 2부에서는 설교에 대한 실천을 담고 있고, 3부는 설교 원고의 예를 담고 있다. 이 책은 신학적으로 탄탄한 배경 위에서 설교에 대해 가장 실천적으로 코칭하는 책이다.

17. 개혁교회의 가정 심방
가정 심방의 개혁된 실천
피터 데 용 지음 | 조계광 옮김

목양은 각 멤버의 영적 상태를 개별적으로 확인하고 권면하고 돌보는 일을 포함한다. 이를 위해 교회는 역사적으로 가정 심방을 실시하였다. 이 책은 외국 개혁교회에서 꽃피웠던 가정 심방의 실제 모습을 보여주며, 한국 교회 안에서 행해지는 가정 심방의 개선점을 시사해준다.